A PSICOTERAPIA SOB SARTRE

A PSICOTERAPIA SOB SARTRE

Valdemar Augusto Angerami | ORG.

Artesã

A Psicoterapia sob Sartre

DIRETOR
Alcebino Santana

COORDENAÇÃO EDITORIAL
Karol Oliveira

DIREÇÃO DE ARTE
Tiago Rabello

REVISÃO
Giovanna Marques Hailer Felipe

CAPA
Karol Oliveira

IMAGEM DE CAPA
Evandro Angerami

PROJETO GRÁFICO E DIAGRAMAÇÃO
Conrado Esteves

P974 A psicoterapia sob Sartre / organizador: Valdemar Augusto Angerami . – Belo Horizonte : Artesã, 2022.

348 p. ; 23 cm.

ISBN: 978-65-86140-95-8

1. Psicoterapia existencial. 2. Psiquiatria. 3. Psicopatologia. 4. Sartre, Jean Paul, 1905-1980. I. Angerami, Valdemar Augusto, 1955-.

CDU 159.98

Catalogação: Aline M. Sima CRB-6/2645

IMPRESSO NO BRASIL
Printed in Brazil

(31)2511-2040 (31)99403-2227
www.artesaeditora.com.br
Rua Rio Pomba 455, Carlos Prates - Cep: 30720-290 | Belo Horizonte - MG
/artesaeditora

Para aqueles que em meio à turbulência...
Insistem e persistem na esperança...
E continuam a ser sem esmorecer
Psicoterapeutas existencialistas...

Agradecimentos

Valdemar Augusto Angerami

O caminho é feito pelas rodas das carroças...
As pessoas transitam na vida, umas nas outras...
Sabedoria cigana

Terminamos mais um livro, mais uma obra que não teria sido possível se não fosse a participação e a contribuição de tantas pessoas envolvidas nesse processo.

Incialmente, nossos agradecimentos a Alcebino Santana, de início, editor comprometido com nossas obras, hoje, amigo e parceiro de empreitada na confecção e elaboração dos nossos livros. Ainda em termos editoriais, seguem nossos renovados agradecimentos ao Pablo e ao Daniel, antes apenas responsáveis por setores editoriais, e hoje amigos de coração.

Agradecimento especial também ao artista visual Evandro Angerami pela elaboração da imagem de capa dessa obra; à Karol Oliveira, antes apenas a coordenadora editorial das nossas obras, hoje, alguém que se tornou artífice nos detalhamentos que fazem dos nossos livros verdadeiras obras de arte, tal o cuidado e esmero de seu aprumo em cada especificidade; e ao Conrado Esteves, diagramador cuidadoso com os detalhes e requintes dos nossos livros.

Agradecimento especial a você, leitor, a pessoa especial para quem os nossos escritos são direcionados.

Serra da Cantareira, numa manhã de Primavera...

Sumário

Apresentação

Valdemar Augusto Angerami

Da vida a pureza do teu sorriso...

Esse livro tem a ousadia das grandes empreitadas. É a primeira obra que se propõe a trazer um enfeixamento sobre o pensamento de Sartre na prática da psicoterapia. Uma obra que reúne de modo sistematizado autores que se propõem a refletir a prática da psicoterapia a partir do pensamento filosófico de Sartre.

Um livro que pretende ser uma grande referência na área da psicoterapia e da psiquiatria existencial e no campo da psicoterapia como um todo. Livro que será sustentáculo teórico e prático de todos que se debruçam sobre subsídios para a prática da psicoterapia.

Esse livro foi concebido para suprir a lacuna que havia sobre a psicoterapia embasada na obra de Sartre e que deixava os psicoterapeutas dessa vertente sem material a altura de suas necessidades. Essa obra dará o determinante diferencial para todos que atuam sobre essa proposta psicoterápica.

Livro escrito por muitas mãos que determinam a compreender o pensamento sartriano na psicoterapia. Esse é nosso livro, nós o concebemos, e você, leitor, é parte integrante dessa obra com sua leitura, crítica e elogio.

Serra da Cantareira, numa manhã de Primavera....

POESIA

De preconceito...

Valdemar Augusto Angerami

Para Sulica

Desprezo sobre o diferente...
Ódio ao que não está em mim como harmonia, sintonia e arrelia ...
Sofrimento que joga o outro na grama, na lama, difama...
Da dor que não tem trégua, piedade, caridade, solidariedade...
De saber que o idealismo de uma sociedade digna é ilusão...
Do idealismo que colide com ideologia por sua idealização...
Somente a vida como dádiva de ilusão, paixão e pulsão...
De vida que se enfeixa com idealismo, romantismo, achismo...
Saber do preconceito como açoite da alma...
Açoite que açoita de modo lancinante, alucinante, torturante...
Do amor que se torna frestado de luz em meio à tormenta...
Tormenta que arrebenta, fragmenta e lamenta...
Lamento das vidas caídas, combalidas, feridas...
Preconceitos a ceifar vidas...
Aleatoriamente, sorrateiramente, covardemente...
Do acolhimento ao desesperançado com queimor, amor, ardor...
Da oração na hora da Ave Maria...
No fim do dia, dia de efervescência, eloquência, lenquência...
Do poder da oração clamando por clemência, paciência, benevolência...

Sentir que o amor derruba o preconceito sem esmorecimento...
No amanhecer dos sonhos de esperança... Sonhos de luz...
Da sorte diante da morte e sua consorte...
De preconceito e desrespeito...
De preconceito e perseguição em sofreguidão, podridão, desilusão...
Da agressão covarde, torpe, imbecil, senil...
De sonhar na crença que um dia não haverá preconceito...
Dia em que o preconceito será passado, reminiscências...
Reminiscências a serem esquecidas, retorcidas, destruídas...
Fim ao preconceito... Um sonho de amor...
Um cadinho de luz na noite escura do obscurantismo...

Serra da Cantareira, numa tarde azul de Verão...

CAPÍTULO 1

A Psicoterapia Sob Sartre[1]

Valdemar Augusto Angerami

A Lua te mostra a borboleta ainda no casulo...

(SABEDORIA CIGANA)

Estamos no Outono! A florada das Paineiras, Quaresmeiras, Espatódias e Cássias Aleluia mostram que estamos no Outono, algo simplesmente fascinante. No céu estrelado das noites, a Constelação de Leão se configura soberana: estamos no Outono. Da minha mesa de trabalho, vejo as Paineiras e as Cássias Aleluia floridas e estou determinado a escrever sobre a psicoterapia vincada sob a égide de Sartre. Ouvindo Debussy, um dos vértices da minha Santíssima Trindade Musical – os outros são Mozart e Rachmaninov. Os acordes e nuances e melodias de *La Mer*, certamente um dos mais estupendos poemas sinfônicos concebidos pela condição humana, preenchem o ambiente como se fossem água se acomodando ao recipiente que a recebe. Nessa obra, Debussy descreve as cenas do mar com sua movimentação e alternâncias desde o amanhecer até o crepúsculo. O ambiente se acomoda a *La Mer* e a sensação é de que estamos nesse mar desenvolvido pela obra musical. Debussy, com sua ousadia e irreverência no enfrentamento das estruturas acadêmicas e formais da música erudita, talvez seja o compositor ideal para aquietar a própria alma diante do desafio de escrever a psicoterapia sob Sartre.

[1] Esse capítulo foi publicado inicialmente no livro *Atualidades em Psicoterapia Fenomenológico Existencial*, Angerami, V. A., (Org.). Belo Horizonte: Artesã Editora, 2020.

Escrever sobre como estruturamos nossa forma de intervenção psicoterápica é sempre algo muito complexo, afinal, até mesmo na maioria das lides existencialistas, Sartre não é bem aceito; Sartre sempre muito polêmico e complexo.

E mesmo no núcleo sartriano existe uma tendência para estudar suas obras mais conhecidas e que, por assim dizer, o consagraram, principalmente *O Ser e o nada* (Sartre, 1998), *O imaginário* (Sartre, 1996) e *O existencialismo é um humanismo* (Sartre, 1970). Ao contrário, preferimos optar pelos caminhos trilhados inicialmente por Laing e Cooper (1976) ao trazer a obra de Sartre para o campo da psiquiatria e da psicoterapia, o estupendo *Crítica da Razão Dialética* (Sartre, 188, 1996), obra em que ele incorpora críticas feitas a sua principal obra e aproxima o existencialismo ao marxismo moderno em revisionismo, que serve de referência aos estudiosos de todos os matizes do pensamento contemporâneo.

A principal obra de Laing e Cooper (1976), *Razão e Violência*, dá início ao surgimento da antipsiquiatria e também do chamado Movimento de Luta Antimanicomial, que depois se tornaria multiteórico. Essa obra é prefaciada pelo próprio Sartre, que depois de tecer elogios ao modo como eles transpassaram sua obra para o campo da psiquiatria, diz que espera, a partir disso, o dia em que a psiquiatria se tornará humana. E por assim dizer, ao adotarmos *Crítica da Razão Dialética* (Sartre, 1996), estamos aderindo também a uma de suas principais asserções, à crença na descrença, na desrazão. Na realidade, isso é algo muito difícil para ser assimilado por outras correntes de psicoterapia que, na maioria das vezes, propõem-se a explicar e a definir todos os detalhes da conduta humana. E na medida em que atuamos predominantemente com casos de autodestruição, tais questionamentos surgem incessantemente, e na quase totalidade das vezes a compreensão sobre esses procedimentos não se resolvem, ao contrário, quase sempre criam um hiato maior entre nossas propostas de intervenção psicoterápica e outras propostas teóricas.

É fato ainda que nos últimos tempos fizemos um enfeixamento sobre essa proposta de Sartre e alguns ponteamentos de Merleau-Ponty (1999), principalmente a partir de *Fenomenologia da percepção* e *O olho e o espírito* (Merleau-Ponty, 2003) e *O visível e o invisível* (Merleau-Ponty, 1976). Dessa junção, vincou-se nossa proposta de intervenção psicoterápica e preferimos denominá-la com a predominância sartriana, pois, afinal, nossa concepção de valores, homem e mundo se forjou a partir das reflexões de *Crítica da Razão Dialética* (SARTRE, 1996).

Embora tenhamos trabalhos anteriores, principalmente *Psicoterapia e Subjetivação* (ANGERAMI, 2003), em que a visão de percepção de Merleau-Ponty é trazida ao campo da psicoterapia, ainda assim, a concepção de valores a nortear nossas intervenções e ações é aquela forjada a partir de Sartre.

E mesmo em *Psicoterapia e Subjetivação* (ANGERAMI, 2003), em que pese a forte incidência das posições de Merleau-Ponty, o viés sartriano é soberano e, afinal, o próprio Merleau-Ponty se estribava em Sartre e sua obra derradeira *O visível e o invisível* (MERLEAU-PONTY, 1976) era um apontamento preciso sobre os principais pontos trazidos ao campo da filosofia por Sartre. Merleau-Ponty morreu fulminado por infarto debruçado sobre os originais de *O visível e o invisível* (MERLEAU-PONTY, 1976), obra em que mais trouxe a filosofia de Sartre para suas reflexões e que foi terminada por seus seguidores.

Trilhamos caminhos em que as inflexões teóricas, muitas vezes, moldam-se às nossas necessidades de maneira a se distanciarem até mesmo dos nossos próprios escritos sobre a prática da psicoterapia. Isso significa dizer que nem sempre conseguimos atuar segundo o que preconizamos em nossos escritos, mas isso é algo da própria dinâmica da vida, com suas nuances e alternâncias. E parece algo cíclico, a cada novo capítulo, a necessidade de nos retratarmos diante das teorias estanques que parecem sempre cobrar, com base em seus teóricos, muitas vezes sem qualquer confluência com a prática clínica propriamente dita, posturas e ditames que a experiência clínica distende, muitas vezes, totalmente da teoria em si.

Nesse nosso momento de Outono, com as noites emolduradas pela Constelação de Leão, em Paris, é Primavera, uma das mais lindas Primaveras dessa vida com a Constelação de Pégaso a emoldurar suas noites azuladas. Caminhar pela Vaugirard e apreciar as Figueiras Brancas floridas, simplesmente indescritíveis. Caminhar na sequência por Saint Germain-dès-Prés e sorver um vinho no Café De Flores, local mítico onde Sartre escreveu seus principais postulados teóricos e filosóficos. Ele não tinha um lugar fixo, por essa razão, sua mesa não é preservada, pois ele se alternava de acordo com o dia e a temperatura, mas de qualquer maneira, sentar-se em uma de suas mesas é se energizar da força e da magia que emana desse local.

Na realidade, é como se estivéssemos dizendo a tantos acadêmicos e profissionais que seguem nossos escritos que, apesar de sermos referência teórica na quase totalidade dos centros acadêmicos do Brasil e também de outros tantos países, muitas vezes, saímos do vergalhão de sustentação da rigidez teórica. Falamos em proposta de intervenção clínica a partir de determinados parâmetros teóricos, mas mostramos em muitas ocasiões detalhamentos que se divorciam desses arcabouços trazidos pela teoria em si.

Talvez, e isso na realidade é preponderante para a compreensão de nossa proposta de intervenção clínica, seja necessário o desprendimento das amarras teóricas que se tornam estanques diante da própria dinâmica trazida pela atuação do processo psicoterápico, em que a dor e o sofrimento do paciente estão a determinar continuamente e sem qualquer interrupção novas normas de compreensão e atuação.

E isso, mais do que uma justificativa diante de possíveis e esperadas críticas dos teóricos, torna-se, em realidade, um contraponto à própria dinâmica de transformação que a vida está a exigir constantemente. Mudamos nossos constitutivos de valores ao longo da vida. Igualmente, é verdadeiro que a vestimenta teórica que abraçamos para estribar nossa intervenção psicoterápica vai se distender de sua proposta e envergadura originais na medida em que as coisas se enfeixam na realidade de dor e desespero do paciente.

Da falácia da neutralidade...

Uma das cantilenas mais ouvidas ao se abordar a questão da psicoterapia, seja ainda nas lides acadêmicas, seja nos cursos de formação de psicoterapia já em nível de pós-graduação, é a idiotia de que a psicoterapia deve ser neutra. E de que a psicoterapia deve ser uma tela branca sobre a qual o paciente irá projetar suas questões de vida.

Nada mais falso.

Inicialmente, devemos assumir que não existe neutralidade em nenhuma esfera da vida humana. Não existe nenhuma atitude humana que não tenha uma intencionalidade em seu bojo. E, ademais, a neutralidade é algo que não existe por mais que se queira arvorar tal ideia. O tão citado distanciamento de posições políticas presente em muitas narrativas profissionais e sociais não pode ser chamado de neutralidade, e sim, de conivência com uma determinada posição estabelecida de poder, seja ela representada por governos e suas confluências, sejam ainda instituições que determinam condutas e padrões administrativos e correcionais dos mais diferentes matizes. O quietismo presente nesse suposto distanciamento nada mais é do que total anuência ao poder estabelecido, da mesma maneira, em outras esferas da vida social que envolvem as nuances da condição humana.

No campo específico da psicoterapia, deixamos a neutralidade para trás ao escolhermos uma determinada abordagem teórica. Essa escolha, por si, implica em adotar as posições de valores, sociedade e de homem trazidas por essa abordagem. Assim, como mera citação, ao adotar a psicanálise como orientação teórica para a prática psicoterápica, está igualmente adotando seus valores, construtos e axiomas. O psicoterapeuta que trabalha com essa abordagem terá diante de si um paciente com problemas em seu inconsciente e caberá a ele desentranhar esses fatos fazendo um encadeamento causal desde a sua infância, pois esse é o encadeamento de sua proposta teórica.

Um psicoterapeuta existencialista, por outro lado, não acredita no nexo causal que determina sofrimentos psíquicos a partir de enfeixamentos de fatos necessariamente vividos no passado, tal como preconizado pela psicanálise. E também não acredita no conceito de inconsciente, ou seja, terá uma maneira de atuação bastante diferente daquele que se orienta pela psicanálise. O paciente, então, diante desses dois modelos de psicoterapia, e apenas para ficarmos em dois modelos dentre as incontáveis vertentes teóricas existentes, terá um desenvolvimento direcionado a partir da ótica teórica que embasa a psicoterapia a que está sendo submetido.

De modo geral, o paciente quando chega à psicoterapia vem com a sua vida explicada por esse nexo causal que, de modo imperativo, determina as explicações da condição humana. Seja pelo determinismo que a Psicologia adotou de outros procedimentos científicos, seja ainda pela proeminência da psicanálise na estruturação das grades curriculares dos cursos de Psicologia, temos uma situação de quase totalidade de pessoas que chegam com a vida toda encadeada a partir de conceitos de causalidade com nexos causais ocorridos em seu passado. E a simples mudança desse paradigma nos processos psicoterápicos que não trabalham com esse nexo causal já é, por si, algo difícil de ser assimilado por muitas pessoas.

Certamente, é muito mais cômodo trabalhar com esse nexo causal e procurar uma explicação absoluta para o encadeamento dos fatos de nossa vida. O mais difícil, e disso não resta a menor dúvida, é abordar questões que envolvam tanto o passado como a perspectiva de futuro em que, muitas vezes, reside toda a dificuldade de enfrentamento vivida por um determinado paciente.

E, de maneira bastante concisa, podemos afirmar ainda, e sem qualquer titubeio, que ao abraçarmos uma determinada teoria o fazemos por questões de aceitação de seus pressupostos e de plena identificação com eles. Assim, alguém que tem sua vida pautada pela racionalidade extrema, apenas numa mera citação, terá grande chance de identificação com a psicanálise e seus derivados, isso em razão de sua estruturação teórica toda calcada na racionalidade de nexo causal.

E o modo como uma determinada teoria está vincado na figura do psicoterapeuta é notório e quase não permite dúvidas. Se descrevermos, por exemplo, um psicoterapeuta de terno, cavanhaque e a fumar cachimbo, e perguntarmos sua vertente teórica, a resposta quase por unanimidade é que se trata de alguém que professa pela psicanálise em sua prática clínica. Também é fato que analogamente, ao contrário, não se pode conceber alguém da vertente existencial ou de Gestalt Terapia ou reichiana e seus derivativos nesse enquadre de terno e gravata. Seria um engessamento para esses psicoterapeutas, difícil até mesmo de se conceber.

Ao adotar a vertente sartriana, de outra parte, para embasar a prática clínica, a determinante principal dessa escolha será a confluência de sua concepção de valores e principalmente seu comprometimento com as causas sociais de nossa contemporaneidade. Jamais o enunciado sartriano pode ser considerado sem levarmos em conta seu posicionamento político, suas lutas contra a opressão social que pesa sobre os desvalidos e combalidos. Mesmo Laing e Cooper (1976), ao construírem o postulado sobre o qual se fundamentaria toda a reflexão sobre a condição opressora da psiquiatria, o fazem embasados na reflexão social e de opressão efetivada por Sartre (1996). Ou seja, seus postulados teóricos sobre a configuração da psiquiatria como instrumento de opressão das classes dominantes teve na reflexão sistematizada por Sartre de como os mecanismos de aliciamento social se utilizavam de teorias para oprimir e ceifar de reflexão crítica todo e qualquer posicionamento contrário. Ao refletirem sobre as próprias teorias que explicavam as psicopatologias, eles sinalizaram, e sempre a partir da obra de Sartre (9996), como a própria construção dessas teorias ia ao encontro dos princípios do capitalismo mais torpe e sórdido possível de conceber. Como mera citação, eles pontuam que um dos indícios de recuperação desse paciente é sua condição de pragmatismo às atividades funcionais dentro da perspectiva capitalista (Laing; Cooper, 1976). Simples assim, alguém será considerado livro de patologia quando estiver apto para desenvolver atividades dentro do leque de opções oferecidas pelo capitalismo em sua estruturação de empregos funcionais que visam apenas e tão somente à sobrevivência parca e de total escassez de uma vida envolta em dignidade.

Não é possível pensar em uma perspectiva sartriana e não considerar a inserção desse paciente em sua realidade social. Também é necessária a compreensão da configuração das condições em que a opressão social vincou sua vida e até mesmo sua subjetivação. Desse modo, teremos a maneira como essa compreensão humana se vincou em nós por essa simetria de valores, ou seja, ao adotarmos a ótica sartriana na psicoterapia estamos igualmente professando sua luta por uma sociedade mais justa, digna e fraterna.

Não é possível sequer conceber alguém que se intitule sartriano e professe valores contrários aos defendidos por ele durante toda a sua vida. Não se pode perder de vista que pareado aos seus trabalhos filosóficos ele era militante das causas de justeza social, indo até mesmo para as manifestações de rua em defesa dessas bandeiras.

Uma psicoterapia libertária e que traga em seu bojo as marcas do nosso tempo; um processo que envolva as dores do paciente com a maneira como ele tenha sido forjado dentro de sua inserção social; um processo dinâmico que esteja a desobstruir caminhos dos obstáculos que impeçam seu desenvolvimento e crescimento pessoal; uma psicoterapia que seja alicerce para o fortalecimento emocional rumo a paradigmas verdadeiramente humanos de construção de relações interpessoais mais fraternas e, por assim dizer, apesar da redundância, mais humanas.

Estamos circunstancialmente crivados de valores que nos impelem a grandes transformações na condição de psicoterapeutas, seja pelo acolhimento feito aos nossos pacientes, seja ainda pelas próprias reflexões efetivadas a partir desses atendimentos. E a partir da ótica sartriana, estamos também envolvidos de modo inextricável na propagação de valores de justeza e dignidade humana.

Somos reféns da teoria que abraçamos para orientar nossos caminhos profissionais, e isso, de maneira absoluta, impele-nos a transformações pessoais contínuas para que essas teorias sejam algo que possa se propagar em nossas vidas de modo absoluto. Ou ainda, nas palavras de Bornheim (1984), porque Sartre é mais que Sartre; deve-se até dizer que, de certo modo, somos todos sartrianos. É dizer que todos que desejam e almejam uma sociedade mais justa e fraterna são seguidores de Sartre, mesmo sem saber. O individualismo, por exemplo, não delimita tão somente um problema particular, nem se restringe a caracterizar o comportamento de tal indivíduo; mais do que isso, define a própria atmosfera social do homem contemporâneo. Certamente, o homem consegue superação diante do individualismo, mas ele o faz vencendo essa dimensão da sociedade contemporânea.

É ainda de Bornheim (1984) a melhor explanação da contemporaneidade das ideias de Sartre ao afirmar que podemos apenas vislumbrar, de um modo pobre e primitivo, o que seja uma comunidade religiosa, centrada no sagrado, se nos refugiarmos em pequenos núcleos populacionais do interior. Refugiar é bem a palavra: faz-se necessário sair da órbita do mundo propriamente civilizado. É dizer que, ao adentrarmos na reflexão trazida por Sartre, estamos indo ao encontro de novas perspectivas de vida, perspectiva de algo decididamente mais humano e, por assim dizer, contemporâneo.

E isso tudo, ao ser trazido para o campo da psicoterapia, igualmente nos lança em novo patamar de reflexão ao problematizar a vivência do homem atual em todo o seu momento de tanta turbulência e efervescência social. Um dinamismo que faz com que deixemos de lado essa falsa conceituação de neutralidade propagada por outras abordagens. Ou ainda, como ensina a sabedoria popular, *neutralidade é água morna, não serve sequer para fazer chá...*

Sobre a fenomenologia... Ou de como estou distante da fenomenologia...

Na estupenda introdução de uma de suas principais obras, *Fenomenologia da Percepção*, Merleau-Ponty (1999) assevera que fenomenologia só é possível antes do surgimento da consciência. É dizer que, uma vez que se adquire consciência dos fatos, e por assim dizer do mundo, a redução fenomenológica, tal qual proposta pelos principais teóricos, é algo praticamente impossível. Sempre teremos uma memória afetiva diante de alguns fatos ou fenômenos. Assim, no clássico exemplo da maçã, quando é proposto que se faça uma suspensão para a apreensão de sua realidade a partir apenas e tão somente do que é observado e apreendido pela consciência, temos de antemão que a maçã por si pode evocar lembranças e vivências despertadas até mesmo pela sua simples constituição olfativa.

Merleau-Ponty (1999) assevera que enquanto tenho um corpo e por meio dele ajo no mundo, para mim o espaço e o tempo não são uma soma de pontos justapostos, nem tampouco uma infinidade de relações das quais minha consciência operaria a síntese e em que ela implicaria meu corpo. É dizer que as coisas se justapõem em uma lógica que não é concebida teoricamente. Não estou no espaço e no tempo, não penso o espaço e o tempo, em realidade eu sou no espaço e no tempo, sendo que meu corpo se aplica a eles e os abarca. Ao nos referirmos como fenomenólogos, estamos abarcando um compromisso bastante complexo e de difícil magnitude. Talvez, a melhor definição seja algo como postura fenomenológica, pontuando que seguimos determinados princípios, mas com consciência plena da dificuldade e amplitude de serem inseridas em uma prática psicoterápica. E mesmo essa postura se desmorona totalmente diante da minha prática com pessoas envolvidas com a autodestruição.

De outra parte, ao nos definirmos como sartriano, distanciamo-nos dos princípios angulares da fenomenologia. Embora a obra que tenha tornado Sartre um dos principais arautos do existencialismo, *O Ser e o Nada* (Sartre, 1998), tenha como subtítulo *Ensaio de Ontologia Fenomenológica*, é muito difícil Sartre ser considerado um autor primordial aos estudiosos de fenomenologia, isso em que pese seus trabalhos L' Idiot *De La Famille – Gustav Flaubert* (Sartre, 1971) e também *Saint*

Genet – Ator e Mártir (Sartre, 1976), em que ele empreita uma análise fenomenológica dessas duas personagens como poucas vezes se viu na seara da filosofia. Mas o fato de ele não ter proximidade com a proposta inicial de Husserl, e também com a de Heidegger, faz com que não seja presente nas lides da fenomenologia como autor primordial e fundamental.

Bornheim (1984) afirma que a fenomenologia sartriana, longe de ser simplesmente um método, encobre isto: o abandono do homem à sua condição humana. É dizer que os pressupostos metafísicos de Sartre apresentam um teor muito mais amplo e muito mais profundo para essa reflexão meramente definida como fenomenológica. Esses pressupostos se fundem em dois constitutivos básicos. O primeiro consiste na perda de vigência do fundamento, na destruição da função fundante do fundamento; e o segundo nos lança diante da dicotomia sujeito-objeto ao desamparo de algo que não se resolve por si. E nessa medida falar em fenomenologia sartriana seria desenvolver um método que não apenas seria contrário aos métodos tradicionais da fenomenologia, como, principalmente, estabelecer novos paradigmas de análise e compreensão da condição humana.

E se considerarmos, então, que Sartre foi trazido para o campo da psiquiatria e psicoterapia, como citado anteriormente, por Laing e Cooper (1976) a partir da *Crítica da Razão Dialética* (Sartre, 1996), essa excludência da seara da fenomenologia se torna praticamente irreversível.

E assim também estamos adotando uma postura fenomenológica, mas recusando a definição de fenomenólogo. Esse contraponto é sempre necessário para que não se pontue contradições entre o que descrevemos em nossa prática psicoterápica e os enunciados de fenomenologia. Sou psicoterapeuta existencial sem qualquer outro complemento. Assim me apresento e assim me sinto mais confortável para poder transitar pelos caminhos da psicoterapia.

Em trabalho anterior, *Atitudes do psicoterapeuta diante dos casos de suicídio* (Angerami, 2018), refletindo sobre a psicoterapia diante da autodestruição, certamente seríamos execrados de qualquer seara da fenomenologia se tivéssemos a pretensão de descrever esse trabalho como sendo fenomenológico. Ao contrário, a psicoterapia diante da autodestruição tem manejos tão específicos e precisos que contradiz até mesmo muitos enunciados da própria psicoterapia. Propomos diretividade e assertividade que distam dos princípios da fenomenologia e de muitas correntes em psicoterapia. E verdadeiramente mais do que a busca de enquadre em qualquer parâmetro de conceituação teórica das correntes psicoterápicas, a questão da autodestruição sempre está a exigir detalhamentos que nos colocam, muitas vezes, à margem de tais questionamentos. Ou ainda nas palavras de Sartre (1976): "isso é falso, não, isso é verdadeiro. Assim é tudo que se fala sobre o homem e a loucura", ou seja, sempre estaremos em parâmetros de relativismo diante da tentativa de compreensão da condição humana, jamais de qualquer valor absoluto.

Em verdade, após anos de atuação como psicoterapeuta, temos claro que somos forjados pela prática que se entalha diante da dor e do sofrimento exibidos pelo paciente. Aprendemos que nossa intervenção é algo que precisa ser dimensionada no momento preciso da psicoterapia, diante da dor do paciente, e sem qualquer possibilidade de interrupção do atendimento para consulta a livros, supervisão ou outro recurso que se queira arrolar. A dinâmica é momentânea e não permite titubeio, tampouco questionamento por parte do psicoterapeuta se sua intervenção é ou não teoricamente correta. A atitude reflexiva é sempre posterior e sem a emoção presente no momento em que a intervenção e pontuação psicoterápica foram efetivadas.

O momento da reflexão teórica, sendo posterior, não tem a carga emocional que muitas vezes mostra um paciente totalmente desestabilizado e que exigiu intervenção nem sempre consoante com a proposta teórica que se queira abraçar. Ilustro essas citações com um caso clínico atendido por mim recentemente.

Caso Clínico – O adolescente Vitor

Um adolescente de 16 anos, chamado aleatoriamente de Vitor, fora a mim encaminhado por apresentar sérios indícios de abandono de sua própria condição vital. Embora na atualidade os adolescentes tenham o comportamento, em sua grande maioria, de retração social e total imersão no celular com o auxílio de fones de ouvido, em total alheamento a tudo que o cerca, algo, inclusive, contrário a outras gerações cujo isolamento social já era parâmetro de algum tipo de sofrimento, o nosso paciente mostrava isolamento ainda mais contundente. O seu isolamento implicava inclusive se ausentar do convívio social até mesmo para refeições e outras atividades que implicavam deslocamento, como ir à escola, por exemplo.

Vitor mal conversava com os familiares e passava a maior parte de seu tempo no quarto, ora dormindo, ora manuseando o celular com o seu fone de ouvido. Estava com os horários invertidos: ele dormia quando amanhecia, depois de passar a madrugada inteira sem dormir manuseando seu aparelho eletrônico. Não ia à escola em razão dessa inversão de horário e já estava com o ano letivo comprometido por excesso de faltas. Ele foi conduzido à psicoterapia pela mãe após encaminhamento médico. Mal ele entrou na sala de atendimento pude observar suas unhas roídas, praticamente carcomidas junto à carne em ferimentos bem sensíveis e perceptíveis. Fazia muito calor no dia em que ele foi ao meu encontro, era um dia muito quente de Verão, com os termômetros marcando 34° no período da tarde, horário em que foi marcada a sua primeira consulta. Ele nota que observo suas unhas e tenta esconder as mãos.

Depois de um início oscilante, Vitor começa a balbuciar palavras sem conexão com fatos que justificassem sua presença junto a mim. Após alguns minutos nessa sequência, sem qualquer conexão com nada, pergunto a ele sem titubear e de forma diretiva e assertiva:

— Ninguém desconfia de você usar camisa preta de mangas compridas nesse calor? (sic)

Ele se mostra indignado e perturbado com a pergunta e responde de modo irritadiço:

— *O QUE VOCÊ QUER DIZER COM ISSO? (sic)*

Repito de modo enfático:

— *Apenas perguntei se ninguém desconfia de você usar camisa preta de mangas compridas nesse calor... Apenas isso... (sic)*

Ele, então, irritadiço, levanta as mangas da camisa e mostra os braços inteiramente cortados, mostrando indícios severos de automutilação e exclama exibindo os cortes:

— *Você quer que eu ande por aí mostrando os braços desse jeito? O que você acha que as pessoas iriam pensar se vissem o meu braço nesse estado. Você é muito sem noção... Tenho que usar manga comprida para ninguém ver isso que me faço na madrugada... E o que você deseja com isso? Imagine se minha mãe ou meu pai, ou meus amigos vissem o meu braço nesse estado? Você tá de brincadeira com essa pergunta... Você é muito sem noção... (sic)*

Esse pequeno fragmento de atendimento mostra, de modo bastante claro e conciso, que o meu modo de intervenção diante de casos de autodestruição é diretivo e assertivo, inclusive com inferência a partir da minha experiência profissional, e não de algo que o paciente pudesse ter falado e insinuado. Não me detive em qualquer momento ao que estava sendo trazido por ele; não houve qualquer insinuação de sua parte que justificasse a minha intervenção sobre essa questão de automutilação. A sessão mal havia começado e seguia de modo totalmente desconexo, e não havia nada para justificar minha colocação de modo tão incisivo.

Frise-se ainda que essa era a primeira sessão desse paciente, ou seja, nada sabia de efetivo de suas coisas, salvo coisas esparsas do encaminhamento. Foi uma intervenção certeira, mas não se ateve em nenhum momento ao que o paciente estava colocando em sua fala entrecortada. Certamente, trata-se de uma intervenção que não pode ser denominada de fenomenológica sob nenhum pretexto.

E não se trata de um distanciamento daquilo que poderia ser definido como fenomenologia pura ou de algo que minimamente tangenciasse seus princípios. Não, ao contrário, de modo algum esse tipo de intervenção pode ser enquadrado em princípios da fenomenologia.

Merleau-Ponty (1999) assevera que tudo o que existe o é como coisa ou como consciência, e não há meio termo. A coisa está em um lugar, mas a percepção não está em parte alguma porque, se estivesse situada, ela não poderia fazer as outras coisas existirem para ela mesma. Na verdade, o que temos é a percepção como o pensamento de perceber. E nesse atendimento pude inferir que por sua condição de vida as mangas compridas estariam a esconder algo frequente em 197 dos caminhos da autodestruição: a automutilação. E minha intervenção partiu de uma generalização que a fenomenologia se distancia por considerar que cada fenômeno é único e sem repetição.

Minha intervenção foi absoluta e certeira, mas partiu de uma generalização incompatível com o princípio de análise fenomenológica de um determinado fenômeno. A percepção de algo abstrato, cuja concepção é formada por anos de convívio com a autodestruição, totalmente distante da apreensão do paciente como um fenômeno único e que não se repete. Ao contrário, minha intervenção mostrou que eu partia de um princípio totalmente antagônico a isso, ou seja, a generalização de que os adolescentes que enveredam pelo caminho da autodestruição cumprem, dentre outros rituais, também se automutilando.

Evidentemente, podem existir muitos jovens que estão nesses caminhos e que não aderiram à automutilação, mas as mangas compridas em um dia de calor escaldante foi um indício de algo além de sua unicidade. Era indício de que ele, embora um ser único e com suas especificidades próprias, também fazia parte de um grupo genérico de adolescentes que, ao enveredarem pelos caminhos da autodestruição, trazem a automutilação em seu bojo. Esse detalhamento mostra que a concepção de apreensão fenomenológica dista de modo abismoso dos atendimentos com esses adolescentes.

O sentir é essa comunicação vital com o mundo que o torna presente como lugar familiar de nossa vida. Esse contato contínuo com pessoas que enveredaram pelos caminhos da autodestruição faz com que possamos perceber e sentir detalhamentos que nos fazem certeiros em nossas colocações, mas certamente distantes das propostas fenomenológicas. É dizer que nos amalgamamos em formas de atendimentos que são pertinentes a temáticas e sofrimentos específicos.

Nos casos de pacientes em que a autodestruição está presente, temos peculiaridades que se tornam presentes em filigranas a nos moverem em direção a determinados tipos de intervenção psicoterápica. A percepção abre-se sobre coisas, sentimentos, sensações, é dizer que ela tenta se orientar sobre determinadas formas de apreensão que muitas vezes não está clara nem mesmo para o sujeito dessa apreensão. E tudo, na realidade, é mera ampliação e sistematização de coisas percebidas, e isso ocorre até mesmo à ciência com seus construtos teóricos e, muitas vezes, balizados em pesquisas com fortes constitutivos metodológicos.

O jovem que chegou para o primeiro atendimento com camisa preta de mangas compridas em um dia quente, muito quente de Verão, estava incluído no rol de adolescentes que flertam com a autodestruição e que têm na automutilação uma característica peculiar a unir suas desventuras. Mas nada nesse paciente poderia incluí-lo nesse rol que pudesse ter sido apreendido por suas palavras, por algo que sua narrativa estivesse a denotar. Nada, absolutamente nada, mostrava indícios de algo que envolvesse tamanho teor de destrutividade. Merleau-Ponty (1999) coloca que a experiência comum encontra uma conveniência e uma relação de sentido entre o gesto, o sorriso, o sotaque de um homem que fala, e o nosso adolescente mostrou sua conveniência de destrutividade pela simples presença de camisa preta de mangas compridas.

A convicção de ir às próprias coisas se reduz ao que se pretende dizer ou significa, converte-a em sua verdade, descobrindo, então, a adequação do pensamento ao construto teórico, sendo apenas transparência para mim que apreendo o fenômeno segundo meus valores e constitutivos. E verdadeiramente não temos como nos desrevestir totalmente de nossos valores pessoais. Somos crivados como algo disforme em que a névoa da compreensão se mistura em dogmatismo e ceticismo, fatores em princípio excludentes, mas que se mostram presentes nessa proposta de apreensão das coisas sem conceito apriorístico.

Na realidade, estamos diante de construtos teóricos que parecem se desfazer diante da prática clínica ou que se distanciam lentamente daquilo que muitas vezes ensinamos em nossos escritos e aulas. A prática clínica nos direciona para outros aspectos reflexivos, para novos parâmetros de intervenção e acolhimento diante do olhar de súplica do paciente e de sua desesperança.

Uma criança avista um bando de gaivotas na praia e corre em sua direção. Diante de sua proximidade, elas correm e batem voo. A criança observa como elas alçam voo e como deslizam pelo espaço depois de baterem as asas continuamente. Deslizam pelo espaço em movimentos circulares em um balé que ao mesmo tempo em que é ode à vida, também mostra a graciosidade de seus gestos. Essa criança, como Merleau-Ponty (1999) assevera, pode fazer fenomenologia dessa experiência, pois não tem consciência desses conceitos e tampouco dos gestos das gaivotas em direção ao infinito, e sequer de que esses pássaros são denominados gaivotas. Sua experiência de apreensão não tem qualquer contaminação com sua condição apriorística, pois nada sabia das gaivotas antes dessa experiência e tampouco da magia de seu deslizamento no espaço depois de alguns instantes de voo contínuo. E se essa colocação de que a fenomenologia só é possível antes do surgimento da consciência, e a realidade dos fatos e da vida em si demonstra que sim, temos uma condição contínua de superação a cada vez que evocarmos a possibilidade de tentar empreender uma experiência em fenomenologia.

Talvez os teóricos possam fazer grandes digressões sobre fenomenologia, sua abrangência, novas fórmulas para pesquisas, métodos, etc. Mas, certamente, diante da prática clínica, em que temos a cada instante a necessidade de uma intervenção dinâmica, sem muita condição de balizamento com subsídio teórico, a coisa necessita de reformulação e de uma transformação contínua de objetivos que precisam se renovar a cada momento. E isso é imperativo se quisermos nos manter na vanguarda das propostas contemporâneas em psicoterapia.

Muitas vezes, sou indagado sobre como se deve atuar em fenomenologia na clínica, e isso até mesmo pelas inúmeras publicações que encabeço e que apresentam fenomenologia como subtítulo. Simplesmente respondo que não atuo dentro dos 199 pressupostos fenomenológicos e que estou aberto ao aprendizado se alguém souber e se dispor a me ensinar. Simples assim... E por mais que possa soar estranho alguém que escreve sobre psicoterapia e fenomenologia dizer que não consegue atender dentro dos enunciados da fenomenologia, certamente podemos afirmar, e quase sem margem para erro, que muitos dos que se arvoram em se denominar fenomenólogos, certamente também estão distantes da complexidade apresentada pela fenomenologia em sua transposição para a prática clínica.

Sobre a questão da historicidade e das escolhas

Viemos de uma tradição, tanto na filosofia como também nas principais correntes psicológicas, incluindo predominante a psicanálise, em que o ser humano é explicado de modo universal sem qualquer inserção com sua realidade social. Assim, as explicações de Freud para a condição humana, apesar de terem sido escritas na realidade vienense do final do século XIX, englobam todas as pessoas indistintamente em todas as épocas do desenvolvimento humano. Assim, também os escritos de Sartre em sua primeira fase, e também os principais teóricos em Psicologia, Rogers, Reich, Melaine Klein, etc.

A inserção da historicidade, como fazendo parte de modo indissolúvel da condição humana empreitada por Sartre em sua segunda fase, é algo mais abrangente, pois vai situar o sofrimento psíquico a partir da turbulência social vivida por um determinado sujeito. Dessa maneira, não teremos mais essa aceitação pura e simples de um determinado paradigma que engloba todos os sujeitos indistintamente sem qualquer detalhamento diferencial. E mesmo que se queira evocar minha inserção em determinados grupos sociais para justificar possíveis padronizações comportamentais, ainda assim, teremos a peculiaridade de como cada sujeito reage a determinados fatores de sua historicidade. Somos resultantes da nossa historicidade ao mesmo tempo em que criamos as condições para a continuidade ou mudança dessa sequência de vida.

Sartre (1996) coloca de modo bastante conciso que a tese de que o conflito é a essência das relações humanas não nos deve desorientar. Mas em realidade, se existe uma luta sem trégua de todos contra todos, ela se processa em uma espécie de guerra metafísica erigida no imaginário, e os confrontos muitas vezes se dão na condição das liberdades de escolhas de cada pessoa na busca de caminhos a serem trilhados, do que propriamente com liberdade política ou escravidão econômica. Vivemos em uma realidade socioeconômica liberal, em que o outro passou a ser competidor, algo que faz com que aos poucos nos distanciemos da nossa própria condição humana. Sartre (1996) coloca ainda que nossa história surgiu e se desenvolveu no contexto permanente de um campo de tensão engendrado pela escassez. É dizer que isso define a relação em que estamos de uns com os outros como consumidores competitivos e reconhecer a si próprio como possuidor de necessidades materiais, revela simultaneamente o outro como simples possibilidade de consumir um objeto de que se necessita.

Nessa teia social em que estamos conflagrados, em processo contínuo de competição acirrada pelas dificuldades econômicas impostas pelo neoliberalismo, encontra-se o paciente que chega à nossa clínica. Uma realidade, que tal como Sartre (1996) assevera, faz com que se descubra no outro a possibilidade material de seu próprio aniquilamento, através da destruição de um objeto material de primeira necessidade. Isso não significa dizer que todos os homens sejam opressores natos. Sartre coloca que o homem não tem uma natureza permanente, e assim, pode tanto ser humano como canalha, contudo, enquanto a escassez não termina, haverá em cada homem, e em todos eles, uma estrutura inerte de desumanidade que, em resumo, não passa de negação material enquanto interiorizada.

E aqui temos o indício de violência presente na condição humana, pois a estrutura interiorizada de desumanidade é externada pela violência, percebida sempre como contraviolência.

A violência como contraviolência é um reflexo num espelho sem luz, do amor como o desejo de ser amado. Mas como qualquer um pode competir comigo, o conflito e o objeto da violência são os demais sujeitos da minha contemporaneidade, e não este ou aquele indivíduo em particular. É a condição humana que será atacada. É o humano e nada mais que odeio no inimigo, isto é, eu como o outro, e o que desejo destruir no outro é a mim próprio, para impedir que ele me destrua efetivamente em meu corpo.

A questão da contraviolência, por outro lado, é uma resposta pragmática à violência sentida e experimentada por quem de fato produz a violência social em seus detalhamentos e preâmbulos. A violência produzida pela brutal exclusão social das sociedades modernas é vincada em todos que de alguma maneira são excluídos do conforto e benesses propiciados pela estrutura neoliberal, e a reação espontânea é a contraviolência daqueles que primeiramente são violentados. Assim, pessoas lançadas ao raio de ação da exclusão social e que sofrem na pele todas as formas de desatinos dessa brutalidade de que são vítimas, reagem e provocam uma contraviolência em resposta à violência a que são lançados.

Na realidade, na quase totalidade das vezes, ao vermos a alusão à violência social contemporânea, o que sempre é enfatizado é o aumento da marginalidade e o surgimento de um sem-número de pessoas que cometem crimes contra uma determinada camada da população. O imbricamento desse paradigma não é citado e tudo se torna uma questão de que algumas pessoas têm distúrbios de caráter ou algo assim e, portanto, lançam sua fúria e violência indiscriminadamente contra outras pessoas distantes de seu pertencimento e condição social. Em termos de realidade brasileira, ainda temos o acinte de vermos comparações com a realidade social de países como Suécia, Dinamarca, dentre outros em que os índices de violência social e urbana são bastante diminutos. E a análise feita na maioria das vezes pontua essa diferença como se nesses países nascessem pessoas de uma estirpe de valores, caráter, dignidade e mesmo personalidades diferentes daquelas nascidas no Brasil, isso tudo como se a brutal desigualdade social de nossa realidade não tivesse a menor importância na efetivação dessa comparação.

A contraviolência, na quase totalidade das vezes, é vista como sendo a violência inicial contra pessoas que são vitimadas sem qualquer justificativa ou razão plausível. Analisar essa citada violência como sendo, em realidade, uma contraviolência em razão de uma violência que inicialmente brutalizou as relações sociais e simplesmente esterilizou todo e qualquer anseio de uma vida social mais digna e fraterna, é condição primeira para que possamos abarcar essa questão em diferentes ângulos.

Em termos de prática clínica, por outro lado, temos na quase maioria das vezes, pacientes que se apresentam assustados com os efeitos dessa contraviolência em suas vidas. E disso deriva uma série de sofrimentos que pode em alguns casos culminar com síndromes de pânico contra o receio de se tornar vítima dessa contraviolência. E na medida em que vivemos uma realidade permeada pela escassez, em que o que sobra para alguns falta drasticamente para outros, temos que a violência e a contraviolência se imbricam de modo indissolúvel com aspectos da escassez e se fundem na realidade contemporânea.

A escassez mais cruel é aquela que determina o acúmulo de riquezas em uma concentração simplesmente dantesca nas mãos de um número bastante reduzido de pessoas, e que faz com que esses que detêm a riqueza vivam de maneira nababesca enquanto a maioria da população viva à míngua praticamente de migalhas, e sem condições de habitação, saúde, educação e outros itens indispensáveis para uma vida digna. Outro aspecto também bastante contundente e que se mostra de modo claro é aquele determinado pelos aspectos desumanos do consumismo imposto a todas as pessoas indistintamente e que faz com que exista uma total inversão de prioridade daquilo que é verdadeiramente essencial, seja na busca insana dos novos modelos de celulares, seja na troca contínua de veículo, seja ainda em roupas e tantos apetrechos que são impostos e que leva um sem-número de pessoas a sofrimentos extremados por não conseguirem se ater a essa demanda que lhes foi imposta. Ou ainda nas palavras de Sartre (1996), somos todos unidos no sentido de que habitamos conjuntamente um mundo definido pela escassez. Assim, estamos todos enfeixados num campo de práxis por nossas diversas necessidades, pela avareza da natureza em fornecer o suficiente para a nossa satisfação, e assim, a disputa estrutural a que isso nos atira uns contra os outros é inevitável.

Essas contradições surgem de maneira bastante controversa na prática clínica, com alterações dessas diversas facetas que compõem a nossa vida em sociedade, ou ainda, pelo sofrimento que isso tudo criva de modo profundo na subjetivação dos pacientes. Temos então que, ao adentrarmos nesses questionamentos, estamos acolhendo esse paciente em nuances de sua vida que muitas vezes não lhe são transparentes. É dizer que o instrumental propiciado pela ótica sartriana para a prática da psicoterapia nos ejeta não apenas na vanguarda desses alicerces, mas também nos propicia uma visão mais ampla e abrangente da realidade contemporânea com todas as suas contradições e que está a enfeixar esse paciente de maneira indissolúvel.

Temos, dessa forma, uma proposta psicoterápica moderna e ousada e que está a dimensionar o sofrimento psíquico inserindo esse paciente em nossa contemporaneidade, e mais ainda, em tentáculos da realidade desestruturante do nosso tecido social totalmente esgarçado pelos modelos econômicos neoliberais implantados na grande maioria dos países. A filosofia sartriana se coloca na dianteira do pensamento crítico de nossa contemporaneidade, e em nosso caso, está também embasando uma prática psicoterápica e conferindo um contraponto agudo e reflexivo sobre suas intervenções diante do paciente, o que faz com que seja dinâmica e capaz de abarcar o sofrimento contemporâneo de modo único.

No estupendo filme *Sartre Por Sartre*, do diretor Alexandre Astruc (2018), temos um documentário de mais de três horas e meia em que o próprio Sartre fala de sua vida e de sua obra a partir de comentários feitos por um seleto grupo de amigos e pensadores, incluindo a própria Simone De Beauvoir. Ele narra que na prisão do campo de concentração leu Heidegger com a intenção de esclarecer alguns pontos para uns padres que também eram prisioneiros e de quem havia se tornado amigo, e que a partir dessa leitura escreveu a obra que viria a se tornar sua referência principal, o situando como um dos principais arautos do existencialismo: *O Ser e o Nada* (Sartre, 1998). Nesse mesmo documentário, ele cita que a reflexão feita sobre a violência presente em *Crítica da Razão Dialética* (Sartre, 1996) e que inclusive fundamentaria Laing e Cooper na criação de sua principal obra *Sobre antipsiquiatria* (Laing; Cooper, 1976), origina-se em sua infância a partir de vivências com o seu padrasto e colegas de escola, algo totalmente insólito se considerarmos a dimensão que tais reflexões tomaram a ponto de se tornarem referência para questionamentos sobre a violência praticada pela psiquiatria tradicional, e mesmo pelas condições sociais opressoras vividas pela grande maioria das pessoas.

Danto (1975) coloca que em *O Ser e o Nada*, Sartre (1998) nega a possibilidade da estrutura de um nós, permanecendo a minha consciência sempre minha, mesmo, talvez, necessariamente, penetrada-se pela percepção dos outros. Na realidade, posso experimentar a sensação de nós, mas apenas isso não basta para, nas palavras de Sartre, constituir uma estrutura ontológica da realidade humana (Sartre, 1998), pois essa, de fato, é mais psicológica que ontológica. Danto (1975) assevera que o nós é sempre sentido como tudo o mais deve ser, por uma consciência individual, e não é preciso que aqueles com os quais eu o sinto também o sintam. É dizer que mesmo que assim seja, mesmo que todos nós sintamos como um só e como parte de uma comunidade, esse sentimento é distribuído por nossas diversas consciências e, consequentemente, não passa de uma soma de sentimentos individuais, não sendo uma consciência intersubjetiva e um novo ser que ultrapassa e envolve suas partes como um todo em harmonia. Em *Crítica da Razão Dialética* (Sartre, 1996) há a concepção do ser humano como pertencente inexoravelmente a diferentes grupos, e que sempre estará inserido em grupos, desde o seio familiar até os demais grupos que constituirão parte de sua existência.

O meu lugar na sociedade, e em seus constitutivos de grupos, minha biologia e o meu passado não são simplesmente meros determinantes da minha conduta, ou que possam estar aprisionados em simples tergiversações teóricas, ao contrário, atingem papel primordial na análise da condição humana, principalmente se considerarmos a referência à interpretação que deles faço. Isto significa dizer que sou responsável por todos os fatos interpretados, mas para a consciência não existem outros. É dizer que fora da consciência não existe nenhuma causa para a ação, nenhuma causa inconsciente. E assim temos na escolha o núcleo de intervenção para o campo psicoterápico e seguramente uma de suas mais fascinantes inovações. As chamadas causas ocultas do comportamento humano são imbricadas, então, nessa questão de escolha empreitada pela consciência.

É fato que ao pensarmos em uma determinada escolha sempre aventamos hipóteses dos resultados a ela inerentes. E na verdade não podemos avaliar uma escolha depois do resultado obtido, afinal, quando ela foi efetivada, foi considerando que essa era decididamente a melhor opção. No momento da escolha, não sabemos de modo apriorístico qual será o resultado que dela derivará. Não sabemos as tantas variáveis que poderão se antepor ao resultado dessa escolha ainda que ela tenha sido feita considerando as diferentes possibilidades a ela inerentes. Sartre (1970) ilustra de modo magistral essa condição, aludindo a uma pergunta feita por um jovem durante a guerra. O rapaz tinha como dilema escolher entre juntar-se à Resistência e abandonar a mãe, velha e dependente de seus cuidados, ou então, ficar com ela, e consequentemente dar conivência implicitamente à imoralidade abjeta da ocupação alemã. Qualquer das escolhas resultaria em consequências difíceis para se harmonizar em seu ímpeto. Sartre responde com uma colocação bem ao encontro de todo o seu sistema filosófico:

> O que poderia ajudá-lo a escolher? A doutrina cristã? Não. A doutrina cristã reza: seja caridoso, ame seu vizinho, sacrifique-se pelos outros, escolha sempre o caminho mais difícil etc. Qual, porém, é o caminho mais difícil? A quem se deve o amor mais fraterno; ao patriota ou à mãe? Quem pode responder a priori essa pergunta? Ninguém. Nem tal resposta figura em nenhum volume de ética. A ética kantiana recomenda: "Nunca olho o outro como um meio, mas sempre como um fim". Muito bem: se fico com minha mãe estarei a vê-la como um fim, e não como um meio: mas da mesma forma corro o risco de tratar como meios os que estão lutando por mim; e o reverso também é verdadeiro: se corro em ajuda aos combatentes, eu os tratarei como um fim e, a minha mãe como um meio. Eu tinha apenas uma responda: — Você é livre, portanto, escolha, Nenhuma regra geral da moralidade pode mostrar-lhe o que fazer (Sartre, 1970).

A questão da violência foi trazida por Laing e Cooper ao campo da psiquiatria e psicoterapia no estupendo *Razão e Violência* (Laing; Cooper, 1976), obra, como citado anteriormente, que ajudou a erigir e sedimentar a Luta Antimanicomial ao trazer à tona reflexões sobre a violência presente na condição do sofrimento psíquico. Citamos acima como a violência se enfeixa na condição humana e como se faz presente em nossa cotidianidade. E sua condição também aparece no campo da psicoterapia nas mais diferentes configurações.

Arendt (1963) desenvolveu o conceito de banalidade do mal em seu livro *Eichmmann em Jerusalém*, conceito que lhe trouxe críticas ácidas da comunidade judaica e também a polêmica que se mantém até hoje. O livro surgiu na sequência do julgamento em Jerusalém de Adolf Eichmmann capturado pelos serviços secretos israelenses na Argentina, em 1960, e que ela acompanhou para a revista The New Yorker. Nessa obra, é defendido que, em virtude da massificação da sociedade, criou-se uma multidão incapaz de fazer julgamentos morais, razão pela qual aceitam e cumprem ordens sem questionamentos. Ela considerava que Eichmmann foi um dos responsáveis pela solução final e não deveria ser olhado como um monstro sanguinário isoladamente, e sim, um funcionário zeloso que foi incapaz de resistir e questionar as ordens recebidas. Ela faz pontuação sistematizada de que Eichmmann simplesmente se defendeu, argumentando que cumpria ordens sem saber o resultado e as consequências dessas ordens. Não era responsabilidade dele se as pessoas embarcadas em determinados trens seriam levadas para a execução final em diferentes campos de concentração. Ele, segundo o que Arendt desenvolveu, era apenas um burocrata a cumprir ordens por mais sanguinárias e irracionais que pudessem se configurar. Não havia questionamentos sobre o que estava sendo determinado para que cumprisse, pois sua concepção de valores se enfeixava nos juramentos de lealdade firmados para a causa nazista.

O mal assim se torna algo banal.

As diferentes manifestações da violência, da qual a banalidade do mal é apenas uma das intercorrências, faz parte da nossa cotidianidade de maneira indissolúvel e, muitas vezes, praticamente incompreensível. É dizer que muitas manifestações de violência que atingem o nosso seio social não devem ser atribuídas apenas a manifestações patológicas das pessoas envolvidas em sua efetivação, e sim, nessa patologia social mais ampla que simplesmente legitima de diversas formas a banalização do mal. O executor de uma das tantas chacinas que nos assolam constantemente apenas puxa o gatilho da arma que está em suas mãos, mas a verdadeira patologia está na sociedade com sua total convivência com essa barbárie. A banalidade do mal está tão presente em nossa cotidianidade que as pessoas sequer parecem se sensibilizar com esse festival de horrores presentes em nossas vidas. O número de mortes presentes em cada chacina se torna apenas estatística macabra a moldurar tamanhos descalabros.

Da mesma maneira, quando arrolamos os casos de suicídio que diariamente ceifam milhares de vidas mundo afora, estamos apenas falando de números frios e estáticos, totalmente distante do sofrimento dessa alma ensanguentada em dor que busca pela morte para colocar fim ao seu desespero incontrolável. Uma morte é sempre uma perda irreversível para as pessoas próximas de alguém que perde a vida seja pela razão que for. É dizer que ao falarmos em números e estatísticas não estamos falando da vida humana em si, e sim, de cálculos que podem servir ao estatístico ou a estudiosos que se debruçam sobre a quantificação das tragédias presentes na condição humana. Mas quando estamos diante de um caso em que o desespero humano se faz presente temos, então, a dimensão da irreversibilidade trazida pela morte a todas as pessoas envolvidas em seu entorno. Então, a dimensão de que uma morte sempre é uma perda irreversível ganha tons de dramaticidade e supera possíveis dados estatísticos arrolados nas inúmeras pesquisas feitas sobre a condição humana.

A nossa historicidade com seus detalhamentos de inserção social, e mesmo nossa facticidade, irão dar um constitutivo ao modo como veremos e representaremos o mundo. E isso não pode ser deixado de lado diante do paciente em seu processo psicoterápico. Alguém, em uma mera citação, que vive em São Paulo, provavelmente terá uma compreensão sobre questões de sexualidade muito diferentes de alguém que vive em alguma cidade pequena nos rincões do sertão. Certamente, os valores morais e pessoais erigidos nessas sociedades trarão nuanças de compreensão que farão com que seja impossível colocá-las no mesmo bojo para a apreensão de detalhamentos que possam estar presentes nesses casos. Filigranas que não podem ser questionadas a partir de outro balizamento que não o de próprio paciente.

Laing (1982) assevera que a total confirmação de uma pessoa por outra é uma possibilidade ideal raramente realizada. Para questões práticas, ou mesmo objetivas, a confirmação vai apenas até determinado ponto, àquele a qual a nossa percepção consegue alcançar. É dizer que por mais informações que se possa ter de um determinado paciente, ainda assim, não teremos como abarcar jamais a totalidade de sua complexidade em termos de sentimentos e valores que compõem seu constitutivo humano. Sempre estaremos limitados à dialética que ocorre nas sessões de psicoterapia e com aquilo que se observa e se apreende de seu comportamento durante as sessões. E isso verdadeiramente não se configura nem tangencialmente sobre a totalidade de alguém em seu constitutivo verdadeiramente humano. Sem dizer que mudamos constantemente nossos valores a partir das intempéries da vida, ou seja, não estamos diante de algo estático que pode ser paralisado para ser observado e analisado. O real se transforma no correlativo do pensamento, e o imaginário é o círculo de pensamento daquilo que a percepção alcança e sequencialmente idealiza. Merleau-Ponty (1999) coloca que a reflexão guarda tudo da fé perceptiva: a convicção de que há qualquer coisa, que há no mundo, a ideia da verdade, a ideia verdadeira dada.

Fundamentalmente, é necessária uma compreensão abrangente sobre o paciente de tal sorte que seus constitutivos de vida sejam acima de tudo considerados e respeitados. O segredo do mundo que procuramos é necessário que esteja contido em meu contato com ele. De tudo que se vive, da historicidade que nos impõe peculiaridades específicas diante da vida e dos fatos em si.

A percepção que tenho dos fatos e da vida não se acoplou em mim por um processo cósmico, ao contrário, foi sendo forjada pela minha historicidade, ao longo das minhas experiências de vida. Essa percepção se abre ao campo perceptivo do paciente igualmente forjado em sua vivência e dessa amalgama temos a construção de uma interação subjetiva em que seu processo de soerguimento irá se erigir.

A Suinã é uma árvore que tem sua florada no Inverno, uma das mais lindas floradas de Inverno. Suinã, em tupi, significa bico de arara, nome dado pelos indígenas pela similaridade do formato de suas flores com o bico da ave. No Verão, suas folhas apresentam um verde muito marcante, viçoso e vigoroso. No Outono, as folhas começam a ficar encarquilhadas, sendo lançadas ao chão para no Inverno dar surgimento a uma das mais lindas floradas dessa vida, a florada da Suinã com suas flores vermelhas e um tucho marrom a emoldurá-las. Essa transformação exibida nas Suinãs, e também em outras árvores, é a transformação que se busca na psicoterapia, a historicidade lançando folhas encarquilhadas para o surgimento da florada da vida, da exuberância da superação em que pese adversidades climáticas e fatoriais. Das floradas nas árvores para a florada da vida, processos de transformação que não podem ficar a esmo sem um acolhimento detalhado e cuidadoso. E ao lançar como exemplo da florada da Suinã está evidenciando minha historicidade diante de sua transformação, e minha proximidade com o fenômeno das floradas das diferentes árvores da nossa fauna. Algo que me é peculiar e que está vincado em minha vida de modo indissolúvel, o que significa dizer que as flores não me são indiferentes, e a cada estação diferencio suas respectivas floradas. Essa característica dará matizes específicas ao meu olhar diante das ruas e de suas árvores, como também sobre o significado dessas transformações na própria vida.

Os aspectos que configuram o constitutivo de uma pessoa é algo que precisa ser balizado de modo que a compreensão de sua peculiaridade não se perca diante de nossos escopos teóricos. A percepção do psicoterapeuta não pode estar limitada a aspectos que não considerem, não apenas a expansão da consciência em tudo que pode por ela ser apreendido, como também os determinantes que fazem um paciente ser o que ele de fato é, um ser em constante transformação, em busca da ajuda propiciada pela psicoterapia. E por mais que possa haver razões e determinantes a justificar a busca pela psicoterapia, não existe jamais alguém que procure por esse processo que não esteja sofrendo em níveis emocionais. Jamais alguém irá ao psicólogo para dizer que está tudo bem com sua vida e que marcou consulta para comunicar tal fato. Igualmente ocorre com o médico, advogado, etc. Ninguém marca consulta com qualquer profissional para narrar que sua vida está plena de realizações. Ao contrário, qualquer desses profissionais é procurado quando o sofrimento está estrangulando a alma e dilacerando o coração. É dizer que cada paciente, embora tenha suas especificidades, peculiares em seu constitutivo de vida, ainda assim, apresentam a mesma motivação ao buscarem pela psicoterapia, ou seja, procuram por ajuda em seus desatinos emocionais. Esse aspecto é bastante interessante no sentido de um balizamento preciso sobre os determinantes que estão no sustentáculo do processo da psicoterapia. Sejam problemas derivados de comportamentos autodestrutivos, dificuldades em relacionamentos interpessoais, questões de desenvolvimento pessoal ou qualquer outra coisa que se queira arrolar, a psicoterapia é sempre procurada como ajuda e, muitas vezes, como uma tentativa desesperada de soerguimento de vida, como a última alternativa nessa trilha de desespero e dor.

E de outra parte, ao falar na possibilidade de uma psicoterapia estruturada sob a égide da filosofia de Sartre, e no nosso caso com predominância em *Crítica da Razão Dialética* (SARTRE, 1996), estamos nos abrindo à possibilidade de uma inserção desse paciente em uma possibilidade não apenas de sua historicidade, mas também de sua inserção nas questões que envolvem as contradições sociais da contemporaneidade. E ao elencarmos como prioridade a inserção desse paciente em nossas contradições sociais sua historicidade estará sendo alçada a patamares de pleno respeito à sua unicidade e peculiaridades. Nesse sentido, ampliamos a compreensão da condição humana para além da ontologia presente nas obras do primeiro período da filosofia sartriana em que não havia possibilidade de um nós, ainda que o outro estivesse transpassado na relação, aliás, posicionamento revisto pelo próprio Sartre que estrutura, então, sua obra para essa amplitude.

A psicoterapia, então, é erigida sobre tentáculos em que o paciente juntamente com seus dramas e questionamentos pessoais também terá sua inserção social imbricada em nossa compreensão de modo indivisível e irreversível. Somos uma totalidade existencial que se expande além da nossa própria corporeidade para transcendermos nossa consciência para horizontes libertários que estão além da estrutura individual de uma determinada pessoa.

Escrevemos sobre uma psicoterapia que está em constante mutação, uma psicoterapia que se renova a cada instante na medida em que esse paciente também está em contínua mutação. É dizer que ao nos decidirmos por um embasamento na filosofia de Sartre, estamos determinados na aceitação dessa mudança contínua em nossas pilastras na medida em que as contradições sociais se alternam com velocidade cósmica. Como mera citação dessas colocações, podemos refletir sobre o que está ocorrendo com a classe média brasileira nos últimos anos. De uma situação pujante com condições satisfatórias de vida em todos os aspectos presentes nesse quesito, no espaço de praticamente uma década, viveu a perda de sua condição econômica se depauperar de modo irreversível. Significa dizer que o sofrimento emocional presente nas pessoas desse segmento irá apresentar filigranas bem específicas dessa condição mutante, seja pela necessidade de mudança da escola dos filhos, mudança residencial para bairros mais simples e toda uma infinidade de detalhes presentes nessa perda contínua de condição econômica. Dessa maneira, o arcabouço teórico, a embasar nossa prática psicoterápica, necessita estar afinado com tais mudanças para não ser estático, ou simplesmente errático por estar preso a princípios estanques e que não acompanham a dinâmica das mudanças sociais. As transformações sociais impelem a mudanças constantes de valores e signos sociais, ou seja, algo que podia ser valorizado em determinada época no quesito de costumes perde completamente a importância em momento seguinte. É sempre importante pontuar que uma das principais obras que faz a pontuação entre o existencialismo e a psiquiatria, *Existencialismo e Psiquiatria* (Seguin, 1949), quando de sua publicação não tinha nenhum autor que havia se debruçado sobre a filosofia de Sartre para fazer essa transição. Nessa obra, Seguin (1949) traz os principais autores que trouxeram a filosofia de Heidegger para o campo da psiquiatria e da psicoterapia, e no tocante à obra de Sartre, temos o próprio Sartre se pronunciando e dizendo que o importante é que era possível essa transcrição de sua obra filosófica para o campo da psiquiatria. Somente na década de 60, surgem predominantemente Laing e Cooper e fazem essa justaposição, e por assim dizer, estabeleceram um marco divisório no campo da psiquiatria, pois de suas obras se originam, como foi dito anteriormente, toda a sustentação teórica e filosófica da Luta Antimanicomial. A obra de Seguin (1949) não foi atualizada, e embora ainda hoje sirva como importante referência teórica no campo da psiquiatria por trazer o pensamento dos principais autores heideggerianos, sua lacuna em relação à Sartre a faz totalmente desatualizada em relação às transformações oriundas a partir de sua filosofia no campo da psiquiatria.

De modo geral, com a contínua evolução tecnológica que assistimos antes pasmos, mas com total assimilação dessas transformações na sequência, e que impelem diferenças entre gerações que saem do campo meramente geracional para se tornarem algo que ainda necessita definição. Assim, tal qual o exemplo citado anteriormente do adolescente atendido em razão de ideação autodestrutiva, temos que, em gerações anteriores, o isolamento era o primeiro indício de dificuldades emocionais e de interação com outras pessoas. Isso, nos dias atuais, é algo que não pode mais ser considerado dessa forma, pois o comportamento padrão do adolescente contemporâneo é justamente o isolamento e os 209 relacionamentos virtuais a partir de seus apetrechos tecnológicos. Ou então que se dizer da moral sexual da atualidade e de décadas atrás? Certamente, tivemos uma reviravolta nesses valores morais que é praticamente impossível não estarmos atentos a tais mudanças se verdadeiramente pretendemos empreitar uma psicoterapia sintonizada com seu tempo.

Algo que percebo nesses quase 40 anos em que atuo como psicoterapeuta, inclusive, é a mudança de perfil do próprio paciente. De início, quem recorria à psicoterapia eram predominantemente mulheres, como se apenas elas e tão somente elas tivessem problemas emocionais. E aos poucos essa equação foi se equilibrando de tal forma que hoje essa predominância não mais existe, assim como os conteúdos que constituíam o sofrimento dos pacientes. E algo que se tornou muito presente na maioria dos atendimentos, independentemente de seus desatinos emocionais, é a desesperança[2] com o futuro. Essa desesperança parece dominar a todos de forma irrebatível. É como se aos poucos os tantos desatinos e decepções presentes em nossa realidade social fossem nos levando a uma total descrença de uma nova condição de vida em sociedade, seja pela violência que se espraiou de modo indescritível, seja pela ação dos nossos governantes, enfim por um sem-número de fatos a nos circundarem. A questão é que estamos cada vez mais assistindo à desesperança se tornar um dos principais desatinos emocionais a ceifar com a condição psíquica de tantas pessoas. Perde-se a esperança no futuro, nas relações interpessoais e em tantas coisas, muitas vezes, até mesmo na própria condição humana. E isso se torna algo interessante de análise na medida em que os desatinos pessoais vêm acrescidos da desesperança, como se fosse algo a estabelecer uma unicidade entre os pacientes, e na realidade, talvez, entre as pessoas em geral.

E verdadeiramente a perda da esperança é algo que nos deixa atônitos e preocupados com o desenrolar dos fatos. Afinal, por pior

[2] Dom Paulo Evaristo Arns era cardeal arcebispo de São Paulo durante o período turvo da ditadura militar que assolou o Brasil durante 20 longos anos. Nesse momento, ele criou a Comissão Justiça e Paz de São Paulo com o determinante de defender os direitos humanos tão vilmente assolapados. E uma de suas frases mais emblemáticas para o enfrentamento dessas atrocidades era: "Não perder a esperança jamais".

que possa estar a vida de uma determinada pessoa, pelas razões que for, enquanto houver esperança significa que ela continuará a perseverar em sua luta, tendo a esperança como força motriz de transformação. A falta de esperança, por si, já é tediosa, algo que leva ao quietismo e à imobilização diante das dificuldades. Na medida em que assistimos ao crescimento desse cenário de desesperança, é como se algo estivesse se quebrando de modo irreversível, pois o caótico cenário social de nossos dias certamente será transformado quando houver uma mobilização decisiva a partir da esperança irrebatível nessas transformações. A desesperança é o fim dos sonhos de transformação social, é o fim da capacidade de acreditar em uma nova realidade social e econômica, em uma sociedade mais justa e fraterna, pois a desesperança nos leva a uma condição de disputa em que o outro é sempre adversário, tal qual é preconizado pelo modelo de economia liberal tão em voga em grande parte do mundo.

Escrevemos sobre a realidade brasileira, mas infelizmente essa imposição do liberalismo econômico que ceifa milhares de vidas cotidianamente pela concorrência predatória e desumana é predominância mundial, algo imposto pelas grandes potências e que está dragando de modo irreversível os países em desenvolvimento.

O sofrimento emocional trazido a um sem-número de pessoas, derivado diretamente desse modelo competitivo e desumano, certamente precisa de novos parâmetros de compreensão, pois estamos diante de pacientes que apresentam um novo constitutivo de sofrimento e que precisa ser alcançado com a pertinência de seus tentáculos envolventes.

É interessante observar que a esperança tem sua raiz etimológica em esperançar, ou seja, ir atrás de algo positivo, de algo que seja transformador. É dizer que ao contrário do que se diz comumente esperança não é esperar, ficar à espera de algo em total imobilismo. Nesse sentido, quando vemos alguém desesperançado significa dizer que simplesmente perdeu a condição de ir atrás de algo transformador, de significado novo para a sua situação de sofrimento.

A presença da desesperança no discurso da quase totalidade do pacientes é indício maior do tanto que as adversidades sociais estão sendo transpassadas para a subjetiva, e num processo análogo se tornando algo vincado na própria historicidade desse paciente. É dizer que assistimos paulatinamente um sem-número de pessoas simplesmente se entregarem em posição de quietismo e resignação diante das adversidades dos fatos. E isso verdadeiramente é o pior cenário, pois qualquer perspectiva de mudança implica em ação, enfrentamento aos desígnios da adversidade. Vamos ilustrar essas colocações com um caso clínico.

Caso Clínico – A Vida de Manuel

Nosso paciente, chamado aleatoriamente de Manuel, era um homem de 57 anos de idade, engenheiro, que havia perdido seu trabalho em uma grande empreiteira no interior da Bahia em razão dos sérios desmandos do país. No momento, ele trabalhava como motorista de UBER para tentar sobreviver. Já havia mudado significativamente seu padrão de vida, pois, em razão de não poder contar mais com o salário anterior, muitas coisas haviam sido cortadas em sua cotidianidade. Por mais que pudesse se esforçar nessa nova atividade, sua remuneração não chegava sequer minimamente a fazer frente aos gastos financeiros anteriores erigidos a partir do ganho do trabalho na citada empreiteira. A própria mudança de volta para São Paulo já era indício de que as coisas precisariam de uma nova acomodação para que a vida pudesse minimamente ser mantida com dignidade. Afinal, São Paulo era sua terra natal, local onde moravam seus parentes e também os de sua esposa e, ademais, a permanência na cidade baiana só se justificava diante do emprego na empreiteira.

De volta a São Paulo, deparou-se com a realidade amarga do desemprego que assola o país impiedosamente. Depois de procurar por trabalho incessantemente em sua área, passou a trabalhar de UBER para fazer frente às despesas básicas de sua família. Sua esposa também passou a trabalhar fazendo doces e salgados por encomenda para festas e eventos. Os filhos, que anteriormente estudavam em colégios particulares, foram matriculados na escola pública e, dessa maneira, uma nova forma de vida se estruturava para todos. Novos hábitos, novas formas de contensão de gastos e a vida tomando outra configuração. Eis sua narrativa:

> *Me diga do que adianta meu título de doutor e os tantos cursos de especialização que fiz, se tudo era direcionado para prospecção de petróleo e a roubalheira do país acabou com tudo, até com meu emprego... Diga*

o que fazer... E o pior é que essa desgraça não vai mudar tão cedo, se é que algum dia mudará... A roubalheira apenas mudou de patamar, e quem paga são os que trabalham decentemente; quem perdeu o emprego são as figuras pequenas, imagine se para esses ladrões ordinários continuam com suas mansões, iates, um ou outro é preso para dar uma disfarçada na coisa. Veja, estou trabalhando de motorista de Uber com meu carro, pondo meu carro para cima e para baixo num desgaste incrível para levar apenas moedas para casa. Isso é inacreditável... Se alguém me falasse que poderia passar por isso nessas alturas da vida diria que era lunático... (sic)

Podemos perceber nesse discurso que, além do sofrimento pela reviravolta que a vida deu, há um grande cansaço e total desesperança em que algo possa mudar na estrutura do país. Algo que, na realidade, cada vez mais, mistura-se a outros quesitos de sofrimento presente nos pacientes de modo geral. E Manuel mostra essa junção em outro momento de modo bem significativo:

Procurei o senhor porque precisava de ajuda para colocar minhas ideias em ordem. Minha obsessão era acabar com tudo e sumir de vez, dar um basta em tanta humilhação... Mas a coisa é mais séria, pois estou sofrendo muito com tudo isso, e o pior é que não estou sozinho nesse vale de lágrimas, tenho meu sofrimento pessoal, mas faço parte de um grupo de pessoas desesperadas que estão mais perdidas que cachorro que cai do caminhão de mudança.... Ninguém sabe para onde ir, para quem recorrer, em quem acreditar, nem mesmo se alguém é capaz de dar jeito na situação que deixaram o país... (sic)

Temos uma junção de drama pessoal totalmente imbricado com a questão social tão singular em que vivemos, cuja desesperança se espraia de modo incontido. E isso faz com que um drama pessoal tenha a questão social penetrada em sua subjetivação de modo indivisível e sem qualquer separação.

Caso Clínico – A vida de Sandra

O caso de Sandra, também chamada assim de maneira fictícia, ilustra tais questões de modo igualmente eloquente. Ela era uma advogada de 46 anos de idade, sócia em um escritório de advocacia. Eis seu discurso:

> *Sempre tive escritório, e na verdade, ganhava muito mais que os meus colegas que entraram para o ministério público. Juízes, promotores, procuradores, nenhum poderia fazer frente aos nossos ganhos, e isso sempre me fez ficar no escritório. Mas de uns tempos para cá as coisas estão ficando bastante complicadas; advogado, assim como outros liberais, estão sendo deixados de lado pela absurda falta de dinheiro em circulação no país. Então, você assiste pessoas que se separam do cônjuge, mas não formalizam a separação para não gastar com advogado e outros custos; você vê pessoas deixando pendências de lado, para igualmente não gastarem com advogado. Então, o que nos resta são as causas antigas, muitas inclusive em que até já recebemos parte dos honorários. A minha gastrite está incontrolável diante dessa situação. Não temos a menor perspectiva de mudança em curto prazo desse cenário. Se pudesse voltar atrás certamente prestaria concurso público, nem que fosse para delegado de polícia, pois, embora o salário seja parco, eles têm estabilidade funcional e não tem a oscilação que estamos experimentando em nossa prática liberal. Eles até podem sentir inveja dos advogados de escritório por considerar que recebemos bem mais, é verdade, mas também quando deixamos de receber regularmente a coisa fica desesperadora. Em alguns dias o desespero que sinto é incontrolável. Dia após dia e tudo continua igual, essa angústia sobre o futuro e esse desespero tomando conta da alma. Não sei até quando vou aguentar isso tudo... (sic)*

Aqui, podemos observar mais um caso em que o depoimento do paciente está simplesmente crivado da turbulência social que atravessamos no país. Estamos diante de mais uma situação em que o quadro emocional do paciente é agravado pelas situações sociais que se tornam circundantes de sua realidade subjetiva. Sofrimento psíquico derivado e forjado a partir de sua circunstância social. Questões que envolvem estabilidade emocional e que são determinadas pela condição profissional e da própria instabilidade do país. E se considerarmos, então, que o ser humano tem sua historicidade imbricada inextricavelmente à sua própria vida, significa dizer que viver em situações de grandes turbulências sociais é algo que certamente agravará o sofrimento psíquico em que essa pessoa se encontra. Sandra ainda acrescenta dados de sua dramaticidade que ajudam na ilustração desses ponteamentos:

E isso sem dizer dos casos de pessoas que nos procuram apenas para consultas pontuais de algumas dificuldades, casos, inclusive, que sequer implicam na respectiva ação judicial. No Direito ainda não existe a tradição formalizada de se cobrar por tais consultas, salvo, claro, quando existe a necessidade da elaboração de pareceres e posicionamentos jurídicos. Do contrário, prestamos esclarecimentos que muitas vezes resolvem o problema que a pessoa está envolvida e nada recebemos por essa orientação. Esse cliente está em busca do nosso saber jurídico, e isso é tratado como se fosse uma simples conversa entre amigos em torno de um café. Quando venho na psicoterapia também estou buscando ajuda através da tua orientação, mas isso custa, então pergunto: por que a orientação jurídica não é cobrada? Em outros momentos nem iríamos questionar o pagamento dessa orientação, pois o movimento do escritório com suas inúmeras causas justificavam essas orientações, mas no momento, isso tudo é insano. (sic)

A inserção da historicidade de Sandra, na análise de seu depoimento, mostra claramente detalhes no modo como seu sofrimento foi erigido, e estão vincados ao modo como sua vivência social foi estruturada. Apresenta sofrimentos em níveis pessoais, inclusive com manifestações de doenças como a gastrite agravada, e muitas vezes derivadas de intenso estresse emocional. Sente-se impotente frente às circunstâncias que as condições socioeconômicas estão impondo à sua atividade profissional, e não consegue ver perspectivas de mudança, o que faz com que o desespero tome conta de sua alma de modo impiedoso e sem trégua. Ela se sente sem condições de empreitar mudanças significativas em sua vida pelo simples fato de que sua atividade profissional está sofrendo sérias avarias em razão do momento sociopolítico do país. Algo em que sua historicidade está inserida de modo irreversível.

E isso, por si, mostra que a pertinência de seu sofrimento e da tentativa de superação sempre trazem presentes esse imbricamento. Não podemos deslocar seu sofrimento para algo meramente pessoal em que estejam presentes apenas conflitos psíquicos isolados de sua inserção social. Embora seja fato que a quase totalidade das teorias em Psicologia abordem o sofrimento psíquico e suas intercorrências do ponto de vista meramente pessoal em seu constitutivo subjetivo, verdadeiramente precisamos ir além dessa concepção para uma compreensão mais ampla da condição humana.

A ideia por demais simplista, embora difundida como algo absoluto, de que podemos compreender a condição humana a partir de possíveis emaranhamentos psíquicos, que se originam na subjetivação de uma pessoa independentemente de sua historicidade, é algo que precisa ser mudado, necessita de uma abrangência para que a complexidade humana não se perca em suas variedades difusas e que não consideram sequer sua condição de algo continuamente em transformação.

Em outro ângulo de análise, vamos constatar o aumento absurdo de pessoas em situação de rua nas capitais brasileiras. Embora isso seja fenômeno que ocorra em nível mundial, vamos nos ater à nossa realidade para um enfoque mais preciso e detalhado. O modelo econômico imposto ao nosso país nos últimos anos, o neoliberalismo, assim também como em outros países da América Latina, impôs uma condição de desigualdade e de exclusão social que atirou milhares de pessoas às raias do total desamparo e à falta de condições mínimas de sobrevivência. Muitas pessoas, e até famílias completas, viram-se compelidas a viver na rua pela total falta de condições de manutenção de uma moradia. Temos uma mudança na configuração das pessoas em situação de rua simplesmente assustadora, ou seja, algo impensável décadas atrás para todos que se debruçam sobre essa realidade. Existem famílias debaixo dos viadutos com seus sofás, camas, fogões e, inclusive, muitas vezes, com crianças que saem desse espaço para frequência da escola. A simples inflexão do que isso tudo resultará em termos de estrutura emocional a essas pessoas é algo que até mesmo a análise mais simplista consegue abarcar. Basta imaginar como deve ser o sofrimento de um homem que vê sua família nessa situação e sente-se totalmente impotente para efetivar qualquer mudança nessa realidade.

E isso nos direciona para algo cada vez mais premente à nossa realidade atual, à criação de uma psicoterapia que estenda seu manto protetor para pessoas em situação de vulnerabilidade social. Guerreiro (2018) explicita o trabalho denominado de *consultório de rua*, em que são feitos atendimentos para as pessoas que estão em situação de rua e expostas a uma vulnerabilidade social imensurável. Esse tipo de procedimento mostra a necessidade de um derivativo da psicoterapia rumo aos aspectos da nossa historicidade social, pois a dramaticidade dessas pessoas impede que procurem por atendimento psicológico em situação de consultório. Então, o que está sendo efetivado é uma nova configuração de atendimento psicológico que abarque essa realidade, realidade cáustica que abrange um número cada vez maior de pessoas, e na quase totalidade das vezes, muito desesperadas. Guerreiro (2018) inova em relação a outros trabalhos igualmente efetivados com pessoas em situação de rua na medida em que promove um atendimento sequencial e sistematizado a essas pessoas. Não se trata de algo furtivo e que aborda indistintamente pessoas que estejam nas ruas e que se mostrem nos caminhos de quem efetiva tais atendimentos, como o nosso próprio trabalho junto a pessoas jogadas nas sarjetas na Cracolândia (Angerami, 2017) que acolhe indistintamente quem esteja no caminho. O seu trabalho, ao contrário, é sistematizado nos moldes de consultório privado, sendo efetivado com atendimentos sequenciais para essas pessoas em situação de vulnerabilidade social, seus limites de intervenção são a própria rua. Seu setting terapêutico é a rua. Ela atende às pessoas em situação de rua na própria rua; faz de sua intervenção algo que prescinde totalmente dos limites impostos pela formatação de consultórios tradicionais. Seu teto é a luz do Sol ou o brilho das estrelas, algo que não apenas é inovador, mas principalmente paradigma de que as coisas precisam se transformar para que todos tenham acesso a um atendimento psicológico. O som ambiente de seu setting terapêutico é o som das ruas, dos automóveis, dos transeuntes, da vida que pulsa nas ruas. E, dessa maneira, podemos quebrar o paradigma muitas vezes subliminar de que pessoas que estão em situação de rua e em total vulnerabilidade social não têm problemas e desatinos emocionais, algo que parece sinalizar que a dramaticidade de sua situação social e pessoal fizesse desaparecer quaisquer outras situações de conflitos emocionais.

O sonho de uma sociedade justa, digna e fraterna passa pela necessidade de que determinados atendimentos e serviços de saúde sejam estendidos a todas as pessoas que deles necessitem. Então, seja acompanhamento psicológico, médico-sanitário, a questão que urge é como levar tais serviços e atendimentos a quem deles precisa, a quem não tem acesso a esses locais onde estão disponíveis. E isso deveria ser um ponto primordial ao se pensar na implantação de atendimentos às pessoas em situação de vulnerabilidade social. Quebrar paradigmas que insistem nessa falsa ideia de que a carência socioeconômica, por si, elimina outras necessidades humanas é essencial para que possamos caminhar na construção de uma sociedade fraterna.

A experiência de consultório de rua é algo inovador que demanda reflexão sobre a necessidade da construção de novas pilastras que possam ir ao encontro de tantos combalidos que se encontram jogados pelo caminho e igualmente precisam de acolhimento na área da saúde. A violência humana em seus diferentes matizes, inclusive em sua conflagração social, impõe que novas formas de atendimento sejam viabilizadas e disponibilizadas. É dizer que quando estamos diante de um paciente, temos uma pessoa que está sofrendo em níveis pessoais e organísmicos toda a violência oriunda de sua inserção social. E pareado a isso também exibe sofrimentos pessoais de suas relações interpessoais, profissionais e outras tantas circunstâncias que sempre tangenciam sua vida. Temos uma estrutura emocional que pode estar encarquilhada em dor e sofrimento e que, igualmente, também traz as marcas de sua historicidade vincada no corpo.

Um paciente em sofrimento psíquico, encarquilhado em dor, nunca está só em seus desatinos, sempre terá como circundante uma teia familiar, social que envolve seus tentáculos com a vida e o mundo. E até mesmo nos casos em que o desespero humano encontra seu ápice com o tangenciamento até mesmo da autodestruição, ainda assim, estamos diante de alguém inserido em teias sociais, cujos tentáculos sempre estão vincados em seu corpo com traços expressivos em sua alma. Uma vida quedada em pranto, e que tem apenas na ideia da autodestruição a ilusão de algum alívio para seu sofrimento, também trará em si as nuances de sua inserção social, tanto pelos desatinos vividos como até mesmo pelas circunstâncias de suas possíveis resoluções. Assim, como mera e simples citação, alguém que vive em país ocidental, se tiver que buscar o suicídio para alívio de seu sofrimento, irá recorrer a métodos usais nessa realidade, como arma branca, de fogo, enforcamento, ingestão de comprimidos e queda de grandes alturas. Dificilmente teremos alguém ateando fogo ao próprio corpo, algo praticamente comum na realidade dos países orientais, ou ainda, a morte por meio do enfeixamento de artefatos de fogo ao próprio corpo. Essas modalidades não fazem parte da historicidade ocidental, mas constam na cotidianidade dos países orientais. É dizer que, embora esses casos façam parte igualmente do constitutivo humano da autodestruição, vamos encontrar filigranas que mostram a historicidade presente no drama pessoal do desespero humano que acomete essas pessoas. E mesmo a autodestruição sendo inerente à condição humana, e tendo a condição de atingir a todas as configurações sociais sem qualquer distinção de gênero, raça, cor e condição socioeconômica, ainda assim, a peculiaridade determinada pela historicidade estará presente e dará constitutivos específicos ao ato em si. Da mesma maneira, detalhamentos intrínsecos a determinadas realidades sociais e que se configuram na própria subjetivação das pessoas desses segmentos apresentam variações em que a historicidade determina o seu constitutivo.

Tomemos por exemplo, a questão da sexualidade, em que valores morais tendem a determinar padrões de comportamento e de busca de seus derivativos de acordo com essa condição. Em se tratando de sexualidade, o fato de pertencermos a uma sociedade judaico-cristã, mesmo que não pertençamos a qualquer religião estabelecida, faz com que nossa vivência sexual seja vincada pelos padrões morais de seus enunciados. A junção judaico-cristã estabelece valores sexuais bastante rígidos e que irão determinar padrões igualmente rígidos de comportamento. E mesmo nas grandes metrópoles em que teoricamente existe uma maior flexibilidade dos chamados valores morais e sexuais. Assim, um paciente que se mostra a nós para psicoterapia, se pertencer a alguma religião judaico-cristã, certamente terá em sua sexualidade algo bastante complexo para ser desemaranhado, algo que vai além das próprias sensações inerentes à sexualidade em si.

Ao trazer aspectos da historicidade do paciente para o campo da psicoterapia, igualmente estamos trazendo valores das contradições morais, éticas e sociais em que ele possa estar envolvido. E certamente esses valores serão enfeixados em sua subjetivação e serão fontes de sofrimento e desavenças emocionais crivadas por suas próprias contradições.

A questão que se faz premente nesse tipo de enfoque é saber a dimensão de como a historicidade se vinca na personalidade de uma determinada pessoa sem que ela, muitas vezes, sequer se aperceba disso. Então, teremos questões de sofrimento emocional que será meramente modos de como as contradições sociais e morais estão vincadas nessa pessoa.

Sobre o imaginário

Em texto anterior (Angerami, 2003), colocamos que, quando vejo e reproduzo a imagem de um objeto que acabei de observar, esse objeto não poderia, como anteriormente, ser apreendido pela minha consciência como algo novo ou mesmo inexistente. Uma imagem não é o objeto em seu detalhamento. E no imaginário também é o nascedouro de todas as realizações humanas. Assim, desde um simples telefonema, até operações mais complexas, tudo, absolutamente tudo se inicia no imaginário. Se evocarmos o exemplo de um telefonema temos que antes de efetivá-lo criamos todo o seu desenrolar no imaginário, desde o diálogo a ser travado até detalhes de como possivelmente o interlocutor irá interagir nessa ligação. Da mesma forma, ao idealizarmos as férias de Verão, iremos conceber uma praia limpa com o céu maravilhosamente azul e com a água mais linda que o mar pode nos presentear. Na realidade, isso é apenas algo erigido no imaginário, e a vivência das férias de Verão pode ser algo bem distante dessa concepção imaginária. E assim tudo que ocorre na condição humana. Criamos em nosso imaginário as condições de vida ideal e, muitas vezes, buscamos algo que por ter sido idealizado no imaginário sem tangenciamento com o real corre o risco de jamais ser encontrado. Concebemos o casamento ideal, trabalho satisfatório, amigos perfeitos e tudo o mais que o imaginário pode conceber em seu afã criativo.

No imaginário, vivemos nossa idealização sem qualquer amarra, seja social, pessoal ou de algum outro constitutivo de valores. Isso determina, por si, que ao idealizarmos determinadas vivências o fazemos inserindo apenas o que me é prazeroso. Assim, por exemplo, ao pensar nas férias de Verão, logo idealizo um dia maravilhosamente azul com a praia limpa sem multidão de pessoas e a água do mar mais linda e cristalina que se pode sonhar. E na verdade, no Verão propriamente dito, efetivo essa tão sonhada ida à praia, e a configuração do real, na quase totalidade das vezes, é muito distante do que foi concebido inicialmente no imaginário.

Da mesma forma, ao ler um romance, esse será sensivelmente mais emocionante e rico em detalhes do que assistir a essa mesma trama em um filme, por mais esplendorosa que possa ser a transposição para a cinegrafia. No livro, é o meu imaginário que dá formas e contornos as personagens; cria detalhes do ambiente e dos locais em que a trama ocorre. No filme, por mais estupendo que sejam os recursos à disposição do diretor, incluindo-se aí direção de fotografia, cenografia, música, figurinos, roteiro e todos os complementos que se efetivam na construção de um filme, sempre será a visão do diretor para o romance em contraponto ao livro em que a construção foi erigida e constituída pelo meu imaginário com muito mais riqueza de elaboração. E mesmo quando ocorre o processo inverso de primeiramente se assistir ao filme de uma determinada trama, e depois debruçar-se sobre o livro, ainda assim, esse será mais rico e interessante pelos detalhes que o imaginário, e apenas ele tem condições de criar e erigir. É dizer que nos processos imaginários se efetivam a constituição apenas da subjetividade como também o enfeixamento dos valores que norteiam nossas vidas.

Crio fatos e tramas no imaginário a partir de fatos e vivências reais. Concebo realizações que para serem transpostas do imaginário para o real necessitam de sustentação algumas vezes pouco plausível com a realidade propriamente dita. O real se sustenta no imaginário por mais contraditório que possa soar, pois lá, e apenas tão somente lá, inicialmente é concebido em seus detalhamentos. O real se distancia do imaginário quando começo a viabilizar seus constitutivos anteriormente pensados e concebidos por lá. E ainda assim o tangenciamento do real com o imaginário é indivisível, pois um deu origem ao outro e a amalgama que se cria a partir disso não é possível dissociar.

Esse detalhamento de projetos de vida concebidos pelo imaginário, para serem efetivados em vida, é o que o nosso paciente nos traz em sua sessão de psicoterapia. Como alcançar os sonhos criados no imaginário para uma vida mais digna? Como alcançar uma vivência concebida em seu imaginário e que muitas vezes encontra dificuldades quase intransponíveis no real? Como mudar uma vida enfadonha e muitas vezes sem cor para algo que existe concebido apenas em seu imaginário? E como dar formatação de realidade a essas vivências presentes no imaginário? Questões que temos a nossa frente diante do paciente que busca soerguimento de seus desatinos por meio do processo de psicoterapia. E ainda, como levar alguém a reflexões que façam um contraponto sobre aquilo que está erigido em seu imaginário e ainda não tangencia sua realidade de vida.

O paciente, ao buscar pela psicoterapia, procura um processo que venha ajudá-lo a se desvencilhar de amarras que possam estar cerceando seu desenvolvimento pessoal e emocional. Amarras que podem estar fundamentadas em conceitos criados em seu imaginário e que não encontram constitutivos na realidade. Tomemos como exemplo a sensação de segurança de uma pessoa que se encontra em uma calçada a espera do ônibus. Ela tem em seu imaginário a sensação de segurança, a sensação de que na calçada está protegida dos veículos que circulam pelo rolamento da rua. No entanto, se algum veículo ficar desgovernado, por imperícia do condutor, e subir na calçada ela poderá ser atingida de modo intempestivo e sem a segurança que tinha em seu imaginário dessa pseudoproteção propiciada pela calçada. Ou também, ao contrário, concepções irreais cujo desentranhamento depende do fortalecimento em novas concepções perceptivas com sustentáculos a serem erigidos em seu imaginário. Como exemplo, é possível citar alguém que, por sua religiosidade, acredita que Deus irá livrar-lhe dos sofrimentos inerentes à condição humana. Em trabalho anterior (ANGERAMI, 2017), dedicamos um capítulo sobre o sofrimento provocado pela solidão em pessoas religiosas, pessoas que entregaram suas vidas aos desígnios de Deus, acreditando piamente que isso as livraria das mazelas da condição humana. No entanto, não existe Deus a livrar alguém de sentimentos como solidão, angústia, ansiedade dentre outros e que estão a afligir a condição humana.

Temos ainda situações em que a dificuldade se aloja no imaginário depois de situações vividas no espectro do real. Situações em que a pessoa passa a temer algo a partir de vivências em que os valores calcados no imaginário desmoronam a partir de experiências vividas. Assim, temos como mero exemplo, o caso de pessoas que apresentam uma autoconfiança bem sólida, mas que começam a ver isso se desmoronar diante de algum percalço significativo que a vida se lhe apresente.

O imaginário se estrutura sempre a partir de nossa historicidade e dos constitutivos de valores que atribuímos a determinados constitutivos de nossa vida. Sonhos e objetivos, ou ainda desejos e vivências diversas, dentre outras temáticas, tudo se origina no imaginário a partir de nossa historicidade e da valoração que 219 atribuímos a tais constitutivos. O sonho de alguém ser musicista no âmbito da música clássica é algo inerente a alguém que de alguma maneira acesse a tal universo. Ou ainda, o desejo de se tornar autor de livros, igualmente, é algo apenas e tão somente permeável a alguém que tenha familiaridade com o ambiente literário. Dessa maneira, e de modo bastante incisivo, o que persiste no imaginário é a somatória de vivências desfiadas ao longo da vida e que se tornaram o esteio a fundamentar sonhos e devaneios de uma determinada pessoa. Nas palavras de Merleau-Ponty (1999), quando uma de minhas mãos toca a outra, o mundo de cada uma se abre para o da outra, já que a operação é reversível à vontade, pertencendo ambas, como se diz, a um único espaço de consciência, pois um só homem toca uma única coisa por intermédio das duas. E de outra parte se efetivar uma simples descrição simplista o imaginário de cada um transitará livremente pelos espaços da consciência. Se disser: *estava na cozinha tomando um lanche quando o telefone tocou na sala. Levantei-me em direção à sala para atender ao chamado telefônico.* Certamente, cada um criou o ambiente da minha cozinha e a minha ida até a sala segundo seus constitutivos imaginários do que seja uma cozinha, sala e mesmo o tilintar do telefone anunciando a chamada. Essa criação estará muito distante do que seja a realidade da minha cozinha, sala e telefone, mas essa concepção imaginária permite que se faça uma interlocução dialética com o que se proponha expor e até mesmo partilhar.

No imaginário, funde-se a concepção daquilo que estabelecemos como o ideário até mesmo de uma sociedade idealizada e que possa transcender nossos valores pessoais. Também é no palco do imaginário do paciente que se processa o desenvolvimento da psicoterapia no sentido de libertá-lo das amarras que possam estar agrilhoando seus caminhos. Toda mudança objetivada no real se estabelece inicialmente no imaginário, na maneira como a percepção do paciente se abre para as novas possibilidades de seu desenvolvimento. Em termos de sua realidade na vida do paciente se origina inicialmente na mudança perceptiva dessa condição, e tudo, sequencialmente, sendo efetivado no campo do imaginário. Nas palavras de Érica (nome fictício), uma mulher de 53 anos, professora universitária, após dois anos de psicoterapia:

> *A psicoterapia me fez mudar alguns valores que tinha como definitivos. Não podia imaginar como muitas coisas da minha vida estavam enraizadas na mente, eram coisas que foram se transformando primeiro na mente para depois se transformarem na vida. Tanta coisa que nem dá para cita... (sic)*

Sobre a esperança

Freitas (2018), em seu estupendo trabalho sobre Sartre, enfatiza que este aposta que pela fraternidade, o modo de ser juntos movidos pelo afeto que principia qualquer ser-do-grupo pode sustentar a esperança. Ela continua dizendo ainda que essa esperança de Sartre, no entanto, ainda persiste em nosso tempo, apesar de que ainda estamos à espera de um mundo melhor, mais justo digno e fraterno. Mas Sartre lutou incessantemente por uma relação harmoniosa entre as pessoas, e essa propagação de esperança e afeto tentamos levar para o campo da psicoterapia em nossa prática junto aos desesperançados.

E se considerarmos que muitos dos nossos pacientes são pessoas desesperançadas e desesperadas frente aos desatinos da vida, então, ao abraçarmos a ótica sartriana, estamos enfeixando a esperança em nossa ótica de compreensão da condição humana. A desesperança que leva ao desespero é algo que lanceta a alma de modo muito doloroso e conduz ao total esmaecimento da vida enquanto condição humana. E trazer a esperança para o bojo das temáticas a serem enfeixadas na prática psicoterápica é algo sempre pertinente, pois, certamente, uma pessoa ao procurar pela ajuda da psicoterapia, na quase totalidade das vezes, busca um novo horizonte para os seus dias turvos e desesperançados.

Esperança é uma crença emocional na possibilidade de resultados positivos relacionados a eventos e circunstâncias da vida pessoal. A esperança requer perseverança e obstinação para que o intento desejado se efetive. A esperança implica em ação, mobilização, ao contrário da situação passiva de apenas esperar pelos fatos. Essa diferença entre esperança, algo que implica em uma crença emocional, mas que igualmente necessita ação. De outra parte, esperar, embora tenha a mesma configuração etimológica de esperança, é algo inerte, sem ação, e aí temos uma diferença de esperar e de esperança. Esperar é atitude de quietismo, de quem espera por algo sem esboçar qualquer ação e reação. Esperança, ao contrário, implica em ação, agir no enfrentamento aos desatinos, sabendo que apenas com essa ação transformadora as coisas poderão mudar de patamar.

Falamos em esperança em um mundo desesperançado, mundo em que o paciente está inserido, e no qual igualmente sofre as mazelas e desatinos dessa situação. E a desesperança que graceja mundo afora é algo praticamente irreversível face à desestruturação das principais economias mundiais pareada ao cenário de guerras simplesmente absurdas e dantescas. O mundo moderno está convivendo com um cenário de refugiados de guerras e de sistemas sócio-políticos opressores como poucas vezes se viu na história da humanidade. E a própria configuração de sistemas econômicos que adotam posturas neoliberais presentes nas principais nações do mundo produz uma exclusão social de escalada indefinível e incompreensível pela razão. No momento em que escrevemos essas linhas, o Brasil apresenta um quadro de cerca de 13 milhões de pessoas desempregadas, sendo que muitas que têm ocupação trabalhista estão no mercado informal, ou seja, sem qualquer proteção da legislação trabalhista. Esse número é algo perto da população de cidades como São Paulo e outras grandes metrópoles mundiais, um número simplesmente absurdo para ser pareado. Esperança, nesse cenário, é algo totalmente indevido seja pela própria configuração de seus matizes etimológicos, seja ainda, pela perspectiva de total falta de reversibilidade desse cenário. Nas palavras de Cristina (nome fictício), uma mulher de 47 anos, corretora imobiliária, e após 6 meses de psicoterapia:

> *Faz muito tempo que não conseguimos fazer qualquer negócio em nossa imobiliária. Tá tudo parado, falta dinheiro circulando para que as pessoas procurem negócios para fazer. Muita gente desempregada. E quem tem dinheiro na mão está com medo de investir e está se resguardando. Estou vivendo com a reserva que tenho para esses períodos em que não conseguimos fechar negócios, mas dessa vez esse período não termina nunca. Está muito difícil, e nem adianta tentar outro negócio, pois tudo está parado no país. Difícil, muito difícil... (sic)*

O paciente que busca pela psicoterapia está tentando inserir esperança em sua vida para procurar reverter o sofrimento que possa estar infringindo pesar aos seus dias. E certamente ele também está inserido nesse quadro social tão aversivo e que resvala também em sua vida. E aqui temos um imbricamento bastante importante para ser analisado e depurado, até onde o seu sofrimento pessoal não é oriundo dessas mazelas sociais da atualidade ou em que momento essas confluências sociais não se tornaram parte indissolúvel de sua subjetivação.

Essa fusão da subjetivação com os determinantes sociais é algo que não pode ser preterido no campo da psicoterapia. Durante muito tempo, vivemos envoltos em teorias estanques que analisavam a condição humana independentemente de sua inserção social. E isso fazia com que uma teoria criada no final do século XIX, em Viena, por exemplo, valesse para todas as pessoas existentes independentemente de época e valores sociais. Essa mudança de paradigma é a proposta da ótica sartriana para o campo da psicoterapia. Algo que seja dinâmico como a nossa própria condição social e que também possa trazer reflexões sobre a esperança para a vida pessoal, sem desconsiderar as razões sociais que possam estar enfeixando desesperança a uma determinada pessoa, e crivando-a dos mais variados tipos de sofrimentos.

Esperança de dias melhores, de um mundo azul sem as atrocidades das guerras que ceifam milhares de vidas, de que haja harmonia entre as pessoas. Esperança, algo que se tinge com as mais variadas perspectivas e com os mais variados desejos de efetivação. E, na realidade, o que temos cada vez mais intensamente é um mundo repleto de pessoas desesperançadas, que apresentam muita dificuldade em qualquer projeção que não seja uma vida repleta de dor e sofrimento.

Bornheim (1984) coloca que a consciência tende a um fundamento com o qual não pode coincidir: ela é constitutivamente intencional. É dique que a consciência está fora de si, vive de sua própria alienação, empenhada em busca de uma alteridade que lhe dê guarida e repouso, e continua em sua persistência de buscar compreensão sobre si, pois se encontrasse algo definitivo nesse constitutivo deixaria de ser consciência. E, na medida em que todo ato humano está revestido de intencionalidade, e a própria consciência tem em si essa característica, a busca da esperança é algo que precisa ser propagada no âmbito da psicoterapia para que esse paciente desesperançado possa buscar fundamentos para a superação de seus desatinos. Para que possamos buscar uma dialética com o real, e não apenas com os constitutivos do imaginário, é necessário analisar a finitude do conceito de finito e buscar maneiras de superação dessas barreiras. A questão dessa dialética envolve situações em que o pragmatismo precisa ser alçado à elucidação da estrutura de finitude, conceito sobre a qual toda e qualquer perspectiva de esperança deve ser estribada.

O paciente busca pela psicoterapia tentando soerguimento de uma vida quedada em sofrimento e dor. Busca esperança para os seus dias e, muitas vezes, não consegue dimensionar que esse sofrimento deriva principalmente da maneira como sua subjetivação sucumbiu diante dos desatinos e atrocidades sociais. Ele não percebe e não se dá conta que a particularização de seu sofrimento pode ser imposta por uma sociedade neoliberal, como afirmamos anteriormente, na grande maioria dos países ocidentais, que impinge sofrimentos tidos indevidamente como pessoais e subjetivos e que, no entanto, são simples e absurdamente oriundos da imposição de uma condição brutal que acirra ânimos e provoca grande exclusão social. Assim, como mera citação, alguém que perdeu o emprego toma para si tal fato como fracasso pessoal, algo que tem a ver com sua falta de condições competitivas para um mercado profissional em constante dinamismo de mudanças. Ele não percebe que a imposição da competição neoliberal alija de modo cruel e impiedoso um cem número de pessoas sempre com essa argumentação da necessidade de modernização.

O sofrimento desse paciente é pessoal, está vincado em sua alma, em sua carne, e ele, quase sempre, não se dá conta da dimensão do que ocorreu para que o seu desatino tomasse à proporção que o levou a esse tipo de padecimento. Atuamos em níveis subjetivos com alguém que está padecendo profundamente de sofrimentos que se enfeixam em sua historicidade e em sua inserção social. E desse imbricamento temos um paciente que precisa se transformar subjetivamente para conseguir transformar também a sua realidade objetiva e a sua realidade social, a qual está levando-o à total sucumbência emocional. Nas palavras de Gerson (nome fictício), um executivo de cerca 45 anos, após dois anos de psicoterapia:

> *A gente tem uma competição com outras empresas; precisa cumprir metas sempre inatingíveis. E ainda temos que responder a demanda de ter um carro, roupas e um padrão de vida a altura do nosso status empresarial. Não é possível dar conta de tanta coisa, pois é muita coisa para atingirmos; não dá para cumprir tudo que essa condição profissional exige da gente, é demais para qualquer um. E sempre estamos com o risco de perdermos tudo pela instabilidade dessa competição maluca que não cessa um segundo sequer... (sic)*

A nossa atuação incide sobre uma pessoa fragilizada e que, muitas vezes, recorre à psicoterapia como último esteio para que sua vida possa novamente voltar a ter significado e cor. O nosso acolhimento, na medida em que também engloba com proeminência sua inserção social e sua historicidade, tem grande perspectiva de se tornar exitosa, pois irá fortalecê-lo para que possa, inclusive, transformar as condições adversas de sua realidade social. Ou ainda, nas palavras de Kelly (nome fictício), uma adolescente, depois de alguns meses de psicoterapia:

> *A psicoterapia fez com que eu olhasse pra dentro de mim, que conseguisse ver que a chama para iluminar minha vida estava dentro de mim, e sempre esteve. Esperança para superar tantas dificuldades que me derrubaram e me fizeram perder a graça pela vida. Mas consegui ver que essa chama me traz esperança para continuar lutando, lutando sempre. Isso é o mais importante... (sic)*

A temática da esperança, dessa maneira, será de vital importância para o seu soerguimento, pois irá alinhavar condições de superação em todos os patamares de sua vida. E quando evocamos pacientes cujos patamares de desesperança os levaram às raias do desespero e, muitas vezes, ao limiar do suicídio, temos perspectivas alvissareiras de intervenção ao considerarmos todas as nuances pessoais e sociais presentes em sua vida. É na esperança que reside a contemporização de novos patamares para muitos pacientes que se encontram em busca de caminhos libertários para o desespero diante da própria vida.

Temos cada vez mais um número imensurável de pessoas amedrontadas diante da desesperança que se descortina em seus horizontes perceptivos, amedrontados por interiorizar a desesperança de modo a vincá-la em sua própria subjetivação. E como temos em nossa vida a possibilidade de transformar nossa própria realidade existencial em algo mais pleno e alvissareiro, então, a psicoterapia se transforma em um dos balizamentos capazes de levar o paciente rumo a patamares mais dignos para sua vida. Esperança e desesperançados; angústia e libertação. Binômios que se enfrentam e colidem na busca de condições de vidas mais alvissareiras para o paciente que procura se livrar dos grilhões que estejam aprisionando seus caminhos e perspectivas de desenvolvimento.

Sobre o uso de técnicas

As principais correntes em psicoterapia preconizam o uso de técnicas em suas intervenções frente ao paciente. E até mesmo a Gestalt Terapia, que tem fundamentos teóricos e epistemológicos extraídos do existencialismo, igualmente, tem na técnica um de seus principais instrumentos de intervenção. E pode-se dizer, praticamente sem margem de erro, que os cursos de formação dessas práticas psicoterápicas praticamente se concentram na junção do escopo teórico com a utilização das técnicas disponíveis para as situações emergentes nas sessões de psicoterapia.

Isso faz com que todas as vezes que vimos a público falar da abordagem clínica a partir da filosofia existencialista, uma das principais questões que nos são arguidas é justamente que técnica utilizamos em nossa prática. E a coisa fica ainda mais emblemática e até mesmo disforme para a compreensão desses arguidores, geralmente pessoas acostumadas com a junção da teoria com o uso de técnicas.

O uso de técnicas é algo que dá segurança ao psicoterapeuta, principalmente nas situações em que ele se sente desconfortável e indeciso da melhor colocação junto ao paciente. Simples assim, ou seja, na dúvida de como intervir ou de que colocações pontuar usa-se a técnica, algo padronizado e que serve indistintamente a qualquer paciente.

O instrumental teórico parece insuficiente para essas abordagens, na medida em que igualmente preconizam que a intervenção se faz mais eficaz com a utilização de técnicas de intervenção. Nesse espaço não cabe qualquer questionamento às técnicas usadas por outras abordagens, nem tampouco à avaliação de sua possível eficácia. O que nos interessa pontuar é que podemos ter uma prática psicoterápica abrangente e de grande eficácia sem a utilização da parafernália técnica. É como se toda a tecnologia da contemporaneidade também precisasse estar presente na psicoterapia, seja nos novos moldes de atendimentos *on-line*, seja ainda na normatização de recursos que transformam o paciente em algo padronizado e estanque em relação aos seus próprios sentimentos. E na verdade a segurança trazida pelo uso de recursos técnicos é algo simplesmente ilusório na medida em que sua eficácia é, no mínimo, questionável diante da dinâmica da psicoterapia e de sua condição de mutação contínua e sem intermitência. Impressão que se tem é que ao alçarem a técnica à condição de instrumental fundamental em sua intervenção clínica, essas abordagens psicoterápicas sinalizam que todo o escopo teórico fica em posição secundária na medida em que serve apenas para embasar tais técnicas.

Ao colocar a técnica como balizamento de intervenções junto ao paciente, essas correntes psicoterápicas estão uniformizando sentimentos de modo a que tudo caiba nesses moldes de intervenção.

E verdadeiramente o que temos de mais precioso em uma sessão de psicoterapia é justamente a diversificação de sentimentos que ocorre nesse cenário. Não adianta pensar em uma intervenção que foi efetivada e teve efeito certeiro para um determinado paciente e achar que servirá para todos os demais. Essa padronização de intervenções cerceia, inclusive, a possibilidade de que cada paciente tem especificidades próprias e como tal precisa ser considerada. Assim, se parto do princípio de que cada paciente possui uma historicidade própria e que é inerente à sua própria inserção social, não tenho como padronizar técnicas que colocam a todos no mesmo rol de unicidade. Tomemos como simples exemplo a questão da sexualidade para um paciente de uma grande metrópole e que aceite as diversidades sexuais plenamente, e outro que, embora possa viver na mesma cidade, apresenta valores sexuais e morais impostos por uma religião conservadora. Certamente, teremos uma colisão formidável de valores, e isso em se tratando de pessoas de uma mesma cidade, o que significa que não temos como usar o mesmo enquadre de intervenção para ambos. Nem tampouco balizar determinadas técnicas que possam acoplar valores tão díspares. Talvez, parte da insegurança que preconize o uso de técnicas derive muito mais da falta de embasamento teórico dessas correntes psicoterápicas do que de qualquer outra razão. Nesse sentido, é comum vermos jovens psicoterapeutas que preconizam o uso de técnicas versando sobre seus resultados e abrangência e, no entanto, com domínio parco e restrito do referencial teórico que deveria embasar sua prática.

A grande dificuldade na aceitação da proposta existencialista em psicoterapia talvez resida no fato de propagarmos uma liberdade de ação e intervenção inexistentes em outras formas de intervenção psicoterápica. No entanto, essa liberdade de ação precisa preservar a pilastra básica da psicoterapia, ou seja, tratar-se de um processo clínico em que um, o psicoterapeuta ajude, e o outro, ou outros no caso de psicoterapia de grupo, o paciente é ajudado. Esse enquadre não pode ser desprezado de maneira alguma, pois, do contrário, o próprio significado da psicoterapia precisará ser revisto e receber nova conceituação. E minha condição de ajuda enquanto psicoterapeuta consiste em refletir com o paciente sobre os grilhões que possam estar aprisionando suas possibilidades existenciais. Jamais essa ajuda poderá ser, por exemplo, ir com ele em sua realidade de vida para resolver presencialmente suas questões sejam elas quais forem. Minha condição de ajuda é circunscrita à psicoterapia e seu raio de ação e abrangência. Do contrário, minha ação não será a de um psicoterapeuta, e sim de qualquer outra denominação amistosa que se queira arrolar.

A psicoterapia é um processo fundamentado nas concepções de valores de sua amarração teórica. E isso precisa estar claro e lúcido para o psicoterapeuta, e certamente com esse instrumental ele será capaz de conduzir o processo psicoterápico sem precisar de qualquer adereço de técnicas ou das modernas tecnologias que estão a permear a vida contemporânea. A concepção de valores que adotamos para a nossa prática psicoterápica é efetivada a partir da afinidade que ela se apresenta diante nossos próprios valores, tal como foi dito anteriormente. E isso é o alicerce a embasar nossas intervenções e nosso modo de acolhimento a esse paciente que nos procura em busca de ajuda para se desvencilhar das amarras existenciais que possam estar agrilhoando seus caminhos.

Propagamos uma psicoterapia livre e soberana, um processo em que o psicoterapeuta seja capaz de atuar fundamentado em valores que, em princípio, são apenas teóricos, mas que sequencialmente se fundem com os seus próprios valores pessoais. E disso teremos uma amalgama que faz com que esse processo seja único e verdadeiramente libertário. Algo que preconizamos como o verdadeiro baluarte do acolhimento ao desesperançado e mesmo ao desesperado.

Sobre o uso de testes psicológicos

Os testes padronizados que apresentam resultados absolutos são, verdadeiramente, instrumentos que devem ser desprezados de modo total por todos que buscam a compreensão humana a partir da ótica existencialista. Resultados padronizados que não dependem de qualquer contexto de inserção social ou de historicidade do analisando precisam ser preteridos com o risco de ruir com toda a proposta existencialista em psicoterapia. Os testes sempre são concebidos a partir de uma proposta teórica, e seus resultados vão ao encontro do que essas teorias preconizam. Vamos tomar como exemplo alguns testes largamente difundidos e que servem para mostrar a desconformidade com a proposta existencialista.

Teste da árvore, casa e pessoa

Esse teste, bastante utilizado como material didático, tem toda sua estruturação vincada nos princípios da psicanálise. Ele parte do princípio de que o desenho é uma projeção inconsciente do que somos. De início, temos uma grande colisão com a nossa proposta psicoterápica na medida em que não consideramos o conceito de inconsciente para validar nossas propostas de intervenção. E ademais, todas as configurações do desenho traçado terão explicações sobre as características de personalidade do analisado. Se o tronco da árvore, como mera citação, é considerado a sustentação da personalidade, e se apresenta curvatura, significa uma personalidade flexível capaz de adaptar-se às condições exigidas na vida desse analisado. Evidentemente, que uma pessoa familiarizada com árvores, que tenha uma vivência com elas em sua realidade de vida irá traçar desenhos de acordo com essa vivência, e ainda assim, será enquadrada e analisada da mesma maneira que alguém que nada saiba sobre árvores.

Na análise desses desenhos, a árvore que apresenta raízes acima da terra demonstra aspectos de psicopatia de seu analisado. No entanto, alguém que tenha familiaridade com Figueiras e Suinãs, por exemplo, cujas raízes são lançadas para fora da terra, poderão conceber árvores com essas características por suas familiaridades e vivências em relação a elas, e não por apresentarem qualquer traço de psicopatia.

Na medida em que a análise de resultados desse teste é toda estruturada em concepções da psicanálise e em sua estruturação de inconsciente, basta simplesmente não aceitar os axiomas dessa teoria para que toda a explicação de seus resultados seja mera e vã especulação teórica sem qualquer valor que não essa digressão fortuita. Da mesma forma, ocorre com os desenhos da casa e da pessoa, que igualmente terão valores preestabelecidos de análise para os seus traços e constitutivos. E sempre com o determinante de que os desenhos estarão explicitando materiais inconscientes e dos quais a própria pessoa não tinha acesso e nem conhecimento. Simples assim, isso desde que naturalmente se aceite esse encadeamento causal exibido pela psicanálise, do contrário, nada foi explicado e nem tampouco validado. A questão diante de um teste dessa natureza, antes de qualquer balizamento sobre a eficácia de seus resultados e a abrangência de sua compreensão da personalidade do analisado, é a fé inquebrantável na teoria que esteja a embasá-lo. Do contrário, nada, absolutamente nada, esse teste terá a nos mostrar. Basta a simples negação do conceito de inconsciente, como é o nosso caso com a proposta existencialista, que nada temos a apreender do resultado desse teste.

Teste de Rorschach

Altamente difundido, esse teste tenta se apresentar com uma objetividade que simplesmente não se sustenta diante de suas asserções. O Teste de Rorschach é também conhecido como o texto do borrão de tinta, e trata-se de uma técnica de avaliação psicológica, e igualmente parte do princípio que o material que o analisando percebe nessas pranchas traz à tona material submerso no inconsciente do analisando. Esse teste tenta se travestir de uma complexidade e objetividade simplesmente incompatível com os conceitos da própria psicanálise que está a embasar suas asserções. Ele se apresenta como sendo altamente sofisticado, existindo, inclusive, cursos e sociedades totalmente dedicados ao seu estudo e aplicação. Igualmente temos aqui a mesma questão de sempre, ao negar os axiomas e pilastras da teoria psicológica que dá sustentação aos seus emaranhados, no caso a psicanálise, nada do que ele obtém como resultado servirá para nosso balizamento. Simples assim...

Teste das pirâmides coloridas de Pfister

Trata-se um teste embasado na teoria de inconsciente coletivo de Jung. Aqui, a partir das cores utilizadas na construção das pirâmides, obtêm-se materiais submersos presentes no inconsciente do analisando, e especificamente nesse caso, partindo-se de valoração apresentadas pelas cores a partir do que Jung concebeu como inconsciente coletivo com a transmissão inconsciente desses valores de gerações e civilizações antepassadas para a contemporaneidade. Assim, o resultado para o uso das cores, brancas, azuis, pretas, etc., serão os mesmos, absolutamente os mesmo, para todas as pessoas independentemente de usa historicidade e inserção social. Aqui, além da necessidade da crença dos axiomas e dos fundamentos da teoria, temos algo que simplesmente colide com a realidade das pessoas e suas relações com as cores. Num mero e banal exemplo, e que não necessita sequer de estudos aprofundados da condição humana para se alcançar seus matizes. Uma pessoa que tenha paixão clubística pelo Corinthians, em São Paulo ou pelo Atlético Mineiro, em Minas Gerais, terá uma relação com a cor preta bastante diferenciada de um torcedor do Palmeiras, em São Paulo, e sua paixão pela cor verde, concomitante à aversão a cor preta, da mesma forma que um torcedor do Cruzeiro, em Minas Gerais, e sua paixão pela cor azul e igualmente e concomitante aversão à cor preta. Simples assim... Não há como avaliar o resultado da cor azul para um cruzeirense e sua paixão pelo azul e sua aversão à cor preta, e estabelecer o mesmo critério de análise para um atleticano com sua paixão pela cor preta, e sua aversão pelo azul. Da mesma forma, a análise da cor verde para um palmeirense e sua paixão pelo verde e aversão pela cor preta, e um corintiano com sua paixão pela cor preta e sua aversão pelo verde.

Aqui vemos claramente que além da aceitação dos axiomas e fundamentos, teoria em si, temos ainda algo incompatível com a própria realidade do fato. Isso, entretanto, não impede que esse teste seja largamente utilizado sem qualquer critério de avaliação ou de reparo aos seus fundamentos básicos.

A parafernália dos testes modernos

Se anteriormente citamos testes praticamente milenares e que atravessam décadas com seus seguidores defendendo suas aplicações e resultados com a mesma disposição dos adeptos de determinadas religiões, temos na contemporaneidade o surgimento de um cem número de testes que se prestam aos mais variados interesses e que procuram responder aos anseios e solicitação sociais junto à Psicologia. Então, temos na atualidade testes que avaliam se uma determinada pessoa tem condições emocionais para portar arma de fogo, se outra tem condições cognitivas para obter a carteira de habilitação para condução de veículos automotores e, outras ainda, para avaliar se o possível analisado tem condições de se submeter a determinadas intervenções cirúrgicas. Igualmente, todos têm sua estruturação efetivada a partir de determinadas concepções teóricas, ou em alguns casos, da fusão de algumas delas. Isso implica dizer que embora todos os testes se apresentem com resultados e dados objetivos em suas avaliações e resultados, isso é falso, pois suas asserções, repetimos quantas vezes forem necessárias, só terão validade se aceitarmos seus postulados teóricos. Do contrário, nada, absolutamente nada, eles dirão com seus possíveis resultados objetivos.

O uso de material projetivo na perspectiva existencialista

O que podemos aceitar na psicoterapia de orientação existencialista é a utilização de material projetivo em que o paciente concebe seus alicerces e estruturas. Assim, podemos aceitar que ele desenhe episódios de sua vida e teça explicações sobre os detalhamentos desse desenho. Isso será algo criado por ele a partir de sua historicidade e inserção social. E dessa maneira poderá ser um grande alicerce no processo psicoterápico, pois poderá ser um facilitador na explanação de temáticas para as quais tenha alguma dificuldade de expor. Em trabalho anterior por mim organizado (Angerami, 2012), temos em vários capítulos a utilização de desenhos feitos pelos próprios pacientes, que serviram como alicerce para o desenvolvimento da psicoterapia em si. O desenho livre pode se tornar um recurso bastante interessante no processo psicoterápico, pois dará vazão à expressão do paciente em seus sentimentos e mesmo em rompantes que estejam presentes em sua vida de modo obscuro. Dessa maneira, e talvez sinalizando apenas como condescendência aos nossos propósitos, essa forma do desenho livre por parte do paciente seja um dos poucos recursos que podemos aceitar na psicoterapia de base existencialista, principalmente por se tratar de algo que será concebido e efetivado apenas e tão somente por ele. Outros recursos igualmente poderão ser utilizados desde que se respeite que o princípio a ser preservado seja sempre a manutenção dos princípios de historicidade e inserção social do paciente. Assim, seus valores culturais, emocionais e sociais serão preservados e expostos segundo a maneira como o paciente os concebe.

Considerações Complementares

Iniciamos esse trabalho com a Constelação de Leão brilhando no firmamento e anunciando o tempo mágico do Outono. E estamos terminando com a Constelação de Pégaso no firmamento, anunciando que estamos na Primavera. As constelações são as estações brilhando no firmamento. Esse trabalho não foi escrito sequencialmente do início até o final, sofrendo várias interrupções pelas mais diversas razões. No Inverno, principalmente nos dias em que o frio foi cáustico e cortante, as dores que sinto na mão esquerda impediram a sequência que foi muito prejudicada, e não permitiu que fosse encerrado nesse período. As paralisações e suas retomadas fizeram com que seu constitutivo fosse revisto e esmerado a cada nova avaliação.

E talvez, mais do que qualquer outro trabalho anterior, a sensação de que está incompleto não se resolve e nem aquieta meu espírito irrequieto e intempestivo. E ademais, falar da transposição da obra de Sartre para o campo da psicoterapia é mais do que ousadia, chega a ser presunção se considerarmos a escassez de material disponível para esse fim. Os principais autores, Laing e Cooper, que fizeram inicialmente a passagem da obra filosófica de Sartre para o campo da psiquiatria, não efetivaram questões envolvendo a prática da psicoterapia. Isso faz com que esses escritos tenham uma importância ímpar, pois se somam a outro punhado de autores que trabalharam nesse intento, mas que, como afirmamos acima, são em número bastante reduzidos se considerarmos a comparação com outras formas e abordagens de compreensão da prática da psicoterapia.

Longe de ser conclusivo, esse trabalho se enfeixa com outras publicações já lançadas, em que igualmente trouxemos a ótica sartriana para o campo da psicoterapia e também para o da psiquiatria. Abrem-se novas perspectivas para o horizonte da psicoterapia, e mais do que uma mera reflexão teórica e filosófica, estamos trabalhando na construção de novos paradigmas no campo da psicoterapia, paradigmas que irão determinar novas configurações a essa prática. E, como me disse certa vez o saudoso Gerd Bornheim (1984), o mais importante nisso tudo é que você está ousando trazer Sartre para a Psicologia, isso é o diferencial. Talvez, mais do que nunca, essas palavras precisam fazer eco em nosso coração para não esmorecer ao longo do caminho.

Chegamos a lugar nenhum, sem repouso e sem direito a trégua, apenas com a certeza de que estamos começando um ciclo bastante importante nessa trajetória. E também com a fé inquebrantável de que muitos irão sequenciar essas propostas e verdadeiramente teremos a imposição da obra sartriana para o campo da psicoterapia.

Referências

ANGERAMI, V. A. As atitudes do psicoterapeuta diante dos casos de suicídio. In: *Sobre o suicídio.* A psicoterapia diante da autodestruição.

ANGERAMI, V. A. (Org.). Belo Horizonte: Editora Artesã, 2018.

ANGERAMI, V. A. *Psicoterapia e Subjetivação.* São Paulo: Cengage Learning, 2003.

ANGERAMI, V. A. *Solidão. A Ausência do Outro.* Belo Horizonte: Artesã Editora, 2017.

ANGERAMI, V. A. *Desespero e Flagelo Humano. Parêmias da Cracolândia.* Belo Horizonte: Artesã Editora, 2017.

ANGERAMI, V. A. (Org.). *O atendimento infantil na ótica fenomenológica existencial.* São Paulo: Cengage Learning, 2012.

ARENDT, H. *Eichmmann em Jerusalém.* São Paulo: Viking Express, 1963.

ASTRUC, A. *Sartre por Sartre.* São Paulo: DVD Versátil, 2018.

BORNHEIM, G. A. *Sartre.* São Paulo: Editora Perspectiva, 1984.

DANTO, A. C. *As ideias de Sartre.* São Paulo: Editora Cultrix, 1975.

FREITAS, S. M. P. *Psicologia existencialista de grupos e da mediação grupal.* Curitiba: Aprris Editora, 2018.

GUERREIRO, S. Consultório de rua. In: *A Psicologia da Saúde na Prática.* ANGERAMI, V. A. (Org.). Belo Horizonte: Artesã Editora, 2018.

LAING, R. D.; COOPER, G. D. *Razão e Violência.* Petrópolis: Editora Vozes, 1976.

LAING, R. D. *O eu o os outros.* Petrópolis: Editora Vozes, 1982.

MERLEAU-PONTY, M. *Fenomenologia da Percepção.* São Paulo: Editora Martins Fontes, 1999.

MERLEAU-PONTY, M. *O visível e o invisível.* São Paulo: Editora Perspectiva, 1976.

MERLEAU-PONTY, M. *O olho e o espírito.* São Paulo: Cosac & Naif, 2003.

SARTRE, J. P. *O ser e o nada*. Petrópolis: Editora Vozes, 1998.

SARTRE, J. P. *O imaginário*. São Paulo: Editora Ática, 1996.

SARTRE, J. P. *O existencialismo é um humanismo*. Lisboa: Editorial Presença, 1970.

SARTRE J. P. *Crítica da razão dialética*. Petrópolis: Editora Vozes, 1996.

SARTRE, J. P. *L'idiot de La famille – Gustav Flaubert*. Paris: Édition Galimard, 1971.

SARTRE, J. P. *Saint Genet – ator e mártir*. Petrópolis: Editora Vozes, 1976.

SEGUIN, C. A. *Existencialismo e Psiquiatria*. Buenos Aires: Editora Paidos, 1949.

CAPÍTULO 2

Ensaios sobre a relação terapêutica inter-racial: pistas para a clínica sartriana

Wellington de Souza Nisterac

Sylvia Mara Pires de Freitas

Introdução

O ano é 2021 e o Brasil oficial registra 521 anos da data de início do processo de invasão, saqueamento, destruição e violências operadas pela então Coroa Portuguesa no famoso evento conhecido como "descobrimento do Brasil". Acreditamos que o(a) leitor(a) compartilha deste mesmo entendimento e sabe que o Brasil não foi descoberto. Por isso, inclusive, do termo "Brasil oficial", porque este país de dimensões continentais já existia e já era habitado muito antes de colonizadores europeus aterrissarem aqui.

Para atingir seus objetivos comerciais, Portugal valeu-se de diversas abordagens de modo a usurpar o máximo possível este território recém-dominado. Organizou expedições jesuítas para fins de catequização dos povos originários sob permissão da Igreja Católica que, em 1493-94, sob ordenamento do Papa Alexandre VI, garantiu aos estados católicos de Portugal e Espanha jurisdição e direito de explorar todos os povos hereges (predominantemente não brancos) e seus recursos (Breitman, 1954).

O processo de colonização das Américas se sustentou pelo argumento da falta de cultura de seus povos, do desconhecimento de Deus e da ausência de alma (humanidade). O colonizador branco e europeu, amparado nessa pretensa superioridade cultural e na missão de levar o Deus cristão a quem não o conhecia, negou veementemente qualquer possibilidade de diversidade. Executou uma guerra colonial – que também é uma guerra comercial, porque a pretensão era enriquecer a Coroa – e, para conquistar o território e dominar os povos que aqui viviam, usou toda categoria de ferramenta disponível, sobretudo o extermínio cultural (Breitman, 1954; Fanon, 1980).

A primeira necessidade da colonização é a escravização e, para isso, há que destruir os sistemas de referência do colonizado. E o que são sistemas de referência? São instrumentos que medeiam a relação de um povo consigo, com seus pares, com o espaço em que habita e a forma como constroem suas identidades, ou seja, sua cultura. Destruir os sistemas de referência de um povo significa destruir a sua cultura, e este objetivo é bastante explícito, considerando que ele visa implantar novos sistemas de referência, portanto, uma nova cultura para, então, alcançar o domínio sobre aquele grupo. "Essa cultura, outrora viva e aberta ao futuro, fecha-se [...] e a mumificação cultural leva a uma mumificação do pensamento individual" (Fanon, 1980, p. 38).

A criação e a difusão de uma ideia de hierarquização cultural cria o que Frantz Fanon (1980) chamou "complexo de autoridade" e "complexo de inferioridade", pelos quais o colonizador branco apreende-se superior, portanto, com autoridade para exercer qualquer prática violenta. Afinal, o colonizado é visto e tratado como inferior, ignorante, ultrapassado e tradicional. A colonização, a escravização e o racismo acabam construindo estereótipos tanto sobre o branco colonizador quanto sobre o negro e o indígena escravizados, desumanizando-os, por exemplo, o indígena como preguiçoso, selvagem, primitivo; o negro como violento, forte, resistente e viril; e o branco europeu como salvador, bondoso, desenvolvido e em constante movimento. Sobre isso, Adichie (2019, p. 26) relata que "[...] o problema com os estereótipos não é que sejam mentira, mas que são incompletos. Eles fazem com que uma história se torne a única história".

Não é coincidência que ainda hoje desconhecemos a multiplicidade de povos originários brasileiros e que os nomeemos de forma generalizada por "indígenas". Termo este que passou a ser empregado muito recentemente, inclusive, substituindo o termo "índios", que nada tem a ver com os povos que aqui habitavam e que ainda resistem. Também não é à toa a supervalorização da cultura europeia e estadunidense em detrimento da nossa. Ou seja, esse apagamento cultural ainda se faz presente e segue influenciando a relação que estabelecemos com nossos antepassados, nosso território, nossas práticas culturais e nossa história.

A ideologia racista desenvolveu-se mediante a utilização de características físicas para legitimar e naturalizar lugares sociais de superioridade e inferioridade. No entanto, avanços científicos do século XX mostraram que não se pode falar de raça como conceito biológico, haja vista que características genéticas de determinada raça podem ser encontradas em outra, sendo os traços fenotípicos responsáveis por menos de 1% do patrimônio genético de um indivíduo (Santos, 2014). Dessa forma, alguns autores defendem e consideram o conceito de raça como uma invenção sociopolítica, que visa manter e reproduzir situações de desigualdades e privilégios, prestando-se, assim, como um instrumento de dominação.

Enquanto invenção sociopolítica e instrumento de dominação, o conceito de raça, no período pós-abolição, recebeu caráter flexível. Difundia-se a ideia de uma intensa integração do negro na sociedade e de uma convivência harmoniosa entre negros, brancos e indígenas. Este pensamento chamou a atenção do mundo para um cenário de suposta integração étnica e racial brasileira, resultando no financiamento de diversas pesquisas para compreender as condições de desenvolvimento dessa sociedade multicultural. Não obstante, foi um engano, considerando que as pesquisas constataram justamente o contrário. Efetivamente, essa democracia racial não passava de um mito, e observou-se o que ficou conhecido como "racismo à brasileira", por seu caráter sutil, aparentemente não explícito, escorregadio e estruturante de todas as relações estabelecidas socialmente (Santos, 2014).

Dos 521 anos do Brasil oficial, mais de 400 foram marcados pela presença de negros africanos trazidos forçosamente e, em termos de escravização, também oficial – porque ela não deixou de existir, apenas se modificou – foram exatos 388 anos, posto a abolição da escravatura ter sido promulgada em 1888. Isto é, o Brasil passou a maior parte do tempo de seu reconhecimento oficial como território nacional calcado em uma política estatal de racismo e escravização.

E o que aconteceu no período pós-abolição? Negros e negras ex-escravizados(as) foram lançados(as) em um cenário onde não tinham condições mínimas de sobrevivência: sem lar, sem emprego, sem educação, sem saúde, sem segurança, nada. Não houve uma iniciativa do

Estado brasileiro de implementação de políticas públicas de reparação de todos esses anos de violação de direitos ou de amparo nesse período de "libertação". Este mesmo Estado nem sequer reconheceu que tal violência existiu, impetrada e assegurada por esta instituição – Estado brasileiro –, eximindo-se até hoje de qualquer responsabilidade e envolvimento.

Segundo os dados mais recentes divulgados pelo IBGE (Instituto Brasileiro de Geografia e Estatística), em 2018, 54% da população brasileira autodeclarou-se negra, e os contrastes ainda são extremos. De acordo com Schwarcz (2001),

> A população preta e parda não só apresenta renda menor, como tem acesso diferenciado à educação, registra mortalidade mais acentuada e casa-se mais tarde e, majoritariamente, dentro de seu próprio grupo. Com tudo isso, e ainda assim, aposta-se na "democracia racial". Frágil democracia (p. 63).

Sobre os critérios de classificação utilizados pelo IBGE, é importante destacar que, para este Instituto, "pardo" diz respeito à cor e "negro ou preto" à raça. No ato de organização dos dados e da elaboração de estatísticas, também por conta de movimentos negros que demonstraram ao longo de décadas como indicadores da população preta e parda eram muito semelhantes, passou-se a agrupar as duas categorias no grupo raça, com vistas a facilitar o planejamento de políticas públicas voltadas a estes grupos. Porém, no Brasil, e na confusão que a mestiçagem nos lega, existem pessoas com ascendência asiática, ou até mesmo indígena, que se autodeclaram pardas, ou seja, nem toda pessoa que se autonomeia parda está dentro do grupo racial negro, mas essa é outra discussão, foquemos nesta.

Para dar continuidade a este capítulo, que faz parte de um recorte dos estudos realizados na pesquisa de mestrado do primeiro autor, no Programa de Pós-graduação em Psicologia, da Universidade Estadual de Maringá, Paraná, sob orientação da segunda autora, lançamos, então, a seguinte questão: o que a Psicologia tem a ver com tudo isso? Para responder a esta pergunta, é importante revisitarmos o movimento histórico da ciência psicológica, que acreditamos ser de conhecimento da maioria dos estudantes de Psicologia e de profissionais formados nesta área.

Conhecer para transformar: o legado histórico da Psicologia

Para ser reconhecida e legitimada como ciência independente, psicólogos e pesquisadores da Psicologia, em desenvolvimento na Europa e nos Estados Unidos, realizaram experimentos com vistas a trabalhar aspectos observáveis e verificáveis do comportamento humano. Tais experimentos e estudos tiveram grande impacto em processos colonizatórios e de dominação ao redor do mundo. A Psicologia brasileira, no que lhe concerne, é fruto desse ideário europeu, sobretudo português, por intermédio dos jesuítas no período colonial. Estudiosos do final do século XV debruçaram-se sobre o conhecimento, desenvolvimento e catalogação de métodos de opressão e dominação de populações nativas por colonizadores europeus. A este respeito, Oliveira e Lima (2017) asseveram que esses estudiosos

> Dedicavam-se a pesquisar e escrever assuntos sobre técnicas de persuasão de selvagens como modo de manter seus domínios psíquicos e físicos sobre o corpo e a cartografia do território brasileiro. O interesse dos europeus pela adaptação ao ambiente como tema da psicologia e a relação com a população indígena abordava a questão do "caráter brasileiro". Nesta consideração observamos o prenuncio da psicologia social no Brasil a partir de vários autores, como Padre Vieira e Mello Franco, que o comportamento é determinado também pelo clima tropical; sendo que este favorece o ócio e a dissimulação, privilegiando uma formação psicológica e moral inclinada para a ausência da luta e do trabalho em primazia da preguiça e da inatividade (p. 146).

Gilberto Freyre, considerado um dos maiores sociólogos brasileiro do século XX, responsável por propagar no imaginário coletivo a ideia de uma democracia racial e de uma escravização mais leve, não tão violenta como se acreditava, em seu livro *Casa Grande e Senzala*, escreve:

> Na ternura, na mímica excessiva, no catolicismo em que se deliciam nossos sentidos, na música, no andar, na fala, no canto de ninar menino pequeno, em tudo que é expressão sincera de vida, trazemos em quase todos a marca da influência negra. Da **escrava ou sinhama** que nos embalou. Que nos deu de

> mamar. Que nos deu de comer, ela própria amolengando na mão o bolão de comida. Da **negra velha** que nos contou as primeiras histórias de bicho e de mal-assombrado. Da **mulata** que nos tirou o primeiro bicho-de-pé de uma coceira tão boa. **Da que nos iniciou no amor físico** e nos transmitiu, ao ranger da cama-de-vento, a primeira sensação completa de homem. Do **moleque** que foi nosso primeiro companheiro de brinquedo. (Freyre, 1998, p. 191, grifos nossos).

Tomando esta citação e o título do capítulo a que pertence (*O escravo negro na vida sexual e de família do brasileiro*), percebemos que o negro é racializado. Sua raça é demarcada na inscrição "escravo negro", já a "família do brasileiro" não, porque a família brasileira é branca, portanto, é desnecessária tal demarcação racial. Além disso, outra consideração sobre o título do capítulo é a de que o escravizado negro não faz parte da "família do brasileiro", o que atualiza e reatualiza a afirmação de não lugar, não pertencimento, eterna diáspora negra.

Por falar em família, é importante destacar que essa foi uma instituição social fundamental para a legitimação e consolidação do projeto português colonizatório e escravagista. O Brasil foi "construído" por uma família, a família real portuguesa, e, enquanto durou o período monárquico (1822-1899), todas as decisões e todo o poder estavam centralizados nas mãos de uma única família. Destarte, como coloca Grada Kilomba (2019), a instituição família foi construída em formato de política de controle de espaço. Os incentivos estatais de intensa imigração europeia e asiática, feitos não apenas neste período monárquico, mas também no período colonial e no período em que o Brasil se tornou sede do Império de Portugal (1808-1822), tinham como ponto focal a estabilização desses imigrantes no país a partir da formação de famílias.

Por organizar toda a sociedade brasileira, as famílias também eram proprietárias dos escravizados e das escravizadas, isto é, o sistema escravocrata se desenvolveu mediante o domínio e controle familiar com permissão da família real. Tais reflexões justificam-se porque a instituição família ainda exerce, sobremaneira, relevância e influência em nossa sociedade atual. Poderíamos discorrer também sobre o envolvimento de famílias com cargos políticos de representatividade a partir da proclamação da República (1889), e que não está muito distante do que vemos em 2021. Basta ver a família do atual presidente da República, Jair Messias Bolsonaro, ocupando cargos políticos em instâncias diversas e estratégicas.

O objetivo, contudo, de trazer a citação de Gilberto Freyre, é pensar, também, a demarcação dos papéis ocupados por negros e negras, em diferentes idades, no âmbito da vida familiar, reificados por funções e por gradientes de cor: a escrava ou sinhama, a negra velha, a mulata, a que iniciou o homem branco no amor físico e o moleque.

Percebam que na citação não há menção à família negra das personagens citadas, e esse apagamento não está presente apenas nessa obra de Freyre, mas em tudo o que ainda produzimos. Tomando por base a produção de telenovelas, nicho de grande influência e audiência em território nacional, é extremamente comum, e quase que padronizado, que as telenovelas exibidas no horário das 18h sejam as chamadas "novelas de época". Muitas delas abordam a temática da escravidão e perpetuam esse apagamento histórico.

Retomamos, então, o questionamento feito por Maia Neto (2019): "você, leitor(a), tendo 'empregada doméstica/secretária do lar', esta ainda é 'quase da sua família', quais os nomes dos familiares dela, você sabe onde eles estão quando esta 'trabalhadora colonial do século XXI' está na sua casa?" (p. 64).

Freyre (1998), complementando a ideia acima, e trazendo a sexualidade da negra escravizada para o centro do debate, aponta que

> Já houve quem insinuasse a possibilidade de se desenvolver das relações íntimas da criança branca com a ama-de-leite negra muito do pendor sexual que se nota pelas mulheres de cor no filho-família dos países escravocratas. A importância psíquica do ato de mamar, dos seus efeitos sobre a criança, é na verdade considerada enorme aos psicólogos modernos; e talvez tenha alguma razão Calhoun para supor seus efeitos de grande significação no caso de brancos criados por amas negras (p. 192).

Este exemplo de amamentação psicológica foi incorporado pela Psicologia do Desenvolvimento e pela Psicanálise para humanizar a amamentação de crianças brancas por mulheres negras escravizadas e afirmar seus benefícios para o desenvolvimento da criança branca e para os países escravocratas, desconsiderando completamente o contexto violento de colheita do leite da mulher negra. Qualquer semelhança com a série *The Handmaid's Tale* (*O Conto da Aia*, em tradução literal), produzida pela plataforma estadunidense de entretenimento Hulu, é coincidência. A única diferença é que a produção, que anuncia ser uma distopia, não é pautada por diferenças raciais, mas apenas de gênero.

Freyre (1998) se utiliza, ainda, de tipos psicológicos para justificar o motivo de indígenas terem apresentado maior resistência ao contato e à dominação branca e europeia, diferentemente dos negros africanos. Segundo ele, "O indígena na América, caracteristicamente introvertido, e, [sic] portanto, de difícil adaptação. O negro, o tipo extrovertido. O tipo de homem fácil, plástico, adaptável" (p. 193). Assim, "A introversão do índio, em contraste com a introversão do negro da África, pode-se verificar a qualquer momento no fácil laboratório que, para experiências desse gênero, é o Brasil" (p. 194).

A partir desta ideologia, Freyre (1998) argumenta que as populações mais influenciadas pelo sangue indígena, como nos estados de Piauí, Paraíba, Pernambuco e no sertão, são tidas como "Populações tristonhas, caladas, sonsas e até sorumbáticas[1]" (p. 194), em contraposição à expansividade, alegria e sociabilidade do povo baiano. Está posta, portanto, a construção do argumento da melhor raça subalternizável e escravizável: a africana. Não esqueçamos que Gilberto Freyre é considerado um dos maiores sociólogos brasileiros do século XX. Ele influenciou teorias psicológicas e é utilizado ainda hoje como referencial na Antropologia e nas Ciências Sociais.

A problemática da colonização e da escravização inscreve-se na psique humana dos povos brasileiros, processos complexos de formação de identidade e pertencimento étnico e, se há uma ciência psicológica atuando em favor do colonizador e da ideologia hegemônica, tais processos vividos pelos colonizados acabam sendo legitimados, justificados e de amplo alcance. Sobre isso, é fundamental remetermos, também, à virada do século XIX para o século XX, período intensamente marcado por teorias e ideais higienistas e eugenistas. Vilela (2012) denuncia que "[...] raramente é mencionada a estreita relação da Psicologia com

[1] Sorumbático, conforme o dicionário Michaelis de Língua Portuguesa, é o "que ou quem está sempre triste, ou de aspecto sombrio".

o higienismo, como se esse fosse um fato vergonhoso na história da área" (p. 35). De fato, alguns devem se lembrar de ter estudado sobre, mas nem sempre tendo a Psicologia no centro do debate.

Ainda que existam diferenças entre higienismo e eugenia, ambos pautavam-se na "[...] hiper-atenção missionárias e progressistas à população negra e pobre, dando a esta o estatuto de problema a ser superado ao acesso a uma nação européide (sic) moderna, o que arrasta a ideia de supremacia étnica baseada nos discursos médico e escolar" (Maia Neto, 2019, p. 64) sustentados e validados por estas áreas da Psicologia – Psicanálise, Psicologia clínica e do trabalho –. Para superar este problema, portanto, criaram-se novos e diferentes dispositivos institucionais, os chamados hospícios e asilos. "O surgimento do asilo, em sua forma moderna, deve ser creditado sobretudo (sic) à emergência de uma economia de mercado capitalista e a 'mercantilização da existência' dele decorrente" (Cunha, 1988, p. 22). Maria da Cunha complementa a discussão evidenciando que

> O poder de fogo do alienismo do início do século está voltado para as tarefas de constituição e difusão de uma dada moralidade, fundada no padrão de família normalizada, da disciplina para o trabalho, da aceitação dos papéis sociais e das rotinas impostas pela vida urbana (p. 135).

O Hospital Psiquiátrico de Juquery, localizado em Franco da Rocha, região metropolitana de São Paulo, uma das mais antigas e maiores colônias psiquiátricas do país, pode ser tomado como exemplo. Este hospital foi inaugurado, curiosamente, em 1898. Sim, logo após a "abolição da escravidão". Pesquisando em prontuários da instituição, Cunha (1998) descobriu que

> Os negros, embora constituam uma parcela imensa da população do hospício, merecem pouca atenção e despertam pouco interesse científico, na medida em que portariam por nascimento "traços de degeneração" que o organicismo atribuía atavicamente à sua raça: beócios[2], primitivos e pouco dignos de

[2] Beócio, de acordo com o dicionário Michaelis de Língua Portuguesa, significa "ignorante ou pouco afeito à cultura e ao conhecimento; boçal, grosseiro. Diz-se

> interesse humano, social ou médico. O silêncio, nestes casos, diz mais que o discurso e os milhares de prontuários referentes aos negros vêm praticamente em branco, preenchidos quase telegraficamente em diagnósticos que apontam, em sua maioria, para a "idiotia", a "imbecilidade" e outras rubricas de degeneração "inferior" inscrita em sua própria condição racial (p. 124).

A Psicologia associada à psiquiatria teve um papel de bastante relevância e destaque nesses processos de normatização e difusão de uma dada moralidade, aliada aos interesses mercantis da época, e apartada da realidade de seus sujeitos ou – em termos científicos deste período – de seus "objetos" de estudo. Bock, Furtado e Teixeira (1999) destacam que, até o século XX, os saberes psicológicos estavam associados e subordinados à filosofia enquanto ciência-mãe. Na virada do século, ao menos no Brasil, esses saberes se ligaram às especialidades médicas; foram investidos nas ditas ciências naturais como fonte de conhecimento, resultando nas diversas pesquisas já mencionadas, sendo importados como referenciais daquilo que era produzido em território europeu.

Em virtude dessa associação às especialidades médicas, os testes psicológicos configuraram-se como as ferramentas de expansão e consolidação das psicologias em território brasileiro. "Críticas foram feitas ao caráter elitista e restrito da Psicologia clínica e ao comprometimento da Psicologia do trabalho muito mais com os interesses do capital do que com os do trabalhador" (Antunes, 2012, p. 60). Jandson Silva (2003) engrossa a discussão denunciando que

> As testagens também tinham como intuito não só a descoberta das aptidões, mas também o diagnóstico de possíveis desequilíbrios mentais. Mestiços, negros, imigrantes, italianos e asiáticos eram povos com os quais deveria se ter cuidado, pois, segundo as teorias da época estariam mais suscetíveis a tais desequilíbrios que indivíduos brancos. [...] Esse ideário racial (aliado às técnicas psicométricas) foi levado ao ponto de, certas prefeituras, como no caso de Recife, utilizarem testes de inteligência e de personalidade na regulamentação do funcionamento de religiões

daquele que é incompetente ou que apresenta desconhecimento em alguma área particular. Que é simplório; ingênuo".

> espíritas e afrodescendentes (sic). Era grande o medo do fanatismo e das epidemias religiosas, distúrbios psíquicos aos quais estariam mais propensas as populações mestiças praticantes de religiões não católicas (sic) (p. 33).

Pessoas negras eram tratadas, em linguagem freudiana, como primitivas, infantis e pré-lógicas (D'Ávila, 2006). Além disso, Silva (2003) expõe ainda que a Psicanálise, a partir de sua teoria da sexualidade, deu cabo de servir como mais uma ferramenta higienista e difusora de moralidade, ao passo que normatizou a sexualidade com vistas a produzir uma "boa sexualidade".

> Como forma de combater a promiscuidade sexual e o avanço das doenças venéreas os psiquiatras da Liga [de Higiene Mental] se valeram do conceito de sublimação. Para eles essa seria a via de escapar aos desejos da carne mais fácil e de menor prejuízo em termos psíquicos. Destacaram-se quatro tipos de sublimação: pela via do esforço físico (o que vem a justificar a prática de educação física como método sanitarista, bem como o trabalho braçal); pela via do trabalho intelectual (embora este só se encontrasse acessível a alguns poucos privilegiados); pela via da arte; pela via da religião (embora esta última fosse considerada perigosa no caso das religiões afro-brasileiras, pois poderia levar ao fanatismo) (Silva, 2003, p. 34).

Este plano inaugural da Psicologia no território brasileiro fomentou e organizou os currículos formativos dos cursos de graduação, e assim se mantém, pois, ainda estudamos e importamos teorias e teóricos brancos e europeus, quando não estadunidenses. A Psicologia brasileira no século XXI segue perpetuando a violência racista empregada pelos colonizadores brancos europeus quando apaga de suas discussões, disciplinas e conteúdos formativos, autoras e autores brasileiros, negros e indígenas, de modo a pensar a subjetividade de seus sujeitos no contexto em que estão inseridos. Esse silenciamento é bastante problematizado por esta ciência, inclusive, e reconhecido por seu órgão de classe, pois, no documento *Referências Técnicas para a Atuação de Psicólogas/os Acerca da Temática Racial*, publicado em 2017, o Conselho Federal de Psicologia (CFP, 2017) apregoa que:

> Hoje em dia, a Psicologia mantém-se ainda conivente com a perpetuação desse olhar, silenciando-se diante das desigualdades políticas, dentre elas, o racismo e sexismo. Ao deixar de dispor de seu arsenal, ao silenciar essas temáticas em produções acadêmicas, ao não acolher seus efeitos diante das demandas repetidamente escancaradas e ignoradas, omite-se de participar do enfrentamento político daquelas modalidades de violência, reafirmando invisível as demandas de mais da metade da população brasileira (p. 76).

O século XX testemunhou o nascimento de pesquisas e literaturas que abordavam a história da injustiça racial e da opressão brasileira em diversas áreas do conhecimento (História, Antropologia, Ciências Sociais e Filosofia). No entanto, em se tratando da Psicologia, e mais especificamente da Psicologia clínica, a inserção de tais temáticas ocorreu tardiamente. Fora do país, a questão raça/etnia e sua influência no contexto clínico passaram a ser objeto de estudo a partir da década de 1970.

Em território nacional, estudos que versavam sobre teorias de embranquecimento da população, degeneração da raça branca a partir da miscigenação e de uma ilusória democracia racial predominaram até meados da década de 1940, quando a psicanalista Virginia Leone Bicudo iniciou seus estudos nas áreas do comportamento humano e das relações étnicos-raciais. Todavia, continuaram exercendo influência no modo de pensar a sociedade até a década de 1990. Bicudo, mulher negra e uma das pioneiras na difusão da psicanálise em território brasileiro, escreveu a primeira tese produzida no Brasil sobre relações raciais intitulada *Estudo de atitudes raciais de pretos e mulatos em São Paulo,* no ano de 1995 (Oliveira e Lima, 2017).

A história da fundação da psicanálise no Brasil se confunde "[...] com as ações e protagonismo pioneiro de uma mulher de origem negra, filha de imigrante italiana com descendente de africanos escravizados nascido no período da Lei do Ventre Livre: seu nome Virginia Leone Bicudo" (Oliveira e Lima, 2017, p. 148). Entretanto, apesar de seu reconhecimento e de sua brilhante atuação, inclusive junto a grandes nomes da psicanálise, como Melanie Klein e Wilfred Bion, Bicudo dificilmente compõe a grade curricular dos cursos de Psicologia e teoria psicanalítica no país.

Além de Virginia, poderíamos citar os trabalhos de outras(os) intelectuais negras(os) da Psicologia com grandes contribuições e importância para a difusão da ciência psicológica no país, como Neusa Santos Souza, Maria Aparecida da Silva Bento, Isildinha Baptista Nogueira, Jaqueline Gomes de Jesus, Iray Carone, José Tiago dos Reis Filho, Regina Marques de Souza Oliveira, Maria da Conceição Nascimento, Maria Lúcia da Silva, Maria Aparecida Miranda, entre tantas(os) outras(os).

O que há em comum entre todos eles é que seus percursos históricos e epistemológicos são apagados do contexto intelectual e formativo da Psicologia e, por extensão, da sociedade, visto que as universidades são instituições de produção e divulgação de conhecimento. A formação da prática psicológica é uma construção que passa necessariamente pelo itinerário formativo e curricular dos cursos ofertados no país. No caso de a academia excluir e desconsiderar a relevância de produções locais e regionais, como as supracitadas, contradizem as críticas e as problematizações de que a Psicologia precisa considerar o contexto social/econômico/cultural/ambiental de seu objeto de estudo, já que sua grade não cumpre com a mesma contextualização e adaptação.

> Assim sendo, o apagamento das marcas da população negra nos territórios epistemológicos da ciência psicológica, reproduz a ordem social de um racismo, machismo, sexismo e violência diante das mulheres, das mulheres negras, dos protagonistas negros presentes e atuantes no contexto da academia e universidades brasileiras (Oliveira e Lima, 2017, p. 148).

Resgatar as histórias e trajetórias dessas intelectuais negras brasileiras possibilita-nos, também, construir reflexões sobre outros modos de ser e, pensando os currículos formativos, oportunizar teorias e teóricos com os quais possamos nos identificar e que versem a respeito da nossa vida, que falem de nós, do nosso contexto, nossas especificidades. Por essas razões, destacaremos a seguir a relevância do estudo de biografias para o existencialismo fundamentado no pensamento de Jean-Paul Sartre, sobretudo, por compreendermos que as histórias que conhecemos fazem parte de quem nos tornamos, medeiam nossas relações com o mundo, seus fenômenos e nossos pares.

O estudo de biografias e a urgência de acolher novas narrativas

O estudo de biografias teve um espaço fundamental na trajetória de Jean-Paul Sartre, tanto que o filósofo francês se dedicou a elaborar biografias de alguns escritores conhecidos, como Gustave Flaubert, Jean Genet e Baudelaire, como meio de aplicar sua compreensão da Psicologia, da Antropologia e suas proposições metodológicas. O método biográfico, também conhecido como progressivo-regressivo, desenvolvido por Sartre, consiste justamente em entender a dialética entre o singular com o universal. Partindo da experiência singular, pode-se compreender o universal, tanto quanto partindo de situações universais, é possível chegar ao singular. Por este método, Sartre possibilitou a viabilização de uma Psicologia clínica coerente com os avanços científicos da contemporaneidade (Schneider, 2011).

Oliveira e Lima (2017) destacam que "No fragmento das biografias das pessoas, observamos os impactos das injustiças e violências racial e classista impregnado na sociedade brasileira" (p. 149). Na condição de psicólogos que constroem e reconstroem a Psicologia em suas práticas cotidianas, ignorar as biografias de pessoas negras, indígenas e quilombolas significa desconhecer ou desprezar epistemologias que tratam especificamente da Psicologia brasileira e dos processos sociais, culturais e econômicos, para validar aportes teóricos importados, coniventes com a ordem de desigualdades, violências, injustiças e apagamento de sistemas de referências locais. Nessa toada, a Psicologia brasileira foi e permanece alienada e aliada ao colonialismo europeu, porque "[...] se organiza por relações de poder e sobreposição de ideologias e pessoas" (Oliveira e Lima, 2017, p. 150).

Sobre isso, emprestamos o questionamento que o antropólogo e professor Kabengele Munanga fez em uma entrevista concedida a Antonio da Costa Ciampa, nos anos 2000, em que problematiza a omissão da Psicologia brasileira, ao realizar a seguinte pergunta:

> Qual é a explicação dessa ausência e desse silêncio sobre um tema que toca a vida de mais de 60 milhões de brasileiros de ascendência africana? [...] Teria o mito da democracia racial brasileira contribuído, direta ou indiretamente, para essa indiferença

> da Psicologia brasileira, seja em relação aos problemas psíquicos resultantes da desumanização do negro, seja em relação aos mecanismos de pressão psicológica que o levaram a introjetar os mitos de superioridade "branca" e de inferioridade "negra"? Seria o fato de, como nos dizem, o psíquico e o inconsciente não terem cor, que provocaria a diluição da especificidade psicológica do negro num psiquismo universal abstrato e que, consequentemente [sic], desviaria a atenção dos psicólogos nacionais sobre o negro? (Ciampa, 2000, pp. 10-11).

Já vimos que mais de 50% da população brasileira é negra, por isso, o Brasil é considerado o 2º país com a maior população negra fora do continente africano. Mencionamos também que o nascimento da ciência psicológica se deu de maneira problemática e enviesada, e que muitas de suas contribuições foram direcionadas para o controle, disciplina, padronização e adaptação de corpos. Assim como o Brasil, enquanto a Psicologia não revisitar sua história, reconhecer suas falhas e se comprometer de forma responsável com valores fundamentais, como liberdade, igualdade, dignidade e integridade, conforme apregoa o artigo I do Código de Ética Profissional do Psicólogo (2005), esta ciência seguirá reproduzindo e reatualizando a violência racista e colonial. A este respeito, Bock, Furtado e Teixeira (1999) afirmam que "[...] o conhecimento da Psicologia, ao permitir que saibamos promover a saúde mental, permite também que saibamos promover a loucura, o medo, a insegurança, com o objetivo de coagir o indivíduo" (p. 161).

À Psicologia cabe a compreensão de que o sofrimento produzido por todas as formas de desigualdades ocasiona sentimentos e formas bastante específicas de manifestá-los, assim como modos de subjetivação que interferem na construção de identidades individuais e coletivas. À vista disto, é preciso que o estudo seja minimamente direcionado. O sujeito não se edifica sem o contato com outros, logo, as experiências também não ocorrerão imaculadas dessa relação social. Tratar do sofrimento de forma abstrata e generalista não ajuda no manejo de situações reais de sofrimentos específicos. É necessário pontuar e demarcar quem é esse sujeito que sofre, como sofre, quais condições tem para manifestar e lidar com esse sofrimento, qual lugar social ocupa, de qual grupo social parte.

A maneira pela qual Sartre tratou a intersubjetividade e que organiza o processo clínico pela perspectiva existencialista, reside na ideia de que "[...] não basta pensar o Outro como 'aquele que *é visto por mim*', mas devemos pensá-lo também ou sobretudo (sic) como 'aquele que *me vê*', aquele que invade a minha subjetividade" (PERDIGÃO, 1995, p. 136, grifos do autor), dando fundamental importância a esse encontro e à dimensão do ser visto como fundante da distinção eu/outro, por ser só possível negar ser o outro, porque sabemos que somos vistos por ele.

Assim, para o filósofo francês, a intersubjetividade é um fato indubitável, pois, o Para-si é, na mesma medida, ser-Para-outro. Isto quer dizer que "[...] a intencionalidade da consciência, o movimento da consciência para sair fora [sic] de si e atingir seu objetivo" (PERDIGÃO, 1995, p. 48), buscando também o Eu (Ego), que está no mundo, é, de igual maneira, uma busca pelo outro. Sartre (2014) explica que "para obter qualquer verdade sobre mim é necessário que eu passe pelo outro. O outro é indispensável para minha existência, tanto quanto, ademais, o é para o meu autoconhecimento" (p. 34). A relação com o outro é necessária para minha própria existência. Não somos seres isolados e apartados do mundo, fazemos-nos na relação que temos com esses outros que nos veem.

Ainda que esteja posta a importância da relação com o outro, cada sujeito tem um sistema único e pessoal de fenômenos, que difere dos demais, e que não pode ser experienciado por outrem. "Por outro lado, a condição de possibilidade de toda experiência é a de que o sujeito organize suas impressões em sistema conexo" (SARTRE, 2004, p. 295), e, mesmo considerando a possibilidade de a realidade do outro afetar a mim na mesma medida (e vice-versa), continuaria sendo impossível o estabelecimento de um comparativo correspondente entre sistemas que são necessariamente diferentes. Dito isto, Burstow (2000) menciona que Sartre "vê a reciprocidade, a mutualidade, a compreensão como partes intrínsecas da relação psicoterapêutica e, portanto, potencialmente como fatores que contribuem para os esclarecimentos em geral" (p. 121), sendo a compreensão verdadeira formada pelo amor, estima e empatia.

Conforme Burstow (2000),

> A outra face do chamado de Sartre à compreensão do outro é sua demanda pelo abrir-se para ser compreendido por outrem.

> Por um lado, pede comunicação aberta e transparência em nome da autocompreensão [...]. Por outro lado, pede comunicações abertas e transparência em nome das boas relações e da paz. [...] na perspectiva sartreana da vida autêntica, [...] os dois lados do diálogo tornam-se transparentes. Isso inclui "compreensão do outro em sua alteridade" e "fazer-se presente para o outro". Eis aí a intimidade, a compreensão, o encontro. [...] Sartre não vê a compreensão íntima apenas como possível, mas ele a *pede* (pp. 122-123, grifo do autor).

Assim, ao buscar clarificar ao outro, por meio da verbalização, aquilo que não está claro para mim, também me movimento na direção de compreendê-lo e, compreensão, para Sartre, inclui compreender as experiências do outro ao mesmo tempo em que se retém um sentido de sua própria experiência dessa experiência (Burstow, 2000). A empatia, portanto, seria a solução da compreensão ao permitir compreender um indivíduo por ele próprio e não partindo de verdades pré-concebidas. Erthal (2013) vai dizer que

> Ao tentar a compreensão do homem, Sartre (1977) distingue conceito de noção. De um lado temos os conceitos que interagem no conhecimento, na ciência; e de outro, as noções que perseguem a compreensão, visada justamente pela empatia. Empatia daquilo que Sartre chama de "vécu", a vivência, a experiência vivida. A empatia pela vivência leva à compreensão, que gera por sua vez a noção. **Conhecemos conceitualmente, mas só compreendemos por noções** (pp. 211-212, grifos nossos).

Toda relação, portanto, tem características próprias e se organiza de modo singular, por isso, é necessário partir dessa singularidade para compreender o projeto original dessa outra pessoa que está a nossa frente. Para isso, Sartre, sustentado no método fenomenológico e dialético (progressivo-regressivo), elaborou biografias de grandes personalidades de modo a nos aproximar de seu método para a Psicologia e, por meio das descrições das trajetórias de vidas desses sujeitos, elucidou os caminhos que hoje percorremos para a construção de uma Psicologia clínica de base sartriana. Conforme Schneider (2011), ao realizar o movimento dialético para compreender como essas personalidades se edificaram como sujeitos, Sartre alcançou "[...] o que poderíamos definir como o primeiro passo de uma ciência, que é definir as condições de possibilidades de ocorrência de determinado fenômeno, no caso, o ser do sujeito pesquisado" (p. 278).

Para o existencialismo, a condição para que o sujeito se insira em relações, sejam elas quais forem, é o fato de o ser humano ser corpo/consciência, isto é, o corpo medeia seu contato com o mundo e a consciência é sua condição de estabelecer relações. Dessa forma, a relação com a materialidade, e isso inclui a relação com o próprio corpo, com os outros, com a sociedade, com o tempo, configura-se na primeira condição de existência de alguém (Schneider, 2011).

Essa conjuntura material, ao menos num primeiro momento, não é escolhida, simplesmente nascemos entre ela, porém, precisamos nos apropriar dela, visto que é um aspecto objetivo definidor de nossa subjetividade. A maneira pela qual nos apropriamos dessas condições e processamos essa subjetivação está intrinsecamente relacionada à história individual, e também à história coletiva de seus pares, e é essa apropriação que o filósofo francês esclarece que deve ser desvendada pela psicanálise existencial, de modo a encontrar o ser do sujeito (Schneider, 2011).

Pessoas negras, mesmo nascidas num período posterior à escravização oficial, carregam em seus corpos/consciências marcas advindas da história coletiva de seu povo, que continuam sendo revisitadas de diversas formas por estarem inseridas em um país assentado no racismo – condições sociomateriais que não foram escolhidas por elas – e essas marcas são expressas por esse corpo/consciência. Sartre (2002) declara que "o acaso não existe, ou, pelo menos, não como se acredita: a criança torna-se esta ou aquela porque vive o universal como particular" (p. 56).

Cada pessoa é um particular/universal, e o existencialismo pretende "[...] encontrar as mediações que permitem engendrar o concreto singular, a vida, a luta real e datada, a pessoa a partir das contradições gerais" (Sartre, 2002, p. 55). À vista disto, é necessário, portanto, que haja esse entendimento para que, no encontro psicoterapêutico inter-racial, os relatos da pessoa negra não sejam resumidos a um entendimento do tipo: "*isso é coisa da sua cabeça*"; "*No Brasil, um país miscigenado, não existe racismo*". De posse da compreensão de que nossos corpos/consciências estão relacionados às condições sociomateriais de exercício da vida, localizar o sofrimento como produção unicamente individual e subjetiva não ajuda no desenvolvimento de uma relação empática, cujo objetivo é esclarecer o ser do sujeito a ele mesmo.

Na condição de não conhecermos e não vislumbrarmos outras possibilidades de experiências e realidades, não há como validá-las e reconhecê-las em suas complexidades. Cabe a(ao) profissional branca(o) o contato com leituras, produções diversas e discussões sobre raça e os respectivos impactos do racismo em sujeitos brancos(as) e negros(as), para não incorrer em generalizações abstratas e tampouco reduzir relatos em experiências puramente subjetivas. Sabemos não haver como uma pessoa branca experienciar o racismo e seus desdobramentos que uma pessoa negra acessa por meio da consciência, porém, como o existencialista propõe, "O conhecimento está amarrado à própria ontologia do objeto, ou seja, nas suas propriedades e não na ideia que dele faço. O conhecimento é segundo, é produzido" (Schneider, 2011, p. 85). Isto porque as coisas não estão na consciência, não são conteúdos desta, sequer a título de representação. A característica essencial da consciência é a transcendência, isto é, as coisas não podem se dissolver na consciência, não são seu conteúdo, tampouco sua propriedade. A consciência não retém o mundo.

Por esse conhecimento mediado por sistemas de referência que escapam a uma história única, torna-se possível conceber outras práxis e intervenções sustentadas na investigação sistemática e minuciosa do contexto de vida daquele sujeito que se apresenta, obtendo "[...] resultados cujo alcance transcende à esfera do indivíduo, pois diz respeito a fenômenos que têm sua faceta coletiva" (Schneider, 2011, p. 32). A escritora nigeriana Chimamanda Ngozi Adichie em *O perigo de uma história única* (2019), partindo de relatos de experiências próprias, menciona o seguinte:

> Como eu só tinha lido livros nos quais os personagens eram estrangeiros, tinha ficado convencida de que os livros, por sua própria natureza, precisavam ter estrangeiros e ser sobre coisas com as quais eu não podia me identificar. Mas tudo mudou quando descobri os livros africanos. Não havia muitos disponíveis e eles não eram tão fáceis de ser encontrados quanto os estrangeiros [...]. Eu amava aqueles livros americanos e britânicos que lia. Eles despertaram minha imaginação. Abriram

> mundos novos para mim, mas a consequência não prevista foi que eu não sabia que pessoas iguais a mim podiam existir na literatura. O que a descoberta de escritores africanos fez por mim foi isto: salvou-me de ter uma história única sobre o que são os livros (pp. 13-14).

Ela finaliza afirmando que

> É assim que se cria uma história única: mostre um povo como uma coisa, uma coisa só, sem parar, e é isso que esse povo se torna. É impossível falar sobre a história única sem falar de poder. Existe uma palavra em igbo[3] na qual sempre penso quando considero as estruturas de poder no mundo: *nkali*. É um substantivo que, em tradução livre, quer dizer "ser maior do que o outro". Assim como o mundo econômico e político, as histórias também são definidas pelo princípio de *nkali*: como elas são contadas, quem as conta, quando são contadas e quantas são contadas depende muito de poder. O poder é a habilidade não apenas de contar a história de outra pessoa, mas de fazer que ela seja sua história definitiva. O poeta palestino Mourid Barghouti escreveu que, se você quiser espoliar um povo, a maneira mais simples é contar a história dele e começar com "em segundo lugar". Comece a história com as flechas dos indígenas americanos, e não com a chegada dos britânicos, e a história será completamente diferente (pp. 22-23).

A psicologia clínica configura-se, também, como um espaço de poder. Assim, é fundamental retomar a ideia defendida por Adichie, e todo e qualquer profissional da Psicologia deve ter essa noção como um mote de sua atuação. Caso busquemos desvelar, descortinar o ser do sujeito a ele mesmo, precisamos ter noção do que incide sobre sua história individual e coletiva, caso contrário, o processo terapêutico se reduzirá a impotências que não são superadas; sofrimentos que não são reconhecidos, acolhidos e validados, e na descrição de fatos que não ultrapassam o empirismo (ERLICH, 1998).

[3] Língua falada por grupos étnicos *igbos*, também chamados de *ibos*, um dos maiores grupos étnicos africanos. Habitam o leste, sul e sudeste da Nigéria, Camarões e Guiné Equatorial.

Sartre explica que a consciência não é um modo particular de conhecimento e chama a atenção, conforme Schneider (2011, p. 89), "[...] para a necessidade de distinguir a questão ontológica (a consciência como região constitutiva da realidade) da questão epistemológica (a produção do conhecimento como fruto da relação sujeito/objeto)". O conhecimento, partindo da perspectiva sartriana, implica num sujeito que conhece e num objeto que é conhecido, e a solução proposta por Sartre para viabilizar o conhecimento objetivo da realidade diz respeito à noção de fenômeno, daquilo que se mostra. O conhecimento é, segundo a dimensão ontológica, produzido e, por meio deste conhecimento produzido, é possível conhecer a realidade, numa relação entre consciência e objeto.

A realidade, portanto, é composta por uma "multiplicidade de elementos que por si só se impõe a nós como conjuntos. [...] A realidade é tal, que nenhum elemento é único, vai sempre se incluir em um conjunto de elementos que se fazem semelhantes pela sua própria materialidade" (Erlich, 1998, p. 43). Isto quer dizer que o fenômeno singular implica sempre em um conjunto, em uma série ou em um universo. A realidade apresenta regularidades que possibilitam a ela ser conhecida e estudada, e isso, para o existencialista, é o que permite o conhecimento científico, o fato de cada ser singular estar inscrito em um conjunto com características que se assemelham, denotando a relação intrínseca entre o singular e o universal. Sartre defende que não é necessário conhecer a totalidade deste conjunto, que será sempre infinita, para conhecer objetivamente os fenômenos, que são finitos e singulares.

Schneider (2011, p. 100) destaca que esses fenômenos "[...] nos permitem alcançar, a partir de diferentes sínteses, a sua essência, isto é, a sua universalidade. Assim, pois, ao se investigar um elemento da série, obtém-se tanto o singular quanto o universal". Sendo assim, a partir do conhecimento universal produzido sobre relações raciais, racismo e seus impactos, é também possível conhecer aspectos singulares da experiência de uma pessoa negra e, a partir disso, no transcorrer dos atendimentos, tecer relações que permitam compreender o que unifica a série implicada naquele relato específico e particular de um dado sofrimento, inclusive quando o cliente não apresenta tais queixas com entendimento de serem consequências do racismo. Afinal, se o profissional não realizar essa conexão, permanecerá fixo na descrição da situação exposta e não desenvolverá uma intervenção que englobe o conjunto (o racismo), tampouco se sustentará na apreensão do fenômeno (o que se mostra) em seu contexto.

Em *Questões de método* (2002), Sartre discute que é papel da ciência situar os fenômenos que investiga, sendo o contexto que cerca o fenômeno, objeto primordial de análise. A função da ciência é fornecer "[...] a cada acontecimento, além de uma significação particular, um papel de revelação: [...] cada fato uma vez estabelecido é interrogado e decifrado como parte de um todo" (Sartre, 2002, p. 33).

Este conhecimento, no que lhe concerne, é produzido sob uma relação de proximidade entre o ser inquirido e o ser inquiridor ou, em termos clínicos, o ser cliente e o ser psicólogo. "É preciso levar em conta o fato privilegiado de que a realidade humana consiste em nós próprios" (Schneider, 2011, p. 107). Isto posto, a única possibilidade de pensar raça, racismo e negritude é, ao mesmo tempo, pensar a branquitude. Não há possibilidade de pensar o sofrimento do negro sem implicar a dominação do branco, conforme discutiu Maria Aparecida Silva Bento em *Pactos narcísicos no racismo: Branquitude e poder nas organizações empresariais e no poder público* (2002). Para esta autora, é a compreensão – atitude característica da existência do ser – o que possibilita a captação do sentido da experimentação concreta dos sujeitos.

Fazer ciência, portanto, é

> Conhecer as condições de possibilidade dos fenômenos, compreendendo-os em seu contexto. Com base nesse conhecimento, que é generalizável, já que pautado no aspecto singular/ universal do objeto e na realização da síntese das diversas variáveis levantadas, criam-se condições para se realizar a intervenção nas situações. Esse é o objetivo maior da ciência: intervir com segurança na realidade, para poder alterá-la no que se fizer necessário (Schneider, 2011, p. 108).

O conhecimento objetivo deve, necessariamente, partir da práxis e retornar-lhe de modo a esclarecê-la, de tal forma que não haja separações entre teoria e prática. Para isso, Sartre postula a necessidade do estudo das condições de possibilidades dos fenômenos psicológicos, como as emoções, por exemplo, pois, questionando-se a estrutura da realidade humana faz-se possível, também, questionar as emoções e o que as torna possíveis de serem vivenciadas e manifestadas (Sartre, 2017).

Raça como um fator organizador da sociedade

Assim sendo, é urgente pensar os determinismos psicossociais do racismo na subjetividade da pessoa negra – maioria em termos populacionais – e, também, em contrapartida, na subjetividade da pessoa branca. Isto, porque, o entendimento atual de raça não se baseia na biologia, mas na ideologia que escamoteia uma relação de poder e dominação, como discutido anteriormente. Portanto, enquanto categoria socialmente construída, com vistas a manter o domínio de um grupo sobre outro, nomear e racializar o negro – o outro –, pressupõe a racialização do branco. Nesta conformidade, discutir sobre relações raciais não se resume a pensar a situação da pessoa negra, mas também da pessoa branca, justamente enquanto relação. O negro só existe em comparação ao outro, o branco, por conseguinte, o contrário também é verdadeiro.

Diangelo (2018) menciona como Frankenberg define a branquitude:

> Um local de vantagens estrutural, de privilégio racial. Além disso, é um "ponto de vista", um lugar do qual as pessoas brancas olham para nós mesmos, para os outros e para a sociedade. Ainda, "Branquitude" refere-se a um conjunto de práticas culturais que são geralmente invisíveis e anônimas (p. 39).

Racismo, então, não é definido a partir de variações de preconceitos e comportamentos individuais, o que qualquer sujeito pode ter. Abrange estruturas econômicas, políticas, culturais, sociais, ações, crenças e o processo de construção de identidades. Essa distribuição desigual beneficia brancos e desfavorece pessoas não brancas, além do que "Brancos são ensinados a ver suas perspectivas como objetivas e representativas da realidade" (McIntosh, 1988, citada por Diangelo, 2018, p. 42). Diangelo (2018) segue este raciocínio afirmando que "A crença na objetividade, associada ao ato de posicionar pessoas brancas fora da cultura (e, portanto, como norma para a humanidade), permite que os brancos se vejam como seres humanos universais, capazes de representar toda a experiência humana" (p. 42). Nesta posição, assumindo um ponto de referência universal, a branquitude não é identificada ou nomeada por pessoas brancas.

> Pessoas brancas são apenas pessoas. Dentro desta construção, os brancos podem representar a humanidade, enquanto pessoas não brancas, que nunca são apenas pessoas, mas sempre pessoas particularmente negras, asiáticas, etc., só podem representar suas próprias experiências raciais (DIANGELO, 2018, p. 42).

Por esse motivo que são realizadas críticas ao discurso do universalismo produzido e reproduzido pela Psicologia, considerando que ele funciona de modo semelhante ao discurso do individualismo. Ao declarar – de forma explícita ou não – que todos somos seres iguais, que só existe a raça humana e que essas diferenciações de raça não existem, portanto, são produtos da cabeça de alguns, nega-se o significado da raça e as vantagens de ser branco, melhor dizendo, nega-se que esta relação é dialética. O universalismo assume que pessoas brancas e pessoas não brancas têm as mesmas oportunidades, vivem na mesma realidade e podem acessar os mesmos espaços. Além de permitir que pessoas brancas se distanciem das ações e comportamentos de seu grupo racial e solicitem, sempre, o benefício da dúvida, como indivíduos e não como grupo racial.

> Dada a ideologia do individualismo, os brancos frequentemente respondem defensivamente quando são ligados a outros brancos como um grupo ou "acusados" de se beneficiar coletivamente do racismo, porque como indivíduos, cada pessoa branca é "diferente" de qualquer outra pessoa branca e espera ser vista como tal (DIANGELO, 2018, p. 43).

Assim, é extremamente comum que pessoas brancas, ditas mais progressistas, reconheçam a Branquitude enquanto operador social significativo, mas não se impliquem nas discussões e reflexões, buscando entender quais os impactos em suas vidas. Algumas sugerem concordar que a Branquitude é real, mas tendem a acreditar ser sempre um problema individual de outras pessoas brancas que não são tão boas assim, e não dela própria, tal como o racismo e a "problemática da raça", que são problemas dos negros.

Pessoas negras, portanto, são agrupadas em um só grupo, onde todas são iguais, pensam iguais, vestem-se iguais e são tratadas de igual forma. Por isso, inclusive, vemos relatos de pessoas negras que ascendem socialmente e continuam sofrendo racismo, sendo vistas como inferiores. A problemática central não é a classe, como muitos intelectuais gostam de pensar, mas é a raça. O capitalismo só se mantém e se retroalimenta por conta das desigualdades de raça, e não apenas das desigualdades de classe. Expor essa dicotomia e essas contradições desestabiliza a identidade branca. A negação da raça, como um fator organizador da sociedade, é necessária para sustentar as estruturas de dominação, desigualdades sociais e privilégios no capitalismo (Diangelo, 2018).

É pelo fato de a raça ser construída e associada a pessoas não brancas, que brancos não suportam o ônus social da mesma. Movem-se facilmente na sociedade sem precisar se pensar enquanto sujeitos racializados. Isto, pois, para onde olham, veem suas próprias imagens refletidas: em seus heróis e heroínas, nos padrões de beleza e estética, nos museus e nas artes de modo geral, em seus professores e líderes, nos livros didáticos e na memória histórica, na mídia, na iconografia religiosa, inclusive na imagem de seu próprio deus, etc. É raro, para a maioria dos brancos, experimentar o sentimento de não se sentir pertencente e, quando acontece, são situações temporárias que rapidamente se revertem, o que valida o fato de raramente, ou nunca, terem que pensar sobre raça e racismo, sem receber alguma penalidade por isso.

> Raça é para pessoas não brancas pensarem – é o que acontece com "eles" –, eles podem trazê-la se é um problema para eles (embora, se o fizerem, podemos descartá-la como um problema pessoal, o "cartão racial", ou a razão para os seus problemas). Isso permite que os brancos dediquem muito mais energia psicológica para outros problemas, e nos impede de desenvolver a resistência para manter a atenção em um assunto tão carregado e desconfortável quanto à raça (Diangelo, 2018, p. 48).

E a autora conclui que

> Esta falta de preparação resulta na manutenção do poder branco, porque a capacidade de determinar quais narrativas são autorizadas e quais são suprimidas é a base da dominação cultural.

> Além disso, essa falta de preparação tem implicações adicionais, pois, se os brancos não podem se envolver com a exploração de perspectivas raciais alternativas, eles só podem reinscrever as perspectivas brancas como universais (DiAngelo, 2018, p. 51).

Aqui resulta a importância de a Psicologia se debruçar sobre estudos de raça e racismo, não apenas porque diz respeito ao contexto em que está inserida a Psicologia brasileira, mas também para interromper ciclos de reatualização de dominação cultural. Por não considerar tal realidade como seu objeto de estudo e manter-se embasada em teóricos brancos e europeus, a Psicologia brasileira reinscreve as perspectivas brancas como universais e não fornece recursos, ferramentas e instrumentos para aqueles que executam a ciência psicológica poderem repensar suas práticas e repensar, inclusive, as defasagens de sua atuação. Não parece ser um incômodo para a Psicologia que psicólogos(as) negros(as) ainda sejam minorias, e que pessoas negras também sejam minorias no acesso a serviços de psicoterapia. É insuficiente dizer que a Psicologia clínica é elitista. Nos formatos em que ela tem se estruturado, é possível dizer que ela também é racista.

É inegável a existência do racismo e do impacto que ele exerce nos processos de produção de saúde-doença da população negra. É inegável também que, no contexto psicoterapêutico, por repetir padrões e fenômenos sociais, históricos e culturais, a relação entre o cliente e o psicólogo pode ser afetada por tensões entre brancos e negros. Iray Carone e Cida Bento (2016), ao citarem uma fala proferida pela antropóloga estadunidense Angela Gilliam em um seminário, pontuam que a mesma "[...] já havia alertado para a necessidade de se atender à *paridade racial* sobretudo (sic) por pertencermos a um país racializado, atravessado por tensões nem sempre explícitas e declaradas entre brancos e negros" (p. 23, grifos das autoras). Esta ideia também foi corroborada pela psicóloga brasileira Edith Piza (1998) que analisou, em sua tese de doutorado intitulada *O caminho das águas: estereótipos de personagens negras por escritoras brancas*, estereótipos de mulheres negras contidos em literatura juvenil escrita por mulheres brancas. A psicóloga Cida Bento (2016) igualmente oferece grandes contribuições e discussões acerca de estudos dos elementos projetivos da percepção do branco sobre o negro.

Carone e Bento (2016) defendem a paridade racial pensando na realização de entrevistas de campo. Elas se embasam no conhecimento de que "[...] entrevistas sobre assuntos raciais feitas por pesquisador de mesma cor/raça do pesquisado apresentam maior índice de respostas não evasivas" (p. 98, nota de rodapé).

Diante desta assertiva, podemos transpor ao contexto clínico, por ser um espaço de poder. Neste, quando não há paridade, alguns elementos podem se tornar perturbadores; por conseguinte, podem ser negados na díade profissional/cliente, tanto pelo cliente quando pelo profissional. Na condição de isto acontecer, serão produzidas limitações ao bom funcionamento do processo.

Na prática clínica, o autor deste capítulo, um homem negro, acolheu relatos de situações em que alguns e algumas clientes negros(as) não se sentiram acolhidos(as) e compreendidos(as) por profissionais brancos(as), ao falarem de situações de racismos cotidianos, por exemplo, ou até mesmo questões envolvendo cabelo, corpo, etc. Essa falta de escuta e acolhimento foi motivo para encerrarem o processo. Há aqueles(as) que chegaram com medo e receio do processo psicoterapêutico por conta dessas experiências de não compreensão.

O engajamento como possibilidade para a superação da paridade racial: considerações finais

Destacamos alguns caminhos para pensarmos o papel das psicologias frente às relações raciais e o contexto brasileiro, e os resgataremos porque são movimentos que precisamos urgentemente iniciar se quisermos, de fato, construir uma Psicologia comprometida com a realidade dos sujeitos visados por nossas atuações.

Enquanto os cursos de graduação não abarcarem em seus conteúdos programáticos autores(as) negros(as) brasileiros(as); não inserirem disciplinas voltadas à saúde da população negra, indígena, ribeirinha e quilombola; não realizarem discussões que remontam à história da psicologia brasileira, implicando-a com processos colonizatórios e escravagistas, de modo a mostrar que algumas teorias e técnicas que usamos até agora foram elaboradas para persuasão de povos nativos e para a superprodutividade de escravizados; não implicarem acadêmicos(as) brancos(as) a se pensarem racializados e a compreenderem como a raça estrutura nossa sociedade; não será possível vislumbrar profissionais comprometidos com a luta antirracista e que sejam empáticos, como proposto por Sartre, para terem aporte de modo a realizar atendimentos a estes públicos não brancos.

Temos por hábito afirmar a importância de contextualizar o sujeito atendido; de considerar todos os fatores que o atravessam e incidem sobre processos de produção de saúde-doença. No entanto, o mesmo deveria ser feito com as teorias. Deveríamos contextualizá-las em conformidade com a realidade de nosso país, propormos novos caminhos, mantendo as psicologias vivas, em movimento e num constante processo de vir-a-ser.

Para isso, Sartre se coloca em defesa do engajamento, pois, à medida que entendemos que somos a nossa liberdade e que exercê-la envolve relacionarmos com o outro, precisamos nos entregar à ação prática, de modo a ampliar o horizonte de possíveis de todo sujeito livre, porque, assim, o nosso horizonte de possíveis também se alarga (Perdigão, 1995).

Ao discutir o papel do intelectual na sociedade, Sartre (1994, p. 40, grifo do autor) demarca que "[...] a natureza de sua contradição obriga-o a se *engajar* em todos os conflitos de nosso tempo porque todos são – conflitos de classes, de nações ou de raças – efeitos particulares da opressão aos desfavorecidos pela classe dominante e porque em cada um deles ele está". Assim, apropriando-se de suas contradições raciais, de gênero e de classe, algo que necessitará de ajuda para o fazer, de modo a tomar certa distância de sua condição, o psicólogo clínico deverá buscar ser solidário a todos e, sobretudo, lutar por si e pelos outros contra essas contradições.

Isto posto, reiteramos a possibilidade, a necessidade e a importância de pessoas brancas atenderem pessoas não brancas, porém, enquanto não houver o engajamento, proposto por Sartre, tanto por parte das instituições de ensino superior quanto pelos profissionais já formados, a paridade racial seguirá sendo fator de segurança e proteção para que pessoas negras não sejam violentadas (outras vezes) no espaço onde deveriam sentir-se seguras, acolhidas e compreendidas.

A defesa da paridade racial é feita por Carone e Bento (2018) por questões de identificação racial e por apreenderem, a partir de entrevistas de campo, como as pessoas negras entrevistadas se sentiam mais à vontade quando as entrevistadoras eram do mesmo grupo racial. Gouveira e Zanello (2019) também se valeram deste recurso para entrevistar mulheres negras e coletar narrativas sobre vivências de racismo, e como se deu a escuta em psicoterapia em díade inter-racial (psicoterapeuta branco/a). Curiosamente, Schucman (2012), em sua tese de doutorado intitulada *Entre o "encardido", o "branco" e o "branquíssimo": raça, hierarquia e poder na construção da branquitude paulistana*, destacou também como pessoas brancas, por ela entrevistadas, sentiram-se tão à vontade com ela.

> Cogitei até a hipótese de que, pelo enunciado da pesquisa ser "investigar a branquitude", esses sujeitos poderiam pensar que eu estava comprometida com o enaltecimento dos sujeitos brancos e, deste modo, sentiam-se confortáveis para afirmar a ideia de superioridade racial branca (p. 56).

Retomando o estudo realizado por Gouveia e Zanello (2019), as autoras observaram um processo de estagnação da psicoterapia, ocorrido pelo fato de o profissional ser alheio às questões raciais, ignorar, minimizar ou universalizar os relatos de vivências das entrevistadas, ou, porque, a entrevistada ficou com receio de tocar em tais assuntos e o profissional não "dar conta". É interessante pontuar que essas experiências não estão condicionadas apenas ao atendimento por profissionais brancos. As autoras relatam que uma das entrevistadas constatou que "sobre a psicoterapeuta negra ela também apontou reservas, pois na sua avaliação a profissional negra era desprovida do conhecimento de sua própria história e subjetividade" (p. 8). Outra entrevistada, no que lhe concerne, mencionou que "[...] preferiu não tocar em questões raciais ao deparar-se com a barreira intransponível, por temor de se desmotivar e abandonar a psicoterapia, que atendia parcialmente suas necessidades" (p. 8).

Ou seja, ainda que potente, só a paridade racial não é suficiente para um processo saudável e responsável. É preciso que o profissional negro ou a profissional negra também tenha realizado este movimento de (re)descobrimento de si, de sua história, de sua negritude, para conseguir, utilizando os termos das entrevistadas, "dar conta" da bagagem e da demanda apresentada. As entrevistadas destacaram a necessidade de "[...] o psicoterapeuta negro vir a termos com suas questões raciais para diminuir os riscos de prejudicar o processo" (p. 9), e sublinharam que "[...]

a(o) profissional negra(o) pode reviver com seu(sua) cliente suas próprias experiências raciais em sessão e que as mesmas precisam estar elaboradas" (p. 9). Não basta aos profissionais negras ou negras o contato com suas condições históricas, é igualmente importante que haja uma elaboração dos sentidos do racismo e seus atravessamentos (Gouveia e Zanello, 2019).

Seguem alguns outros trechos de falas das entrevistadas que ilustram bem os contrastes, conflitos e tensões raciais presentes no espaço clínico:

> [...] é que eu cheguei a um limite com ela [...] Eu vi um muro entende? [...] Não vai fluir aqui com ela mais [...]"; (d) "[...] eu não sei se [a terapeuta] não consegue, não se preocupa; é como se conversar sobre isso com ela fosse uma coisa que ela não conseguisse me entender, não conseguisse me ajudar, não conseguisse me orientar [...]"; (e) "[...] chegar no consultório e falar de uma experiência de violência fudida assim, que é obviamente racial, e a pessoa só deslegitimar e sei lá falar que você está exagerando, falar que você é doido, que tá na sua cabeça, que você tem mania de perseguição [...]"; (f) "[...] uma pessoa com formação racial, que saiba lidar com algumas coisas que eu leve pra lá. [...] Eu gostaria muito da sensação de não ter que ficar explicando, porque eu acho que a formação do profissional é trabalho do profissional, e não do cliente [...] (Gouveia e Zanello, 2019, p. 8).

Frases estas que corroboram a condição do quanto as pessoas negras são duplamente violentadas em espaços de saúde, sobretudo mulheres e quaisquer outras que não performam dentro de uma normatividade binária (pessoas negras trans, não binárias, etc.). Muitos são os artigos, as produções, as pesquisas e as matérias que abordam a temática da violência obstétrica contra mulheres negras nos dispositivos de saúde. Em uma pesquisa rápida, encontramos uma reportagem da Revista Azmina (2021)[4]; uma matéria da Carta Capital (2020)[5]; um

[4] MOREIRA, M. Sua raça é resistente à dor: mulheres relatam racismo em atendimento médico. *Revista Azmina*. [online]. 2021. Disponível em: <https://azmina.com.br/reportagens/sua-raca-e-resistente-a-dor-mulheres-relatam-racismo-em-atendimentos-medicos/>. Acesso em: 9/07/2021.

[5] PINA, R.; RIBEIRO, R. Racismo na saúde: nas maternidades do Brasil, a dor também tem cor. *Carta Capital*. [online]. 2020. Disponível em: <https://www.cartacapital.

artigo de Curi, Ribeiro e Marra (2020)[6]; Lima, Pimentel e Lyra (2019)[7]; e uma matéria da Associação Brasileira de Saúde Coletiva (ABRASCO, 2020)[8]. Tal como outros espaços de saúde, a psicoterapia não se mantém imune ao racismo e, conforme Gouveia e Zanello (2019),

> De fato, a partir de vivências, a(o) psicóloga(o) pode ter consciência de questões raciais. No entanto falta a formação. Assim, pelo menos no primeiro momento, parece fazer diferença ter um(a) psicoterapeuta branco(a) ou negro(a), mas isso não parece ser determinante da eficácia terapêutica. É preciso também que o(a) psicoterapeuta abandone seu alheamento, sua alienação às questões raciais, o que começa, segundo Helms (1990), pela tomada de consciência de si como um ser racial, e que tenha a formação adequada que considere especificidades (p. 9).

Não encontrando acolhimento e compreensão nos ambientes psicoterapêuticos, pessoas negras tendem a buscar "fatores terapêuticos coadjuvantes" em outros espaços, como a religião, a militância/ativismo, grupos de apoio, onde vivências raciais podem ser abordadas sem que se minimize ou universalize. Contudo, essa não é a realidade de toda população negra do país. Ocupar esses espaços, infelizmente, ainda é uma possibilidade restrita a poucos. Por essa razão, precisamos repensar os universalismos euramericanos de nossas teorias, que adotam o homem branco como modelo universal de

com.br/sociedade/racismo-na-saude-nas-maternidades-do-brasil-a-dor-tambem-tem-cor/>. Acesso em: 9/07/2021.

6 CURI, P. L.; RIBEIRO, M. T. A.; MARRA, C. B. A violência obstétrica praticada contra mulheres negras no SUS. *Arquivos Brasileiros de Psicologia*, [online], v. 72, pp. 156/169, 2020. Disponível em: <http://pepsic.bvsalud.org/scielo.php?script=sci_arttext&pid=S1809-52672020000300012>. Acesso em: 9/07/2021.

7 LIMA, K. D.; PIMENTEL, C.; LYRA, T. M. Disparidades raciais: uma análise da violência obstétrica em mulheres negras. *Ciência & Saúde Coletiva*. [online]. 2019. Disponível em: <https://www.cienciaesaudecoletiva.com.br/artigos/disparidades-raciais-uma-analise-da-violencia-obstetrica-em-mulheres-negras/17356?id=17356&id=17356>. Acesso em: 7/07/2021.

8 ASSOCIAÇÃO BRASILEIRA DE SAÚDE COLETIVA (ABRASCO). *Mulheres negras sofrem mais violência obstétrica*. [online]. 2020. Disponível em: <https://www.abrasco.org.br/site/noticias/8m-mulheres-negras-sofrem-mais-violencia-obstetrica/45463/>. Acesso em: 9/07/2021.

humanidade. Ametista, uma das entrevistadas, narra o sofrimento advindo dessa universalização:

> [...] eu não podia me narrar sob a perspectiva da diferença, "ah, mas isso é humano" [...] isso me feria tanto; toda vez que eu ouvia isso eu tinha vontade de morrer. O "ser humano" [...] Não tem "ser humano", tem grupos e grupos e grupos diversos; isso não me contempla, é a minha corporeidade, é a minha experiência afetiva, é a minha experiência territorial, é tudo diferente (Gouveia e Zanello, 2019, p. 10).

Fanon (2008) foi um dos grandes críticos da psicanálise. Ele se debruçou sobre as limitações dessa teoria (europeia) para versar sobre os impactos do racismo à saúde mental. Para este psiquiatra martinicano era inconcebível a tese de que a neurose poderia ser aplicada a todas as culturas, sendo, portanto, inerente à condição humana. Para ele, as neuroses, assim como todas as psicopatologias, eram apenas expressões de uma dada cultura. "O problema de povos subjugados não é exatamente sua psicopatologia, nem apenas seus conflitos instintivos ou subjetivos, mas muito mais um problema de opressão e de conflitos reais entre opressores e oprimidos" (Gouveia e Zanello, 2019, p. 11). No entanto, tanto Fanon quanto as(os) demais autoras(es) negras(os) citadas(os) neste texto, seguem desconhecidas(os) pelas psicologias.

Gouveia e Zanello (2019) concluem, endossando que

> O disfarce que cobre as teorias psicológicas euroamericanas, hegemônicas e universalizantes é outro problema: parece inofensivo e humanitário, mas, de fato, não fornece especificidades de saber que amparem o psicólogo clínico na escuta de outros grupos que não a população branca. A expressão "isso é humano" ignora a violência que é o racismo; é como se o sofrimento não tivesse raça, gênero e classe social. **Quando se trata como igual os diferentes, incorre-se em um tipo de violência que se caracteriza, nesse caso, como institucional** (p. 12, grifos nossos).

Em complemento à discussão, Sartre (1994), menciona que

> Nos tempos das colônias, os psiquiatras fizeram trabalhos, tidos como rigorosos, para estabelecer a inferioridade dos africanos

> quanto à anatomia e à fisiologia de seus cérebros (por exemplo). Com isso contribuíram para manter o humanismo burguês; todos os homens são iguais, *exceto* os colonizados, que de homens só tinham a aparência. Outros trabalhos estabeleciam da mesma maneira a inferioridade das mulheres: a humanidade era feita de burgueses, brancos e homens (p. 23, grifo do autor).

É imprescindível racializar e gendrificar os estudos, as pesquisas, o conhecimento e, consequentemente, as práticas profissionais. As condições para uma relação terapêutica, geralmente tratadas no universal como um "encontro entre dois seres humanos", também precisam considerar especificidades, e essa falha é resultado da graduação. "A classe dominante regulamenta o ensino de maneira a lhes dar: a) a ideologia que ela julga conveniente [...]; b) os conhecimentos e práticas que os tornam capazes de exercer suas funções" (Sartre, 1994, p. 23). Em outras palavras, não é ao acaso que estudamos o que estudamos e desconhecemos tantas outras narrativas.

Existem tensões preexistentes e racializadas que incidem sobre a relação terapêutica. No entanto, devemos sempre colocar em questão: como essas tensões são consideradas? Quando falamos da liberdade, na perspectiva existencialista, em quais condições sociomateriais esse sujeito livre exerce sua liberdade? Em qual dimensão situa-se o debate sobre essa liberdade? Como a raça incide sobre a construção do projeto fundamental? Ao não visibilizar esses conflitos fundantes de nossa sociedade, a psicologia clínica brasileira permanece apartada da população específica de seu país, praticando o racismo por omissão, encaixando seus clientes em filosofias e teorias pré-concebidas, tal qual o Leito de Procusto[9].

Pensar a clínica existencialista pressupõe um engajamento que necessariamente deve transcender a via do discurso e trazer para discussão como essa perspectiva pode vislumbrar argumentos universalistas, que

[9] "Um dos mais emblemáticos personagens da mitologia grega é Procusto, impiedoso bandido que possuía uma cama de ferro de seu exato tamanho. Divertia-se obrigando os viajantes que capturava a deitarem-se nessa tal cama; se maiores, cortava-lhes as pernas, se menores, esticava-os até caberem exatamente no leito". Disponível em: <https://www.apmp.com.br/wp-content/uploads/2018/03/LEITO-DE-PROCUSTO.pdf>. Acesso em: 10 jan. 2022.

antagonizam com especificidades e particularidades, sendo que muitas delas escaparam à época em que Sartre viveu, realizou seus estudos e desenvolveu suas teses. A clínica é um espaço político; portanto, as escolhas que fazemos nesse espaço, as pessoas que atendemos, as lentes que utilizamos para enxergar o mundo e o outro também o são.

Referências

ADICHIE, C. N. *O perigo de uma história única*. Tradução de Julia Romeu. São Paulo: Companhia das Letras, 2019.

ANTUNES, M. A. M. A psicologia no Brasil: um ensaio sobre suas contradições. *Psicologia: Ciência & Profissão*. Brasília, v. 32, n. esp., pp. 44-65, 2012. Disponível em: <https://www.scielo.br/j/pcp/a/j6f3HznKpVNrwSKM3gcPGpy/abstract/?lang=pt>. Acesso em: 20 jun. 2021.

BENTO, M. A. S. *Pactos narcísicos no racismo*: branquitude e poder nas organizações empresariais e no poder público. Tese (Doutorado, Instituto de Psicologia) – Universidade de São Paulo, São Paulo, 2002. Disponível em: <https://teses.usp.br/teses/disponiveis/47/47131/tde-18062019-181514/publico/bento_do_2002.pdf>. Acesso em: 20 jun. 2021.

BOCK, A. M. B.; FURTADO, O.; TEIXEIRA, M. L. T. *Psicologias*: uma introdução ao estudo de Psicologia. 13 ed. São Paulo: Saraiva, 1999.

BREITMAN, G. Quando surgiu o preconceito contra o negro. *Fourth International*. v. 15, n. 2, pp. 42-45, 1954. Disponível em: <https://www.marxists.org/history/etol/newspape/fi/vol15/no02/v15n02-w127-Spring-1954-fourth-int.pdf>. Acesso em: 9 maio 2021.

BURSTOW, B. A filosofia sartreana como fundamento da educação. *Educação & Sociedade*. v. XXI, n. 70, 2000. Disponível em: <https://www.scielo.br/scielo.php?script=sci_arttext&pid=S0101Z7330200000010000>. Acesso em: 5 jul. 2021.

CARONE, I.; BENTO, M. A. S. (Orgs.). *Psicologia social do racismo*: estudos sobre branquitude e branqueamento no Brasil. Petrópolis, RJ: Vozes, 2016.

CIAMPA, A. C. Qual é a explicação dessa ausência e desse silêncio (de nossa psicologia social) sobre um tema que toca a vida de mais de 60 milhões de brasileiros de ascendência africana? Entrevista com Kabengele Munanga. *Psicologia & Sociedade*. São Paulo, v. 12, n. 1/2, pp. 05-17, 2000. Disponível em: <https://www.abrapso.org.br/siteprincipal/images/

RevistasAntigas/P_e_S_volume_12_numero_1_e_2_2000.doc>. Acesso em: 13 maio 2021.

CONSELHO FEDERAL DE PSICOLOGIA (CFP). *Código de Ética Profissional do Psicólogo.* Reimpressão. Brasília: CFP, 2005.

CONSELHO FEDERAL DE PSICOLOGIA (CFP). *Relações raciais*: manual de referências técnicas para a atuação de psicólogas/os. Brasília: CFP, 2017.

CUNHA, M. *O espelho do mundo*: Juquery, a história de um asilo. São Paulo: Paz e Terra, 1988.

D'ÁVILA, J. *Diploma de brancura*: política social e racial no Brasil – 1917-1945. São Paulo: Editora UNESP, 2006.

DIANGELO, R. Fragilidade branca. **ECO-Pós**. Rio de Janeiro, v. 21, n 3, pp. 35-57, 2018. Disponível em: <https://www.researchgate.net/publication/329925168_Fragilidade_branca>. Acesso em: 11 jun. 2021.

ERLICH, I. Ciência: delimitação do fenômeno e psicologia. In: BERTOLINO, P. et al. *As emoções.* Florianópolis: Nuca Ed. Independentes, 1998. p. 39-63.

ERTHAL, T. *Trilogia da existência*: teoria e prática da psicoterapia vivencial. Curitiba: Appris, 2013.

FANON, F. *Em defesa da revolução africana.* Tradução de Isabel Pascoal. Lisboa, Portugal: Sá da Costa, 1980.

FANON, F. *Pele negra, máscaras brancas.* Salvador, BA: EDUFBA, 2008.

FREYRE, G. *Casa grande & senzala.* 34 ed. Rio de Janeiro: Record, 1998.

GOUVEIA, M.; ZANELLO, V. Psicoterapia, raça e racismo no contexto brasileiro: experiências e percepções de mulheres negras. *Psicologia em Estudo.* Maringá, v. 24, pp. 1-15, 2019. Disponível em: <https://doi.org/10.4025/psicolestud.v24i0.42738>. Acesso em: 3 maio 2021.

GUSMÃO, C. S. A.; PIZZARRO, C. Reconstrução da autoestima através da terapia vivencial. *Perspectivas online.* v. 3, n. 10, 2009. Disponível em: <http://ojs3.perspectivasonline.com.br/index.php/revista_antiga/article/view/365>. Acesso em: 10 jun. 2021.

KILOMBA, G. *Memórias de plantação*: episódios de racismo cotidiano. Rio de Janeiro: Cobogó. 2019.

MAIA NETO, M. N. *"Eu não estou aqui"*: texto-testemunho para psicologias antirracistas. Trabalho de Conclusão de Curso (graduação).

Universidade Federal do Ceará, Centro de Humanidades, Curso de Psicologia, Fortaleza, 2019. Disponível em: <http://www.repositorio.ufc.br/handle/riufc/50067>. Acesso em: 22 jun. 2021.

NOGUEIRA, I. B. *Significações do corpo negro*. Tese (Doutorado em Psicologia Escolar e do Desenvolvimento Humano) – Universidade de São Paulo, São Paulo, 1998. Disponível em: <http://www.ammapsique.org.br/baixe/corpo-negro.pdf>. Acesso em: 28 jun. 2021.

OLIVEIRA, R. M. S.; LIMA, J. N. S. Saúde mental e relações étnicas: formação do psicólogo para o SUS e o SUAS, colonização e currículo. *Odeere*. v. 2, n. 4, pp. 145-165, 2017. Disponível: <https://periodicos2.uesb.br/index.php/odeere/article/view/2372>. Acesso em: 2 maio 2021.

PERDIGÃO, P. *Existência e liberdade*: uma introdução à filosofia de Sartre. Porto Alegre: L&PM, 1995.

PIZA, E. *O caminho das águas*: estereótipos de personagens negras por escritoras brancas. São Paulo: Edusp, 1998.

SANTOS, M. R. *Histórias de reencontro*: ancestralidade, pertencimento e enraizamento na descoberta de ser negra. Dissertação (Mestrado em Psicologia Social) – Instituto de Psicologia, Universidade de São Paulo, São Paulo, 2014. Disponível em: <https://www.teses.usp.br/teses/disponiveis/47/47134/tde-03102014-113719/pt-br.php>. Acesso em: 2 jan. 2021.

SARTRE, J. P. *Em defesa dos intelectuais*. São Paulo: Ática, 1994.

SARTRE, J. P. Questões de método. In: SARTRE, J. P. *Crítica da razão dialética*. Tradução de Guilherme João de Freitas Teixeira. Rio de Janeiro: DP&A, 2002.

SARTRE, J. P. *O ser e o nada*. 15. ed. Tradução de Paulo Perdigão. Rio de Janeiro: Vozes, 2004.

SARTRE, J. P. *O existencialismo é um humanismo*. 4 ed. Rio de Janeiro: Vozes, 2014.

SARTRE, J. P. *Esboço para uma teoria das emoções*. Tradução de Paulo Neves. Porto Alegre, RS: L&PM, 2017.

SCHNEIDER, D. R. *Sartre e a psicologia clínica*. Florianópolis, SC: Editora da UFSC, 2011.

SCHUCMAN, L. V. *Entre o "encardido", o "branco" e o "branquíssimo"*: raça, hierarquia e poder na construção da branquitude paulistana. Tese (Doutorado, Instituto de Psicologia) – Universidade de São Paulo, São

Paulo, 2012. Disponível em: <http://www.ammapsique.org.br/baixe/encardido-branco-branquissimo.pdf>. Acesso em: 7 mar. 2021.

SCHWARCZ, L. M. *Racismo no Brasil*. São Paulo, SP: Publifolha, 2001.

SILVA, J. *A psicologia das cores*: considerações acerca dos usos do conceito de raça humana na construção do discurso sobre o psiquismo brasileiro. Trabalho de Conclusão de Curso (Graduação em Psicologia) – Departamento de Psicologia, Universidade Federal do Ceará, Fortaleza, 2003.

VILELA, A. M. J. História da psicologia no Brasil: uma narrativa por meio de seu ensino. *Psicologia*: Ciência & Profissão. Brasília, v. 32, n. esp., pp. 28-43, 2012. Disponível em: <https://www.scielo.br/j/pcp/a/9Kq-zhPLhtm58PQNGQB39GLq/?lang=pt>. Acesso em: 8 jul. 2021.

CAPÍTULO 3

Sentimento de Desterro: um olhar da Psicologia fenomenológica-existencial, sob inspiração sartriana, junto aos cidadãos de Brumadinho – MG

Moisés Abdon Coppe

Introdução

Nas ruas da cidade de Brumadinho – MG, a vida corriqueira tenta voltar ao normal embora, ainda hoje, é possível sentir na atmosfera a perplexidade no olhar dos cidadãos e cidadãs. O barulho do rompimento de dejetos e a consequente avalanche de lama ainda acordam as pessoas nas caladas da madrugada. As imagens e cenas geradas pelas redes de comunicação não podem e jamais serão apagadas. Continuam vivas como a memória de um evento que não deveria ter acontecido. Abrem, vez por outra, as portinholas da saudade doída e as buscas pelo que deveria ser a vida da cidade sem o ocorrido.

No dia 25 de janeiro de 2020, às 12h23, após a celebração de uma missa campal em memória às vítimas de Brumadinho, 272 balões na cor amarela foram soltos ao ar e se perderam no horizonte. Ao mesmo tempo, o sino da Igreja Católica, que serviu de base para as equipes de socorro e resgaste, no auge das buscas após o rompimento da barragem de dejetos da empresa, tocou 272 vezes, soando e retinindo aquele zumbido silencioso em meio às centenas de lágrimas que escorriam dos rostos enlutados. Eu lá estava, envolvendo-me em diversas manifestações de repúdio à empresa envolvida, todas elas organizadas pelo Movimento de Atingidos por Barragens – MAB. Participei das palestras promovidas e dos eventos culturais, com a presença de lideranças de toda a América Latina. Ouvi o depoimento de muitas pessoas, homens e mulheres que se encontravam desterrados: vales cobertos por lama, rios assoreados pelos dejetos, animais e pessoas mortas. Eu conversava com os envolvidos e me via tomado das mesmas aflições. Não conseguia me colocar na posição de um observador passivo e isento diante de um objeto. A empatia naquele processo falava mais alto, indicando a profundidade dos sentimentos presentes entre os enlutados.

Com a cabeça num turbilhão, retornei à cidade de Juiz de Fora – MG, onde resido, trazendo na bagagem os olhares perdidos, os abraços solidários, os afetos suspensos, as memórias em plena vivacidade e a vontade de escrever sobre as muitas percepções e compreensões que apareceram em minhas presentificações intuitivas, naquele momento. Desejava, igualmente, retornar à cidade de Brumadinho para me encontrar com outras personagens envolvidas na tragédia. Todavia, eu não pude voltar à cidade para ampliar as conversações, pois com o fechamento das cidades frente à pandemia da COVID-19, fui impossibilitado. Mas a vontade de escutar os cidadãos ainda era evidente.

Foi então que, com a excepcional companhia e dedicação das psicólogas Aline de Carvalho Marques, Elizabeth Ferreira de Rezende Vieira e Michelle Helena Carnevali, mediante conversas e debates, resolvemos entrevistar cinco mulheres e um homem. Todos os contatados, via ligação telefônica, foram solícitos e acordaram em ter as suas conversas consideradas *à posteriori* pela equipe, ora estruturada. Os que foram acolhidos faziam parte de uma rede de amigos, todos residentes em Brumadinho. Suas liberdades individuais e respectivas subjetividades foram respeitadas com desvelo, especialmente quanto à salvaguarda dos seus nomes. Todos receberam pseudônimos. A escuta atenciosa dos nossos entrevistados se deu à distância, mediante aplicativos de mensagens, com a utilização de recursos audiovisuais, *notebooks* e celulares. As entrevistas foram registradas e transcritas cuidadosamente, salvaguardando detalhes específicos das narrativas. Todas foram balizadas pela espontaneidade do momento. Fizemos questão de clarificar a nossa não vinculação a instituições partidárias ou associações que tinham ligações diretas com a empresa. Todo esse processo ocorreu após o envio de documentação específica e a aprovação do Comitê de Ética em Pesquisa por meio da Plataforma Brasil. Os acolhimentos e as escutas ocorreram no período de fevereiro a abril de 2020. Os clientes foram acolhidos individualmente em horário combinado previamente.

Em meio às conversas, eivadas de muitas emoções e fortes sentimentos, deixamos que os clientes narrassem livremente as suas historicidades. Pela adesão ao método fenomenológico, fomos percebendo contiguamente em meio às narrativas, os sentimentos presentes nos cidadãos enlutados de Brumadinho. Ao mesmo tempo, com múltiplas perguntas orbitando as nossas reflexões, após a realização das entrevistas, nossa equipe chegou às seguintes percepções, todas elas comungadas pelos nossos clientes acolhidos na escuta: 1. A consciência do insuportável; 2. O protagonismo das mulheres; 3. O aumento do uso de psicofármacos; 4. A ausência de cuidados psicológicos; 5. A tristeza profunda. Tais percepções fenomenológicas originaram-se, então, das conversas e das escutas decorrentes de uma singular leitura do tempo, do espaço e das vivências dos enlutados, caracterizando, enfim, o sentimento de desterro originado na tragédia.

A tragédia de Brumadinho e a Psicologia dos desastres

No dia 25 de janeiro de 2019, às 12h23, a barragem de rejeitos da Vale S.A. rompeu-se na cidade de Brumadinho – MG, mais especificamente no pequeno distrito cognominado Córrego do Feijão, resultando em uma das maiores tragédias em âmbito nacional. O fatídico ocorrido gerou transtornos diversos à vida social, além da angústia, do sofrimento, do desespero e do desterro entre os cidadãos sobreviventes em geral e dos enlutados em particular. Contabilizam-se 272 pessoas mortas – corpos mutilados que foram encontrados no meio da lama de rejeitos ao longo dos meses. Embora ciente de outras tragédias ocorridas, como na região de Bento Rodrigues, em Mariana – MG, eu optei por escrever sobre o evento em Brumadinho, justamente pela quantidade de perdas humanas e pelos impactos gerados nas esferas pessoal, social e ambiental na localidade e adjacências. Meu primeiro olhar ao ocorrido me fez buscar e perceber o fenômeno instalado na dinâmica de cada ser em situação e familiares enlutados, tentando compreender os aspectos singulares e suas intercorrências na subjetividade de cada pessoa com a qual tive a oportunidade de conversar e ouvir atenciosamente.

Em um segundo momento, deparei-me com as leituras primárias, oriundas das fontes midiáticas e as entrevistas realizadas pela referida equipe, tentando perceber e compreender os desdobramentos daquela tragédia na vida de cada cidadão. Percebi que um tipo específico de reação havia se instalado nos cidadãos, levando-os a serem medicados com psicofármacos, por médicos e psiquiatras, às vezes apressadamente, com a finalidade de amenizar os sintomas aparentes. Após a tragédia, ocorreram também diversos atravessamentos sentimentais e emocionais que foram, por mim, considerados a partir do olhar proposto pela Psicologia fenomenológica-existencial. Era preciso buscar e compreender as narrativas, as memórias, as historicidades e as expectativas manifestas, diante das perdas sofridas pelas pessoas no local. Incorreu, então, dessa minha intencionalidade, uma nova caracterização fenomenológica, batizada como **sentimento de desterro**. Ora, esta expressão se caracteriza como uma metáfora. Ela não é comum ao campo da Psicologia em geral e da Psicologia fenomenológica-existencial, em particular. Não existem artigos ou textos que considerem este sentimento de forma diretiva. Há um quê de originalidade na proposição dessa expressão, por duas razões: 1. A necessidade de uma terminologia específica, oriunda do olhar fenomenológico, que pudesse caracterizar o evento ocorrido com os cidadãos e suas múltiplas especificidades, com vias ao melhor entendimento do Para-si, conforme salientado pelo filósofo Jean-Paul Sartre (1905-1980) e sua consequente intersubjetividade; 2. A busca por uma terminologia de base que estivesse diretamente ligada ao campo da Psicologia fenomenológica-existencial.

Ao aprofundar as questões que me ocuparam no intercurso da composição deste artigo, busquei como fontes de amparo as obras *O Ser e o Nada* (2001) e *Crítica da Razão Dialética* (2002) de Sartre, justamente por conta da exposição emblemática e profunda que ele faz do existencialismo, conjugado à sua reflexão sobre a consciência de si. O referido filósofo assegura que nada existe fora do ser humano que defina a sua existência. Sendo assim, o mundo é humano e a angústia de cada ser em situação se funda no alinhamento à gratuita e absoluta liberdade de ser. Os olhares existenciais proporcionados por Sartre me ajudaram na ampliação de novas referências ao campo da Psicologia fenomenológica-existencial, pois, para além da Filosofia, Sartre refletiu sobre as demandas da Psicanálise-Existencial e da Psicologia. Obviamente, não pude aprofundar todos os pormenores presentes nestas obras, mas pinçar aspectos que corroboram com as nossas argumentações de fundo. Duas outras pertinentes obras de aporte, que consideram esta temática, são as de Schneider (2011) e de Bocca (2021), que discutem a clínica psicológica sob a inspiração da filosofia sartriana. De fato, a conjugação desses aportes favoreceu um melhor entendimento da percepção a que me propus. Além destas autoras, fiz uma busca em livros e artigos diversos que pudessem corroborar com a compreensão dos sentimentos ocasionados pela tragédia, junto aos cidadãos de Brumadinho.

Então, este artigo pretende elucidar o surgimento de um sentimento, batizado pela alcunha de sentimento de desterro, percebido em alguns cidadãos de Brumadinho. Esta elucidação se deu mais precisamente por intermédio das entrevistas realizadas com os familiares enlutados, das escutas atenciosas e da consequente percepção hermenêutica das falas, buscando a compreensão por meio do método fenomenológico, de seu favorecimento quanto à mediação e do aparecimento do fenômeno simbolizado na linguagem. Nesse processo hermenêutico, procurei compreender, em amplo diálogo com as amigas psicólogas, as situações que envolvem o luto e o desespero decorrentes da tragédia, bem como as carências familiares, dependentes de uma atuação mais efetiva de psicólogos ou psicólogas. Ao mesmo tempo, tornou-se uma tarefa essencial a procura pelo sentido existencial do ser-em-situação, como bem pretendia Sartre, especialmente no espectro da singularidade de cada entrevistado e suas contingências.

A intencionalidade já evidenciada encontra no olhar fenomenológico a possibilidade de abarcar toda a historicidade de cada pessoa e do grupo mediante a convocação do momento. No acolhimento às narrativas, eu e as psicólogas supracitadas nos vimos inseridos em um processo de coautoria, envolvendo o cliente em uma leitura mais ampla a respeito do desenvolvimento do grupo em um determinado corpo social.

Em meio a todo esse processo de escuta atenciosa, não me furtei à sensibilidade quanto a todo o ocorrido e o surgimento de diversos questionamentos quanto à atuação dos campos ligados à Psicologia em frente aos desastres e às tragédias. Sobre essa temática, Freitas, Barcellos e Asmus, em artigo que considera a tragédia tanto de Samarco, em Mariana, quanto da Vale, em Brumadinho, percebem que dois cenários sobressaem-se: a atualização dos riscos passados e os novos cenários de riscos ambientais que se estendem nas respectivas localidades. Nas palavras dos autores:

> Representaram uma mudança qualitativa importante. Por um lado, constituem atualização dos cenários de riscos passados, o que inclui tanto os intensivos relacionados à segurança na operação das atividades de mineração e suas barragens, com todos os procedimentos de licenciamento, monitoramento e fiscalização que falharam seguidamente, como também os relacionados à situação de saúde e riscos ambientais que já existiam. Por outro, a partir do momento em que ocorrem, produzem novos cenários de riscos ambientais que se estendem no espaço, indo do local ao regional, assim como no tempo, produzindo uma multiplicidade e sobreposição de situações de exposições, riscos e efeitos sobre a saúde, que vão dos imediatos aos de longo prazo (Freitas, Barcellos e Asmus, 2019, s/p).

No caso dos desastres e das tragédias, o acontecimento inesperado e fortuito desencadeia a necessidade de aplicação de um programa de ações que envolva diversos campos afins, com vias ao auxílio e amparo das pessoas que sofreram a interrupção de suas vivências subjetivas e comunitárias, bem como a consequente geração dos transtornos materiais, físicos e de saúde mental. Desde a geração dos contextos traumáticos, decorrente das duas Grandes Guerras Mundiais, a Psicologia busca contribuir com suas ações, visando amenizar os transtornos, as perdas e os lutos decorrentes destes cataclismos. Obviamente, não é possível deixar de conferir a ideia de que uma análise mais detida quanto aos mandos e desmandos do capital, especialmente no que se refere aos mecanismos de produção da guerra e mesmo do acúmulo desenfreado de riquezas, estabelece-se como de grande importância. Uma discussão mais aprofundada sobre a temática se faz necessária em tempo oportuno.

Na esteira dessas análises, o Conselho Federal de Psicologia realizou o I Seminário Nacional de Psicologia das Emergências e dos Desastres no ano de 2006. As possíveis contribuições das distintas áreas da Psicologia, com vias à construção de comunidades mais seguras, foi o elemento focal deste Seminário, lançando as sementes para a mobilização e realização da I Conferência Nacional de Defesa Civil, em 2010 (p. 27). Além disso, o CFP contribuiu com outras frentes de trabalho para a criação da Rede Latino-Americana de Emergências e Desastres. Em 2011, ocorreu o II Seminário, com a presença de pensadores latino-americanos, culminando no surgimento da Associação Brasileira de Psicologia em Emergências e Desastres – ABRAPEDE. Segundo Saraceno, ex-diretor do Departamento de Saúde Mental da Organização Mundial de Saúde – OMS, a Psicologia do Desastre:

> Lida com o trauma psicológico (i.e, um estressor extremo que pode eliciar uma ansiedade forte e aguda e/ou uma reação dissociativa na maioria das pessoas) como um fator de risco de desordens de humor e ansiedade, bem como para dificuldades físicas e emocionais não patológicas. (...). Assim, quem atua em psicologia dos desastres, necessita ser capaz de pensar para além de sua disciplina; a psicologia dos desastres lida não somente com o trauma psicológico, mas também com perdas enormes que frequentemente tendem a ser esquecidas. (...). Quem atua em psicologia dos desastres, precisa não ser apenas um especialista em trauma psicológico, mas também em perdas e em mudanças comunitárias. Mais do que isso, atuar dentro de comunidades de uma maneira apropriada (Saraceno, 2006, XIII-IV).

Embora a pertinência da discussão e a necessidade de outros aprofundamentos, importa salientar que o indicativo de Saraceno nos situa quanto ao objeto mais preciso do nosso artigo, a saber: entrevistar, ouvir, observar, perceber e compreender, se possível, os fenômenos oriundos das historicidades subjetivas dos seres envolvidos. No que concerne a todo o debate que envolve as possíveis psicopatologias decorrentes dos desastres em geral, e da tragédia em Brumadinho, em particular, o olhar fenomenológico é o que orienta e possibilita o encontro com as manifestações oriundas do momento de cada cidadão entrevistado. Assim, as crises de ansiedade, depressões, distúrbios do sono, as ideações e os comportamentos suicidas podem ser confrontados pelo olhar atento e humilde do psicólogo no campo da Psicologia fenomenológica-existencial.

Todo o percurso demonstrado neste tópico se insere em uma busca em ambiente insólito, pois um pulular de sentimentos visita continuamente os cidadãos enlutados. Um emblema do que indico se evidencia na fala de uma das entrevistadas. Em suas palavras: "Antigamente, a gente dormia e tinha pesadelos. A gente acordava e dizia: Graças a Deus, foi um pesadelo. Agora, a gente dorme para ficar bem e acorda para viver o pesadelo na realidade, totalmente acordados".

De alguma maneira, a tragédia ocorrida em Brumadinho fez-me perceber o sentimento de desterro instalado em seus cidadãos. Por meio das narrativas dos seres em situação, mediante as manifestações fenomênicas que surgiram, mediadas por mim e pelas demais psicólogas, foi-me possível compreender as situações que envolviam o luto e o desespero decorrentes da tragédia, bem como as carências familiares, dependentes de uma atuação mais efetiva de psicólogas e psicólogos.

Por esses fatores, as contribuições de Sartre se tornam importantes para a ampliação de nossas reflexões. Em primeiro lugar, por conta da abordagem sempre marcada pela conceituação da subjetividade humana e suas contingências, pois o ser humano é sempre confrontado a acontecimentos pertencentes à esfera do acaso, do inusitado, do estranho, do involuntário e do trágico. Sartre é emblemático em seu existencialismo, pois, além de sua consciência de si, este filósofo francês assegura que nada existe fora do ser humano que defina a sua existência. O mundo é humano, por sua angústia, alinhada à gratuita e absoluta liberdade. Em segundo lugar, por causa do seu entendimento quanto a uma subjetividade que não pode prescindir da contingência social – da serialidade, do grupo e da intersubjetividade. O olhar existencial e humanista proporcionado por Sartre nos ajuda a olhar as perdas de pessoas, empregos, moradias, *status* socioeconômico ou de símbolos conjugados na esfera social e comunitária.

O Desastre em Brumadinho e a Psicologia Existencial-Humanista

O fascínio à complexidade que envolve a Psicologia fenomenológica-existencial levou-me para além dos critérios diagnósticos presentes nas disciplinas de Psicopatologia. A aparente possibilidade de classificar ou rotular esta ou aquela pessoa, portadora desta síndrome ou daquele transtorno, deixou de ser, para mim, a válvula de segurança diante do assombroso universo da complexidade humana. Sobre este aspecto, Angerami atesta:

> Ao abrir-se para novas possibilidades existenciais, a consciência apreende novas idealizações para efetivar vivências inerentes a tais possibilidades. A mudança perceptiva é condição indispensável para que outras, significativas, possam ser efetivadas no real. [...]. E podemos afirmar, sem margem de erro ou dúvida, que, felizmente, as coisas ocorrem assim, pois a vida seria extremamente desagradável caso tudo saísse segundo a nossa própria idealização. Tudo seria previsível e perderíamos um dos sentimentos mais fortes da condição humana que é a emoção diante dos atos surpreendentes, o pulsar da emoção diante de uma florada, de uma música, de um beijo e de um afagar de mãos (Angerami, 2017, 58).

Todavia, por que a escolha da Psicologia fenomenológica-existencial?

Em que pese a importância e pertinência de todas as linhas teóricas que encampam o arcabouço da Psicologia, foi a possibilidade de oferecer outro olhar para a tragédia em Brumadinho que favoreceu a minha escolha. A Psicologia fenomenológica-existencial está diretamente ligada a todos os aspectos que consideram o ser humano em sua existência no tempo, no espaço e no mundo, evidenciando a sua complexidade vivencial como um ser-em-situação. A terminologia Psicologia fenomenológica-existencial indica o encontro de duas vertentes filosóficas que conversam entre si e se contrapõem à dicotomia existente entre as abordagens psicanalíticas e comportamentais. De fato, há na Psicologia fenomenológica-existencial uma percepção diferenciada. Sobre este aspecto, Angerami aponta que:

> Um psicoterapeuta existencialista, por outro lado, não acredita no nexo causal que determina sofrimentos psíquicos a partir de enfeixamentos de fatos necessariamente vividos no passado, tal como preconizado pela psicanálise. E também não acredita no conceito de inconsciente, ou seja, terá uma maneira de atuação bastante diferente daquele que se orienta pela psicanálise. O paciente, então, diante desses dois modelos de psicoterapia, e apenas para ficarmos em dois modelos dentre as incontáveis vertentes teóricas existentes, terá um desenvolvimento direcionado a

> partir da ótica teórica que embasa a psicoterapia a que está sendo submetido (Angerami, 2020, 190).

Embora ciente dos limites e controvérsias sofridas pela Psicologia fenomenológica-existencial, especialmente quanto aos resultados esperados em todo e qualquer processo psicoterápico, nossa busca tenta apreender o algo a mais que cada sujeito tem a oferecer, sem os ditames de uma tabela de aferições. A presente compreensão conjuga-se à ideia de que o ser humano, no campo da Psicologia fenomenológica-existencial, sempre será indefinível, "portanto, sem possibilidades de ser classificado a partir de axiomas ou sistemas explicativos da existência humana". (Feijoo, 2002, 131).

A pretensão que me acompanha apoia-se na busca incessante pela essência, tal como pressuposta pela fenomenologia, em que um dos pontos capitais consiste na redução eidética, com vias ao encontro da "coisa-em-si".

> A clínica psicológica como foi proposta, em uma perspectiva fenomenológica-existencial, parte da premissa de que o homem se constitui no mundo: ser-no-mundo. As temáticas discutidas pela filosofia do existir tratam da vulnerabilidade do homem, do risco, da liberdade, da morte, da solidão e dos paradoxos da existência humana. A clínica psicológica, pautada nestas reflexões, vai se dar para que o homem possa se reconhecer em sua vulnerabilidade, com liberdade perante seu ser de possibilidades e não como um ente simplesmente dado pela sua função no mundo (Feijoo, 2002, 132).

Os desafios a que se propõe a Psicologia fenomenológico-existencial almejam perceber o ser humano em sua singularidade e expressão única favorecendo o cliente em seu encontro com as situações e objetos que o afetam. Nas palavras de Schneider:

> O sujeito terá de compreender como ocorre essa experimentação, quais as situações e objetos que o afetam, como ele é pego pela atmosfera do ambiente onde se encontra. Terá de localizar-se ante as determinantes antropológicas e sociológicas que o remeteram a esse saber de ser, para que possa superar a dinâmica psicológica instaurada por esse cogito absolutizado.

> Somente assim conseguirá estar novamente inteiro em seu contexto antropológico, ter a titularidade de seu ser, ou seja, ser sujeito de sua história, uma liberdade desalienada (SCHNEIDER, 2006, 311).

A Psicologia fenomenológico-existencial e seu olhar fenomenológico encontram-se nesse campo aberto que possibilita ao ser humano a sua liberdade desalienada. Seu inerente saber e saber-fazer sempre se configurarão no campo de uma interrogação permanente. (SOUZA, 2006, 374). Importa salientar que independente de todas as críticas que possam advir, o método fenomenológico possui dois objetivos bem evidenciados: processo de reconhecimento e compreensão do cliente. Ambos são encontrados no processo de intersubjetividade em plena mobilização objetiva, com constantes refazimentos, no âmbito de uma hermenêutica aberta. Nesse processo de percepção, que coaduna o subjetivo e o objetivo, o mundo é apreendido pelo sujeito como manifestação, em que a construção das categorias, ditas da realidade, ocorre "no caminho das superações sucessivas das contradições entre sujeito e objeto" (AUGRAS, 1996, 20). Essa dialética das consciências do sujeito e do objeto encontra no método fenomenológico um percurso de sintetização relativa às tendências certeiras, sempre evidentes ao longo da história da filosofia. Pelo fato do ser humano se inserir em um mundo de ambiguidades e contradições, a existência é marcada pela impermanência e transitoriedade, especialmente no arcabouço da sua temporalidade e espacialidade.

Neste ponto, é possível estabelecer uma significativa ponte entre o olhar fenomenológico e a situação de Brumadinho, mesmo porque a existência das pessoas que moravam, ou ainda moram, na região e adjacências, sofreu a interferência de uma tragédia, desestabilizando o ser em sua contingência histórica. Infelizmente, o tempo, espaço e mundo dos cidadãos foram devassados e estes, por sua vez, buscaram respostas com vias à ressignificação e a recriação de extintos símbolos e imagens, oriundos de novas experienciações. Essa perspectiva encontra amparo na fala de Augras:

> O reconhecimento dessas estruturas supõe que a interpretação seja o mais possível objetiva. Na medida em que a compreensão não é um mero instrumento de apreensão do mundo, mas uma

> dimensão ontológica da existência, tal procedimento carrega dentro de si a garantia da sua objetividade. Nesta ordem de ideias, a explicitação do mundo tanto pode ser uma teoria científica, um mito antigo, um poema, ou a simples descrição de uma problemática individual. Enquanto pretendem formular uma imagem do mundo, isto é, existencialmente, do ser do mundo, todas essas explicações são testemunhas da existência. (Augras, 1996, 24).

Nessa tentativa de explicitação do mundo, no complexo da existência, a intencionalidade evidenciada no olhar fenomenológico abarca toda a historicidade de cada pessoa e do grupo. No acolhimento às narrativas, que descrevem o mundo, e no nosso caso, a tragédia de Brumadinho, a percepção e a compreensão serão vitais, pois favorecerão o processo hermenêutico que o ser existente estabelece em seu encontro consigo. E isso se dá em uma espécie de coautoria entre o psicólogo e o seu cliente, bem como em uma leitura mais ampla que envolve o desenvolvimento do grupo em um determinado corpo social.

Dos Horizontes Existenciais-Humanistas ao Sentimento de Desterro

O campo da Psicologia fenomenológica-existencial é sempre identificado a um processo que pretende perceber e compreender o ser humano em sua impermanência e transitoriedade, como já afirmei. Amparo a presente percepção junto aos cidadãos, mediante a filosofia de Sartre, pois nele, há uma estreita ligação com a corrente fenomenológica ou uma ontofenomenologia e a questão da contingência, ou seja, do ser humano concreto em situação. Sartre sempre se viu aficionado pela contingência humana e percebeu na fenomenologia um bom percurso descritivo capaz de compreender a constante tensão entre a relação subjetiva e objetiva. Ao mesmo tempo, sua filosofia é marcada pelos selos do existencialismo e do humanismo num amplo debate e distanciamento de Husserl (1859 – 1938) e Heidegger (1889 – 1976). Com os desdobramentos oriundos da Segunda Guerra Mundial, Sartre se viu envolto a uma série de produções que envolviam novos olhares para a psicanálise em particular e para a Psicologia, em geral. Do arcabouço de sua produção mais filosófica, duas obras são classificadas por ele mesmo como obras de filosofia pura: *O Ser e o Nada* e *Crítica à Razão Dialética,* já citadas. Ambas, também, apresentam elementos que favorecem a clínica em Psicologia fenomenológica-existencial e proporcionam elementos reflexivos que nos ajudam na leitura das narrativas dos cidadãos de Brumadinho.

Dois aspectos pontuais são recorrentes nas suas obras: a questão da liberdade e da finitude, ambas inerentes à realidade humana e a seus múltiplos significados. Em outras palavras, o processo do Para-si (contradição) que se projeta na direção de um Em-si (identidade), mas também para a relação desse ser percepcionado por uma onto-fenomenonologia, em seu encontro com o outro. Nas suas próprias palavras: "O homem, estando condenado a ser livre, carrega no ombro o peso do mundo inteiro; é responsável pelo mundo e por si mesmo enquanto maneira de ser". (Sartre, 2001, 678). Nenhum outro filósofo é tão determinante nessa conciliação ontológica quanto Sartre, o que favorece a significativa sensibilidade quanto a mais humanismo nos campos da psiquiatria, psicanálise e psicologia. Inevitavelmente, diante do confronto com as complexidades e com os paradoxos da existência, seu pensamento nos lança ao percurso reflexivo daqueles que almejam se deparar com algum sentido na vida. O julgamento quanto aos desafios e absurdos abarcados pelos sentidos humanos e pelos sentimentos mais aprofundados que ocorrem como fruto do inusitado, do fortuito ou da tragédia, muitas vezes, impõem ao ser humano a pergunta pelo sentido da vida e se, de fato, vale à pena viver diante das tragédias e seus consequentes sofrimentos. Nas palavras de Sartre:

> Não é a rigidez de uma situação ou os sofrimentos que ela impõe que constituem motivos para que se conceba outro estado de, no qual tudo sairá melhor para todos; pelo contrário, a partir do dia em que se pode conceber outro estado de coisas que uma luz nova ilumina nossas penúrias e sofrimentos e decidimos que são insuportáveis. (Sartre, 2001, 538).

Nem sempre, diante de alguma situação-limite, como a vivenciada pelos cidadãos de Brumadinho, é possível uma concepção premeditada de que tudo vai ficar bem. Em geral, não é a resposta concomitante à contingência do Para-si que garantirá uma modificação dos estados possíveis e alternativos, mas a conscientização de que determinados fatos são insuportáveis. Sobre essa questão, Bornheim considera:

> Se o ser mesmo da consciência está em sua exterioridade, se ela se esvai em ser intencional, então a consciência se despe de tudo, ela é nada. A consciência introduz o nada no ser, e a realidade humana revela essa síntese paradoxal de ser e de nada. Mas o que é o ser e o que é o nada? Segundo os padrões da lógica clássica, não se pode definir o ser por lhe faltar gênero próximo e diferença específica; e o nada também não é definível, simplesmente porque não existe, não há o que definir. Mas pensando o para-si, mais do que elucidar o ser e o nada, Sartre pensa a relação entre esses dois conceitos contraditórios – o homem é essa contradição, essa "descompressão do ser" que instaura nele a experiência da separação (Bornheim, 2011, 55).

Nessa perspectiva, a consciência negativa que sugere a dimensão da nadificação, suscitada pela angústia, deflagra a realidade de um ser inacabado, indicando a distância entre onde ele se encontra ou onde ele gostaria de se estar. A consciência estabelece um processo dialógico que, à priori, define o ser humano como nada e o "nadifica" em relação aos seus projetos futuros. Nas palavras de Sartre:

> Se a negação não existisse, nenhuma pergunta poderia ser formulada, sequer, em particular, a do ser. Mas essa negação, vista mais de perto, nos remete ao Nada como sua origem e fundamento: para que haja negação no mundo e, por conseguinte, possamos interrogar sobre o Ser, é necessário que o Nada se dê de alguma maneira. (Sartre, 2001, 64).

Vê-se nessa citação a expressa dialética inerente a Sartre que não se fecha numa perspectiva puramente ontológica. Os opostos, não tão opostos, funcionam para Sartre como percursos para o possível entendimento da liberdade. Por exemplo, na tragédia de Brumadinho, a perspectiva da nadificação fica bem evidente na fala de Josiana Calixto quando enfatiza que "Brumadinho não existe mais". Na sua fala, os seus medos, a sua insatisfação e a nadificação quanto ao que viveu e o que vive, ao mesmo tempo em que aspira a um futuro que não mais possui, evidenciam-se no seu processo de desterro, mas também na perspectiva de que o ser humano:

> Não é primeiro para ser livre depois: não há diferença entre o ser do homem e seu "ser-livre". Portanto, não se trata aqui de abordar de frente questão que só pode ser tratada exaustivamente à luz de rigorosa elucidação do ser humano; precisamos enfocar a liberdade em conexão com o problema do nada e na medida estrita que condiciona a aparição deste (Sartre, 2001, 68).

Em nossas escutas junto aos cidadãos, vimos o processo dialético exaustivo se desenvolvendo em amplas e subjetivas percepções, numa espécie de encontro e desencontro entre liberdade e nadificação, na busca pelo ser no presente rompido pela tragédia. Nas palavras de Sartre: "Todo processo psíquico de nadificação implica, portanto, uma ruptura entre o passado psíquico imediato e o presente. Ruptura que é precisamente o nada". (Sartre, 2001, 70). Nessa percepção exaustiva do nada e da liberdade, como ser que gostaria de ser, mas não é, ressalta-se o conflito evidenciado por Sartre entre o Para-si e o Em-si que, por sua vez, requer a má-fé, ou seja, o ato de mentir a si-mesmo. Nas palavras de Bocca:

> Conforme atesta Sartre, o ser humano, como ser em situação-no-mundo, é passível de ser afetado pelas negativas do mundo como, por exemplo, a mentira. Sendo, entretanto, o homem aquele cujo ser não é, logo ele é livre par tomar atitudes negativas com relação a si. Quando o homem está em um ato de proibição, de impedimento, o que ocorre é uma negação de uma transcendência futura (Bocca, 2021, 168).

Nessa perspectiva, "Josélia" e os demais entrevistados se tornam os únicos capazes de decidir sobre a sua existência e encaminhar possíveis perspectivas para a situação-limite que vivenciam. É por meio da possível liberdade para a escolha e sua consequente má-fé que se busca a essência estabelecida pelas escolhas feitas diante das alternativas que se lhes apresentam. Mesmo a recusa quanto às escolhas, já é uma escolha.

> Para Sartre, então, a inquietação existencial tem seu fundamento na liberdade de escolha, donde decorrem as respostas que levam o ser humano, desde a aceitação, passando pela acomodação, até a reação combativa. Todavia, é de suma importância que o ser humano se torne autônomo em suas escolhas, jamais culpando pessoas que estejam ao seu redor pelas glórias e fracassos alcançados (Coppe, 2021, 180).

No intercruzamento entre as múltiplas emoções e os distintos sentimentos que se manifestavam nos corpos, os cidadãos de Brumadinho, escolhendo o que não podia ser escolhido, devido à iminência da tragédia, deparam-se, cada qual em sua subjetividade, com as suas respectivas essências existenciais em confronto com o outro, às vezes culpabilizando, às vezes buscando a reação combativa. O drama vivenciado pelos cidadãos de Brumadinho, especialmente os familiares enlutados, levou-me a considerar, para além do aspecto exclusivamente subjetivo, a formação do grupo em detrimento da serialidade – situação de separação entre os homens, que os mantêm sem uma relação intuitiva de entendimento entre si.[1] A categoria de serialidade implica certa identidade de grupo, mas não produz a solidariedade. Nessa condição de estruturação, os indivíduos se encontram isolados e desamparados. A serialidade se torna o constitutivo para as instituições (sindicatos, associações, partidos e até o estado, como classe dominante) que, por sua vez, falam em nome desses indivíduos. Sartre enfatiza que qualquer fenômeno social pode ser definido pela forma como organiza as relações individuais em uma comunidade. Essas organizações são nomeadas pelo filósofo francês em três modos de estruturação: a serialidade – já evidenciada de forma sucinta –, a instituição e o grupo.

A serialidade é determinada pelos hábitos ou pensamentos comuns que os sujeitos adquirem ao viverem as mesmas condições materiais ou exercerem o mesmo tipo de atividade. O ser serial é prático, uma vez que é sustentado pelas relações que se estabelecem no campo prático-inerte entre as atitudes individuais dos seres humanos. (Sartre, 2002, 406).

O que nos interessa, mais precisamente, é a passagem da serialidade para o grupo, "o hiperorganismo" (Sartre, 2002, 447),

[1] Conf: <https://www.larousse.fr/dictionnaires/francais/s%C3%A9rialit%C3%A9/72276>.

justamente porque, nesta configuração, o sentimento desses indivíduos organizados é movido pelo sentimento de pertença favorecendo que o outro seja percebido como um companheiro em luta pela práxis. Nas palavras de Sartre:

> A práxis é a única unidade real do grupo em fusão: é ela que o cria, o sustenta e introduz nele suas primeiras mudanças internas. No momento da práxis de organização e de expectativa, o grupo é a garantia de que cada ação separada é ação comum ou, se preferirmos, é o grupo enquanto realidade que produz a unidade de práxis comum (Sartre, 2002, 513 e 514).

Embora os familiares enlutados de Brumadinho tenham organizado uma associação, a AVABRUM[2], ela não pode ser entendida somente em sua serialidade, mas como grupo, justamente por causa da integração e postura na história social, mediante a articulação, a luta de classes e o respeito às subjetividades. Quando a ordem estabelecida gera muitos efeitos colaterais, os coletivos se fundem em grupos, onde há constante mediação entre as subjetividades, com a consequente evolução de regras e funções, materiais e simbólicas. Importa também salientar que o grupo, pela sua própria pertinência e fusão, causa certa desordem e deve ser oportunista. Ao mesmo tempo, o sujeito deve estar aberto continuamente para reinterpretar seu posicionamento de acordo com os efeitos dos outros e vice-versa. Serialidades e grupos são dois extremos, portanto. O cotidiano que engloba as situações reais se inscreve em meio aos extremos. Sartre se propôs a inauguração de uma

2 Associação dos Familiares de Vítimas e Atingidos da Tragédia do Rompimento da Barragem Mina Córrego do Feijão Brumadinho. Maiores informações no *site*: avabrum.org.br. Os familiares enlutados objetivam modificar a aura da classe dos majoritários da empresa sempre adversa aos interesses do grupo, com a finalidade de manterem vivas as memórias dos mortos na tragédia. Com essa atitude, quebram as serialidades, gerando uma conscientização da existência e do potencial de desenvolvimento do grupo. O grupo da AVABRUM se torna um sujeito coletivo capaz de pensar. Sartre indica a existência de um momento de fusão, em que os indivíduos se transformam em um todo unido e suprapessoal, capacitando as pessoas a estabelecer relações de reciprocidade. Essa constituição de um grupo como sujeito coletivo se dá por meio de um rápido momento de fusão, cujos indivíduos se aglutinam em sentimentos precisos e sentem-se mais participativos para o embate.

inteligibilidade do social que não é a pura manifestação de uma luta de classes, sem desprezá-la. Os grupos surgem da coletividade como resultado da luta e se contrapõem contra a serialidade e a alienação do ser humano. Na serialidade, o sujeito é objetivado. No grupo, o sujeito, mesmo com as suas ambivalências e contradições, não está mais isolado, sendo integrado em uma relação de aglutinação das liberdades. As liberdades individuais precisam ser garantidas. Para Sartre:

> O ser-de-grupo é vivido por cada um como natureza: ele está "orgulhoso" de ser isso, torna-se o significado material dos uniformes de grupo (se os houver), mas como natureza de liberdade (é a sua força de inércia terrível enquanto ela vem a mim como exigência). Assim, as relações dos indivíduos comuns no interior do grupo são ligações de reciprocidade ambivalentes (a não ser que sejam comandadas pela retomada da luta e pelo objetivo total): este e eu somos irmãos (Sartre, 2002, 531).

Encontra-se na presente citação de Sartre a sempre viva afirmação e reconhecimento da pertinência e importância da ação individual na práxis dialética na história humana. De qualquer forma, todo esse processo que envolve a passagem das serialidades para o grupo, insere-nos na discussão sobre o conceito de intersubjetividade, dialética sujeito-objeto, igualmente presente no pensamento de Sartre. A ideia de intersubjetividade se coliga a um movimento que um sujeito faz sobre si mesmo, considerando os seus atos e as suas experiências subjetivas, sem desconsiderar as objetivações, sendo capaz de retomar reflexivamente sobre si mesmo, apropriando-se de sua identidade. Por sua vez, o encontro de sua identidade e a consequente contradição do para-si se dá em consonância com o para-outro.

O Sentimento de desterro

O ser-em-situação, as liberdades individuais, a finitude e o grupo se desembocam reflexivamente na metáfora do sentimento de desterro que, por sua vez, apresenta-se como fenômeno que aparece em meio às abordagens percebidas e compreendidas na observação e tem a pretensão de aglutinar todas essas complexidades. Mas o que estamos indicando aqui como sentimento de desterro? Esta é uma palavra de sonoridade forte, presente no campo do Direito, da Geografia e da poesia, que significa: 1. Ato ou efeito de desterrar; desterramento; 2. Expulsão da terra natal; degredo; exílio; 3. JUR – Pena que obriga o réu a permanecer em determinado local; 4. FIG – Lugar onde reside o desterrado; 5. POR EXT – Situação de isolamento; solidão; 6. POR EXT – Lugar desabitado ou desértico (Michaelis, 2011).

Todas essas definições se referem ao caos real de estar excluído da terra natal, passando a viver num lugar antes querido que, já agora, não tem a mínima possibilidade de permanência voluntária. Em minhas primeiras abordagens, constatei que um olhar psicológico mais atento aos cidadãos de Brumadinho precisava recobrir o amplo espectro dos arrazoamentos psicológicos e as perdas materiais que fizeram crescer o aumento de psicofármacos, especialmente nas imediações do Córrego do Feijão.

> Os dados da prefeitura mostram que o uso de antidepressivos por pacientes da rede pública de saúde foi, em agosto de 2019, 60% maior que no mesmo período do ano passado. Em relação aos ansiolíticos, o crescimento é ainda mais significativo, de 80%, no período. Os números são ainda mais dramáticos se feito corte por remédio prescrito. "O uso de risperidona aumentou 143%", relata o secretário. A droga é utilizada no tratamento de psicoses, agindo contra transtornos relacionados a pensamento, emoções, ansiedade, distúrbios de percepção e desconfiança (O Estado de Minas, 9. set. 2019).

De fato, a percepção decorrente das entrevistas confirmava as notícias evidenciadas pelos meios de comunicação. Os cidadãos de Brumadinho foram tomados por uma circunstância que lhes fugiu ao controle e pertença da terra.

Portanto, na expressão e sentimento de desterro, ocorre o estabelecimento de um viés do próprio grupo entrevistado. A intencionalidade para perceber e compreender o sentimento presente nos cidadãos não se qualifica como pura especulação intelectiva ou interpretação pontual. Mediante a escuta atenciosa em perspectiva fenomenológica, fora permitido aos entrevistados a fala do momento e a consequente exposição dos seus sentimentos e emoções. As falas e as escutas se conjugaram no processo de percepção e compreensão, tão fundamental para o entendimento de ser na Psicologia fenomenológica-existencial.

Além da inspiração filosófica, oriunda de Sartre, bem como as definições presentes no campo do Direito e da Geografia, o encontro com o livro de contos, intitulado *Desterro do Mortos* (2012), do poeta baiano Aleilton Fonseca, consistiu em importante paradigma para a nossa construção reflexiva. Em uma de suas assertivas, que muito me inspirou neste artigo, o poeta afirmou:

> A frase me golpeou certeira, eu me surpreendi completamente mudo. Então refleti sobre as nossas perdas, diante de uma pergunta que jamais formulei, nunca pensei ouvir, nem poderia contornar. Eu precisava reaprender-me, e reconstruir a minha voz verdadeira, pela qual lhes pudesse narrar toda a experiência de nossas vidas, como uma herança para o futuro (2012, p. 65).

O livro *Desterro dos mortos* tem doze contos que consideram as várias polissemias da morte. Aliás, a morte é considerada em sua perspectiva existencial, especialmente na celebração da memória e na historicidade que reclama o sentido da vida. A perspectiva da morte é concebida na experiência da vida, o que se passa em cada momento com vias ao entendimento do ser-em-situação, do outro e da própria existência em suas expressões de afetos e impotências. Os contos são ficcionais, embora eivados de elementos verdadeiros da contingência existencial.

O primeiro conto, intitulado *O sorriso da Estrela*, narra a experiência vivenciada por Pedro (10 anos). Ele tinha uma irmã (13 anos), possivelmente autista e muito afetuosa. Ela sempre fazia um pedido ao irmão: que ele sorrisse todos os dias para ela, a fim de receber dela uma estrela. Pedro não reagiu ao pedido e ao amor da irmã. Pedro tinha vergonha da sua irmã e sempre fazia gozações sobre ela com os seus amigos. A irmã vem a óbito e Pedro, depois de muitos anos, já com os cabelos brancos, relembra a morte e o velório da irmã. Na sua maturidade, descobriu-se ainda insensível e incapaz de amar. Ele reflete sobre sua condição e, olhando para uma estrela, entende que poderia ter agido diferente com a irmã, com mais humanidade.

No segundo conto, intitulado *O Avô e o Rio*, o personagem central é ensinado pelo seu avô sobre a importância de firmar as pernas, tomar conta do seu espaço e lutar diariamente para se manter em pé. O menino não se importa muito com a relação com o pai e com a mãe. Está diretamente ligado ao avô. Todos os dias, eles colocavam terra e areia no barranco à beira do rio para impedir o avanço do mesmo. Em dado dia, ocorre uma enchente e o rio alaga todo o lugar, chegando próximo à casa do avô, que, por sua vez, fica muito bravo. Passada a enchente, eles voltam para a mesma atividade cotidiana, à mesma labuta. O avô antes de morrer, diz que o neto está maduro e preparado. Depois da morte do avô, o neto, já adulto, continua o trabalho que sempre fora feito pelo avô e por ele.

O Pescador é o terceiro conto. O personagem é um escritor que volta à sua terra natal, encontrando-se com dois pescadores. Ele resolve acompanhá-los com a finalidade de escrever sobre as experiências da pesca. Em meio às conversas, a pesca não rende. Um dos pescadores informa que uma fábrica tem despejado rejeitos no rio, prejudicando a pesca. Conversa vai e vem, o escritor descobre que um dos pescadores foi seu amigo de infância e que estudaram juntos. Marcaram de se encontrar no bar de um amigo em comum para celebrar a vida. Ao fim do conto, o escritor tem em mãos uma foto e naquele momento constata que nada do narrado antes havia acontecido. Tudo não passou de uma ilusão e a consequente constatação de que existe uma vida que poderia ter sido, mas não foi.

No quarto conto, intitulado *Para Sempre*, a mãe do personagem principal se encontra no leito de morte. Negou ao filho durante toda a sua vida, a existência do pai. Entretanto, no seu momento moribundo, resolveu contar que o pai do menino estava vivo. O filho deseja conhecê-lo. Ela morre e um amigo, senhor Epifânio, cuida de tudo e leva o garoto para uma viagem. O menino não retrucou por ser menor de idade. Saem bem cedo e se destinam à casa do senhor Felício. Entre os dois homens, o menino sempre fica um pouco duvidoso sobre se algum deles era o seu pai. O senhor Felício começa a ensiná-lo algumas coisas, como jardinagem e a arte de ser coveiro. O tempo passa e o rapaz aprende várias coisas. O senhor Felício morre. Antes, disse ser o tio do garoto. O rapaz assume o lugar do senhor Felício, ainda indeciso e chateado por não ter conhecido o pai. Senhor Epifânio aparece de novo e pergunta: O que você daria ou faria para conhecer o pai? O rapaz respondeu dizendo que daria um ramo de espinhos e rosas. Senhor Epifânio pede que ele arrume flores brancas. Eles vão visitar o túmulo do senhor Felício. O rapaz entrega as flores vermelhas com espinhos ao pai e deposita as brancas no túmulo da mãe.

O *Voo dos Anjos* é o título do quinto conto. Nele, deparamo-nos com uma mãe que havia sofrido durante toda a vida. Por não querer que o filho passasse pelas mesmas agruras, faz uma promessa. O menino, desde cedo, passa a participar de procissões, vestido de anjo. A promessa se daria até os 13 anos. Na última procissão, quando ele se via um pouco maior e envergonhado, ele conhece Ângela e ela passa a acompanhá-lo. Para ele, a romaria não deveria se acabar por ter sido mágica. Ao final, os dois vão a um local mais reservado e se beijam, e se tocam. É o fim da inocência.

No sexto conto, *O Sabor das Nuvens*, o escritor, que é o personagem principal, retorna a uma fábrica. Ele queria escrever sobre as suas memórias. Recordava do tempo em que ia lá, mas não podia entrar por causa do segurança. Ele se lembrava da fumaça saindo das chaminés, com aquele bom cheiro de biscoitos. Ele, agora adulto, vai visitar a fábrica na companhia de um menino. A fábrica está desativada. Enquanto para o menino tudo aquilo era entediante, para o escritor todas as boas sensações lhe passavam pelo corpo. Na memória de quem tem afetos, tudo permanece vivo.

O *Casal Vizinho* dá nome ao sétimo conto. Nele, um grupo de garotos acompanhava as brigas e paixões de um casal vizinho – um senhor mais velho e uma mulher mais jovem e muito bonita. Os garotos curtiam a relação apimentada do casal, cheia de idas e vindas. A jovem mulher sempre cedia. Um dia, a briga foi bem séria e ela decide que não vai mais permanecer na relação. Ela foi embora e todos ficaram tristes, especialmente os garotos que não tinham mais como acompanhar as idas e vindas do jogo relacional. O casal tinha um cachorro. Um dia ela retorna a casa para visitar o cachorro, decepcionando o senhor que achava que ela estava voltando para ele. Ela quis levar o cachorro, mas ele não deixou. Ela ficou brava. Ao final, o senhor fica com ódio dela, embora visse no cachorro o elo entre os dois.

O oitavo conto, intitulado *Amigos, Amigos* narra a vida de um casal que tinha uma relação estável, mas não muito boa. O casal tinha um amigo em comum, dos primeiros anos e que, tendo feito contato dez anos depois, anuncia querer revê-los. O casal prontamente o acolhe e ele vai visitá-lo. O amigo chega à casa do casal e, num primeiro momento, muita festa, tudo muito bom. Todavia, o amigo se detém a conversar mais com a mulher. Altos papos e bons risos. Conversaram vários dias e o marido da mulher ficou no escanteio. A situação ficou insustentável. O amigo vai visitá-la depois de um tempo e a propõe uma fuga. Ela aceita, visto que a sua relação teria terminado.

In Memoriam é o nono conto. Trata-se da narrativa de um neto sobre a história da sua avó. A avó era de uma família rica e resolveu abandonar tudo para se casar com o senhor Francisco, que era pobre. Passados os tempos, Francisco veio a falecer no trabalho. Mesmo com a morte do marido, ela continuou a preparar a mesa e a colocar o prato dele sobre. Depois de muitos anos, ela já não nutria forças e tinha uma cuidadora. Em determinado dia, levantou-se, preparou a mesa e pôs os pratos. Foi para a sala e fala para o senhor Francisco que ele pode buscá-la. A morte não acabou com o amor.

O décimo conto intitula-se *O Desterro dos Mortos*, e empresta o nome ao livro. O conceito de desterro remete-nos a ideia de exilados e distantes. Um filho vê seu pai na UTI e não pode ter contato com ele. O pai está na companhia de enfermeiros e médicos. Enquanto pensa nisso, o filho se lembra do falecimento e velório do seu avô, e de como os familiares tiveram tempo de se despedir com toda a humanidade necessária para o momento. Ele queria fazer o mesmo com o seu pai. Solicitou à esposa para fazer o velório no apartamento, mas a mesma não deixou. Fizeram o velório na casa do seu irmão, mas tudo fora preparado por uma empresa. Ele pediu à esposa para levar os seus filhos para se despedirem do avô, mas ela novamente se recusou. Depois do enterro, os filhos do narrador ficaram perguntando sobre o avô e este lhes disse que ele havia viajado. O desterro se estabelece no filho, no pai, na mulher e nos filhos. A cena de introspecção lança o olhar ao absurdo da existência.

O penúltimo conto intitula-se *O Jaú dos Bois*. O personagem tem uma missão, dada pelo seu pai. A de ir visitar uma parte de sua família que ele não conhece, especialmente o seu tio conhecido como Jaú dos Bois. Em nome do seu pai, ele manda uma carta. A resposta demora muito a chegar e o pai do narrador falece. Depois do enterro do pai, o filho viaja para o campo com a finalidade de encontrar o Jaú do Bois. Chegando ao campo, descobre que seu tio é um homem simples, mas dotado de grande sabedoria. Ele tratava muito bem os bichos. O sobrinho se apaixona pela história do tio e voltando para a sua casa, escreve a história de Jaú a partir de suas percepções. Após alguns anos, ele recebe uma carta informando que o seu tido Jaú dos Bois está muito doente. Ele viaja para o campo e chegando lá, descobre que o tio falecera. Ele fica na casa do tio e resolve não ir ao velório. Ele fica ali refletindo, desejoso de ler a história que escreveu sobre o tio à família. Passado o enterro, ele lê a história e recebe da esposa de Jaú uma foto em que ele aparece no meio de dois bois: o Moreno e o Mineirinho.

O último conto, que se transformou em peça de teatro intitula-se *Nhô Guimarães*. Trata-se da narrativa de uma mulher sertaneja que nunca viajou para o sertão, mas o recebia pelo vento que entrava em sua casa. A narrativa é uma homenagem aos 50 anos da primeira publicação de Grande Sertão Veredas, do escritor brasileiro João Guimarães Rosa.

Fiz questão de trazer uma pequena sinopse dos textos do referido livro, justamente porque eles me colocam diante de uma interna e contínua reflexão sobre a contingência da existência e as situações-limites que, acredito, referem-se a todos os seres humanos. Portanto, a metáfora sentimento de desterro surge também no contexto dos contos. Essa, talvez, seja uma boa maneira de nos atentarmos à existência humana para além do positivismo cientificista e as hipóteses diagnósticas no campo da psicopatologia, que muitas vezes deixam as pessoas, em suas idiossincrasias, rotuladas pelos critérios. Cada ser humano é único e, como tal, precisa ser respeitado em sua dinâmica existencial. A potencialização para a sua humanidade reside em si mesma e é isso que precisa vigorar no processo de escuta no campo da Psicologia fenomenológica-existencial.

Olhares fenomenológicos sobre a Historicidade dos cidadãos de Brumadinho

Os cidadãos de Brumadinho vivenciaram circunstâncias que geraram, indubitavelmente, uma série de anseios e desestabilizações emocionais. O acontecimento externo à subjetividade de cada qual gerou também diversas crises que provocaram contradições internas na cognição, nos sentimentos e nas emoções. Sentimentos díspares se estabeleceram na corporeidade de cada qual, gerando percepções, interpretações e compreensões diversificadas e até paradoxais do fenômeno. Entrevistamos seis pessoas, todos adultos, um homem e cinco mulheres, na faixa etária dos 39 a 60 anos, donas de casa, profissionais liberais, engenheira e professora da educação infantil. Em conjunto com as psicólogas que toparam a tarefa de entrevistar os cidadãos, mesmo à distância, estabelecemos algumas percepções significativas, elencando-as em cinco categorias principais, conforme descritas na sequência: a indicação do sentimento de desterro; o protagonismo das mulheres; o aumento do uso de psicofármacos; a ausência de cuidados psicológicos; e a tristeza profunda.

A consciência do insuportável

Em todas as narrativas, deparamo-nos com a conjugação de diversas expressões que davam contornos a essa consciência. A Natércia, por exemplo, ao tentar espontaneamente nomeá-lo, disse que "não conseguia expressar uma palavra". Justamente, nessa impossibilidade quanto a nomear o sentimento e mesmo sobre as expectativas quanto ao futuro, reside a tessitura da expressão que estamos defendendo neste trabalho. Alinha-se a essa inferência o fato de que os cidadãos perderam as suas respectivas referências temporais e espaciais. Há uma fala da Josélia, que é muito pertinente. Quando perguntada sobre a sua existência no Córrego do Feijão, ela assim diz: "Nasci e fui criada em Belo Horizonte e escolhi morar no Córrego do Feijão. Foi uma escolha livre. Todavia, o Córrego do Feijão para mim hoje é um cemitério. Um cemitério de pessoas, um cemitério de histórias, um cemitério de sentimentos, enfim, um grande cemitério". Outra fala que corrobora com o nosso resultado refere-se às amizades que foram perdidas. Joana declarou ter perdido 170 amigos. Para ela, a consciência do insuportável se constata quando ela observa o seu entorno e não reconhece mais "os rostos tão queridos que fizeram parte de sua jornada e história". A fala de Atílio também é contundente quanto a essa consciência. Para ele e Josélia, a "mercearia do Córrego era um lugar de referência. Hoje, a mercearia não mais existe".

Ao mesmo tempo, as terras e as casas no entorno dos que insistem em permanecer no Córrego do Feijão estão sendo adquiridas pela empresa. Os que ainda permanecem, não sabem para onde ir e por onde recomeçar. Nas palavras de Atílio: "Para vocês terem, mais ou menos, uma noção do que eu estou dizendo, eu moro na beira da mata. Saio ao fundo do meu terreno e entro na mata. Eu ando um pouquinho e me deparo com uma cachoeira. Eu levo a minha filha, que é cadeirante, para nadar no ribeirão de água limpa. Aí, me aparece uma bendita de uma Vale, faz o que fez e compra tudo ao meu redor. Hoje, eu posso dizer a vocês que eu me sinto encurralado. Os meus vizinhos da minha rua já se mudaram. Pessoas que moravam aqui do meu lado há anos. Córrego do Feijão está praticamente deserto". O Córrego hoje é um lugar triste, desterrado, injustiçado e alquebrado pela injustiça e impunidade. Pessoas diversas, com seus múltiplos sentimentos se veem agora em reflexos contínuos de um mundo que não mais existe. Alguns, estacionados no dia 25 de janeiro de 2019. Outros, tentando se levantar dos monturos que a lama erigiu.

O protagonismo das mulheres

As nossas entrevistadas revelaram as lutas às quais elas participam e se destacam. Todas elas, mesmo com as suas respectivas vidas atravessadas pelos sentimentos e os lutos, organizaram-se como grupo para enfrentar o desconhecido em busca de respostas às inquietações pessoais e comunitárias.[3]

A Josélia, ao final do mês de março de 2019, esteve com a Procuradoria Geral do Estado, em audiência com a, então, procuradora Raquel Dodge. Com essa sua verve, sempre "preocupada com os seus vizinhos do Córrego do Feijão", tornou-se a vice-presidente da "Associação do Feijão".

Outra, entre elas, é a Anelise, que acompanhou as CPI's em Belo Horizonte, em que todos os instrumentos indicavam a efetividade do rompimento da barragem. Natércia é protagonista em atos memoriais.

[3] Fonte: <https://g1.globo.com/mg/minas-gerais/noticia/2019/10/16/brumadinho-atingidos-vao-aalemanha-denunciar-tuv-sud-por-homicidio-inundacao-e-corrupcao.ghtml>. Acesso em: 7 maio 2020.

Em todos os dias 25 de cada mês, famílias enlutadas fazem um ato em memória aos mortos em Brumadinho.

O Atílio, único homem entrevistado por nós, apesar de ser bem solícito em relação aos seus amigos do Córrego do Feijão, busca se reconhecer como pessoa e cuidar de sua família, embora participe ativamente de movimentos populares como o Movimento de Atingidos por Barragens – MAB, não como protagonista, mas como equipe de apoio.

Aumento do uso de psicofármacos

Todos os nossos entrevistados disseram fazer uso de algum psicofármaco, após a tragédia. Joana Maia, por exemplo, ao falar da Associação dos Familiares de Vítimas e atingidos pelo rompimento da Barragem Mina Córrego do Feijão – AVABRUM, disse que se efetiva nas conversas internas da diretoria o tratamento comum como "o grupo das dopadas".

Segundo dados da prefeitura de Brumadinho, em agosto de 2019, o uso de antidepressivos foi 60% maior que o mesmo período em 2018. Quanto aos ansiolíticos, aumentaram em 80% no mesmo período. O uso de risperidona aumentou em 143%, visando agir contra transtornos relacionados a pensamento, emoções, ansiedade, distúrbios de percepção e desconfiança.[4] Essa informação é pertinente, mas como o nosso olhar se firma no espectro da Psicologia fenomenológica-existencial, vamos acolhê-la e considerá-la em seu campo psiquiátrico. Nosso olhar diferenciado se ocupa da já evidenciada dialética do para-si (contradição) e o em-si (identidade).

Ausência de cuidados psicológicos

Nas narrativas, ficou evidente o quanto a assistência psicológica deixou a desejar. Em Brumadinho, um apoio psicológico foi oferecido pela prefeitura que recebeu uma verba da Vale para a contratação de psicólogos, mas, segundo Josélia, "o parecer dos psicólogos foi

[4] Fonte: <https://exame.abril.com.br/brasil/apos-lama-brumadinho-registra-alta-de-suicidio-e-prescricaode-remedios/>. Acesso em: 11 maio 2020.

influenciado pela empresa". Ela pretendia dar encaminhamento a um psicólogo particular para não interromper o processo psicoterápico do filho.

No caso da Natércia, e sua intensa vontade de fechar os ciclos para viver os lutos, também faltou a assistência psicoterápica, pois os psicólogos não estavam aptos para acalentar as pessoas e as famílias. "Muitos dos que se apresentaram e tiveram alguma possibilidade de diálogo, não sabiam o que dizer ou, então, diziam coisas que machucavam mais". Ela nos conta que um dia, a sua mãe notou que ela estava muito triste e a orientou buscar um psicólogo. Ela disse ter ido para agradar à mãe. Foi a cinco encontros, mas não conseguiu dar prosseguimento, pois não ocorreu o vínculo terapêutico. Segundo ela, o psicólogo, diante das demandas dela com o intuito de encontrar o corpo de sua irmã, respondeu: "É, o corpo não é importante! Ela está em um lugar melhor! Você precisa seguir a sua vida". Ela seguiu a vida, sem psicoterapia. Continuou dando aula, nunca desistindo de encontrar o corpo da irmã. Como ela mesma afirma: "Não encontrar a minha irmã não é uma opção para mim".

Por sua vez, o Atílio, diante do seu estado de embotamento sentimental, sofreu um acidente e passou a tomar remédios.

Joana, por sua vez, enfoca o seu tratamento psiquiátrico e confessa sempre ter tido restrições à questão psicológica. Ela narra as suas experiências anteriores que a deixaram bem reativa. Para ela, o grupo de atuação do qual ela faz parte tem sido um espaço terapêutico, justamente por causa da aproximação que favorecia a interação de sentimentos e emoções. "A gente sempre ligava uns para os outros. Havia, inclusive, gente que me ligava, duas horas da manhã, querendo se suicidar, mas a gente interagia e buscava a mudança do quadro. Hoje, todavia, estou vendo a necessidade de tentar algo diferente com um psicólogo. Tenho, inclusive, uma consulta *on-line*, às seis horas da tarde".

Alice relata sobre a psicóloga da Vale que atende a sua filha. Trata-se de uma visita domiciliar.

A Anelise foi a única a nos informar que já tinha acompanhamento psicológico. Já fazia terapia por conta de uma depressão passada. Ficou-nos evidente que os entrevistados começaram a fazer o uso de psicofármacos para sustentarem suas demandas pessoais. O uso decorreu do evento trágico em suas respectivas historicidades.

A tristeza profunda

As pessoas entrevistadas revelaram-nos a tristeza que os abateu. Essa tristeza tem três níveis. A primeira envolve o luto inerente aos familiares que perderam seus entes queridos e que tentam reorganizar o cotidiano; a segunda refere-se à visualização da desolação do lugar. Nas narrativas, ficam evidentes as manifestações quanto a isso.

Josélia fala com muita comoção sobre a tristeza que se abateu sobre o Córrego do Feijão. Ela é agricultora e usava a terra para o plantio e cultura de legumes, hortaliças e, especialmente, agricultura florestal. Ela nos conta que, "devido ao rompimento da barragem, perdeu a profissão".

Natércia, por sua vez, enfatiza que "o dia 25 se compara ao 11 de setembro de 2001 nos EUA. Todos se recordam onde estavam quando receberam as respectivas notícias da tragédia e da perda dos entes queridos". Alinha-se a isso, o fato de que muitos familiares receberam partes dos corpos mutilados para a realização do velório e do enterro.

A Alice, por exemplo, recebeu da empresa a oferta da perna do seu filho e não quis aceitá-la. Ela espera pelo corpo.

O terceiro nível da tristeza profunda refere-se ao desrespeito das famílias que não foram enlutadas, mas que receberam benefícios da Vale. "Fazem festas todos os fins de semana" e, segundo os enlutados, parecem não respeitar os sentimentos alheios.

Considerações finais

Em Brumadinho, múltiplas famílias ainda vivem suas respectivas experiências de luto e desterro, frutos da tragédia. Desterro sim, pois a terra encoberta pela lama não mais aparecerá. Outra, talvez, pois a natureza tem os seus caminhos de refazimento. As vidas perdidas, jamais voltarão. O lugar que lhes pertence, hoje, é a memória que traz o sorriso, mas também favorece o surgimento do choro. Os mesmos sorrisos e choros encobertos pela lama.

Seria muita pretensão da nossa parte tentar considerar pormenores neste sucinto artigo. Há diversos elementos que não puderam ser tocados por nós, bem como diversas outras famílias que ainda precisam ser escutadas atenciosamente. Todavia, julgo pertinente a presente percepção e compreensão dos fenômenos que me apareceram com o apoio singular das minhas amigas psicólogas, e que me fizeram condensá-los na metáfora do sentimento de desterro. Tal sentimento se tornou evidente enquanto entrevistávamos, ouvíamos ou líamos as experiências experienciadas em suas respectivas singularidades.

Os cinco elementos percebidos de forma mais efetiva e registrados no escopo deste trabalho, a saber: 1. A consciência do insuportável; 2. O protagonismo das mulheres; 3. Aumento do uso de psicofármacos; 4. A ausência de cuidados psicológicos e; 5. A tristeza profunda demarca aquilo de mais pujante que decorreu de nosso olhar empático e de nossa escuta atenciosa. Trata-se de percepções e compreensões que surgiram sob a inspiração sartriana e os contos de Fonseca.

Sem precisar resultados e sem apresentar gráficos e tabelas, continuo aberto em busca de novas percepções, visando a novos encontros e desencontros com o que ainda for possível. Tenho ciência do caráter introdutório desse artigo. Das entrevistas, surgiram diversas outras perguntas que abriram novas possibilidades hermenêuticas, como: um estudo acurado sobre a questão do aumento de ideações suicidas; a participação das equipes de apoio nos resgates, bem como os sentimentos decorrentes nos profissionais, e o completo descaso dos poderes públicos e privados.

Em meio às narrativas, deparei-me também com a ausência de uma prática psicológica mais efetiva junto aos cidadãos de Brumadinho. Enfim, a relevância desse artigo se encontra em quatro aspectos fundamentais:

1. A originalidade do procedimento de escuta das narrativas e das experiências dos cidadãos enlutados, mediante o olhar fenomenológico.
2. A verificação das características e dos sentimentos que permeiam os cidadãos enlutados para além de uma avaliação puramente técnica.
3. A avaliação das situações que envolvem as perdas e o luto nas distintas vivências familiares, elencando os desafios de uma intervenção clínica psicológica aos enlutados.
4. A percepção e a compreensão da emergência do sentimento de desterro, instalado nos cidadãos.

Estou ciente dos limites do presente artigo. Há muito a ser feito ainda. Obviamente, a pandemia demarcou limites, mas não tirou o fôlego, a acuidade, a profundidade e a relevância do que ainda pretendo averiguar. Ao mesmo tempo, tenho claro em minha percepção que o presente texto abre portas e janelas para múltiplas outras pesquisas. Infelizmente, tive que desistir de várias outras hermenêuticas, embora elas ainda estejam em minhas referências e reflexões.

Concluo o meu artigo com a citação de uma poesia escrita a diversas mãos, pelo grupo Pânico Brutal, que esteve presente no evento em que eu participei:

> Tudo vermelho em um mar de lama.
> Dejetos de minério é resto de sua gana.
> Vale a sua grana, não importa quem vai sofrer.
> Trabalhadores arrastados,
> Quem vai sobreviver?
> Moradores soterrados, animais atolados.
> Vários vilarejos hoje foram devastados.
> Tiram vidas inocentes com acordos políticos.
> Que soem os alarmes, o estado é crítico.
> Samarco Vale, pobre no vale (não vale).
> Ser honesto no Brasil (não vale).
> Mataram Brumadinho, também mataram Mariana.
> Tem inocente morrendo, pela sua ganância.
> Lágrimas correm no Rio Vermelho (não Vale não).
> Pessoas morrem nesse pesadelo (não Vale não)
> Sobreviventes já morreram por dentro!
> Nesse cenário de morte, agonia e medo.
> Povo de luta que chora com tanto sofrimento.
> A dor que fere o peito e sangra por dentro.
> Como seguir em frente meio a tantos lamentos?
> Só quem sofreu sabe o quanto dói.
> Mas o que a Vale destrói, o povo constrói.
> Vamos à luta, a vida é dura, mas não vamos parar.
> Cabeça erguida, braços fortes pra se levantar.
> Quanto vale essa vida sofrida?
> Sinal de alerta da barragem alimenta a ferida.

Descaso e abandono de uma civilização.
Escravizada e massacrada pelo alto escalão.
Isentos de punição, segue a exploração.
Vidas ceifadas por ganância dilaceram o coração.
Lágrimas correm sobre o Rio Vermelho (não Vale não).
Correm as lágrimas do desespero (não Vale não).
Pessoas morrem nesse pesadelo (não Vale não).
Sobreviventes já morreram por dentro.

Com a indignação em mente, expressa de forma contundente nessa poesia, presto minha homenagem às vítimas dessa tragédia. Que a memória e as historicidades de cada uma delas se transformem em sementes que favoreçam os indicativos de um mundo mais justo e solidário. Enfim, o artigo aqui apresentado, é um primeiro passo reflexivo. A caminhada continuará em um lugar que poderemos chamar de futuro.

Referências

ANGERAMI, Valdemar Augusto. *Psicoterapia Fenomenológico-Existencial.* São Paulo: Cengage Learning Edições, 2002.

ANGERAMI, Valdemar Augusto. *Psicoterapia Existencial.* São Paulo: Thomson Learning Brasil, 2007.

ANGERAMI, Valdemar Augusto. *Psicoterapia Fenomenológico-Existencial.* Belo Horizonte: Ed. Artesã, 2017.

ASSIS, F. D. L. D.; FERREIRA, I. C. Gerenciamento em Crise: A Psicologia atuando em situações de emergência e desastres. *Revista Científica Semana Acadêmica.* Fortaleza, ano MMXIII, (000041). 2013.

AUGRAS, Monique. *O Ser da Compreensão.* Petrópolis: Vozes, 1987.

BOCCA, Marivânia Cristina. *Psicanálise Existencial e o Método Progressivo-Regressivo. Experiência Psicopatológica em Jean-Paul Sartre.* Curitiba: Appris, 2021.

BORNHEIM, Gerd. *Sartre*: Metafísica e Existencialismo. São Paulo: Perspectiva, 2011.

BRUCK, N. R. V. *A psicologia das emergências:* um estudo sobre angústia pública e o dramático cotidiano do trauma. Tese (Doutorado em Psicologia) – PUCRS, Fac. de Psicologia. Porto Alegre, 2007.

CARVALHO, A. C.; BORGES, I. *A trajetória histórica e as possíveis práticas de intervenção do psicólogo frente às emergências e os desastres*. Anais Eletrônicos do V Seminário Internacional de Defesa Civil-DEFENCIL, 2009.

COPPE, Moisés Abdon. Invasões Bárbaras. Hermenêutica da existência, da eutanásia e do suicídio assistido. In: ANGERAMI, V. A. (Org.). *O Suicídio no Cinema*. Belo Horizonte: Artesã, 2021.

DE FREITAS SOUZA, N. L. A atuação da psicologia em desastres e emergências. *Revista da Escola Superior de Guerra*, 27(55), 81-93, 2017.

ESTADÃO. Disponível em: <https://exame.abril.com.br/brasil/apos-lama-brumadinho-registra-alta-de-suicidio-e-prescricao-de-remedios/>. Acesso em: 11 maio 2020.

FEIJOO, Ana Maria Lopez Calmo. A psicoterapia em uma perspectiva fenomenológica-existencial. In: ANGERAMI, Valdemar Augusto (Org). *Psicoterapia Fenomenológica-Existencial*. São Paulo: Cencage-Learning, 2002.

FONSECA, Aleílton. *Desterro dos Mortos*. Itabuna: Via Litterarum, 2012.

FREITAS, C. M. D. et al. Da Samarco em Mariana à Vale em Brumadinho: desastres em barragens de mineração e Saúde Coletiva. *Cadernos de Saúde Pública*, 35, e00052519, 2019.

JAPIASSÚ, Hilton; MARCONDES, Danilo. *Dicionário Básico de Filosofia*. 5. ed. Rio de Janeiro: Zahar, 2008. Disponível em: <https://sites.google.com/view/sbgdicionariodefilosofia/dasein>. Acesso em: 20 maio 2020.

GENDLIN, Eugene. *Experiencing and the creation of meaning*. New York: The Free Press of Glencoe, 1962.

GENDLIN, Eugene. A theory of personality change. In: J. T. Hart & T. M. Tomlisson (Orgs.). *New directions in Client-Centered Therapy*. (pp. 129-173). Boston: Houghton Mifflin, 1970.

MAIA, Marisa Schargel (Org). *Por uma ética do cuidado*. Rio de Janeiro: Garamond, 2009.

MICHAELIS, D. Disponível em: <http://michaelis. uol. com. br>. Acesso em: 12 nov. 2019.

MORATO, Henriette Tognetti Penha et. al. (Ed.). *Fundamentos de Psicologia. Aconselhamento Psicológico numa Perspectiva Fenomenológica Existencial. Uma Introdução*. Rio de Janeiro: Guanabara Koogan. Il. Fundamentos da Psicologia, 2009.

ROMÃO A, Barcellos C; XAVIER DR; Saldanha R; GRACIE R, Pascoal V. *Nota técnica*: avaliação dos impactos do desastre de Brumadinho sobre a saúde. Rio de Janeiro: Observatório de Clima e Saúde, 2019.

ROSELEN, Denis Eduardo Batista. A Clínica Psicológica inspirada na Obra Sartriana. In.: ANGERAMI-CAMON, Valdemar Augusto. *Psicoterapia Fenomenológico-Existencial*. Belo Horizonte: Ed. Artesã, 2017.

SARACENO B. F. In.: REYES, G; JACOBS, G. A. (Orgs). *Handbook of International Disaster Psycology*. Volume 1: Fundamentals and Overwiw. Westport*: Praeger Pub*. p. XIII-XIV, 2006.

SARTRE, Jean Paul. *Critique de la Raison Dialectique (précédé de Questions de Méthode), Tome I: Théorie des Ensembles Pratiques*. Paris: Ed. Gallimard, 1960.

SARTRE, Jean Paul. *O ser e o nada. Ensaio de ontologia fenomenológica*. 9. ed. Tradução de Paulo Perdigão. Petrópolis: Vozes, 2001.

SCHNEIDER, Daniela Ribeiro. Liberdade e dinâmica psicológica em Sartre. *Natureza Humana*, v. 8, p. 283-314, jul-dez. Disponível em: <http://pepsic.bvsalud.org/pdf/nh/v8n2/v8n2a02.pdf>. Acesso em: 10 set. 2021.

SCHNEIDER, Daniela Ribeiro. *Sartre e a Psicologia Clínica*. Santa Catarina: UFSC, 2011.

SOUZA, Daniel. Investigação em Psicoterapia: contexto, questões e controvérsias. Possíveis contributos da perspectiva fenomenológica existencial. *Análise Psicológica*, 3 (XXIV), 373-382, p. 374, 2006.

CAPÍTULO 4

Desigualdade social: as relações humanas interpessoais, psicologia e o pensamento sartriano

Érica Eneas Rodrigues

> *"O social é tratado como se fosse algo natural, e passa-se do natural ao cultural com uma desenvoltura de fazer inveja".*
>
> (Pedrinho A. Guareschi)

Introdução

Neste exato momento, enquanto você lê este texto, acontece no mundo o tráfico de pessoas para fins econômicos. Agora, **milhões** de pessoas estão vivendo em condições precaríssimas de vida e, neste mesmo mundo, contraditoriamente ou não, existem **centenas** delas cercadas de segurança, conforto, vivendo em condições abastadíssimas de vida. Também neste mundo, contraditoriamente ou não, verificamos discursos inflamados, condenatórios e persecutórios de algumas pessoas contra o fato concreto da existência da diversidade sexual. Entretanto, não verificamos igual veemência, combate, e condenação dessas mesmas pessoas contra exploração da vida humana, a generalização do desespero diante da precariedade para a efetivação de uma existência minimamente digna.

Estes fatos cotidianos fazem-nos pensar sobre as causas, as estruturas, as ideias, as políticas e, principalmente, sobre as pessoas que mantêm essa realidade. Apesar de a desigualdade ser um fenômeno analisado pelos mais diversos intelectuais durante séculos, ela parece ser ainda um problema sem solução, inesgotável. Por isso, este fenômeno é sempre atual, principalmente, diante das constantes evoluções individuais e sociais que realizamos, fazendo com que a desigualdade aconteça de uma forma cada vez mais complexa, dando a aparência de ser um fenômeno inatingível.

Diante disso, faremos uma incursão sobre as desigualdades e buscaremos saber como as análises de Sartre, o filósofo existencialista e envolvido com uma ética humanista, podem nos auxiliar para problematizarmos essa temática que atravessa nossa prática profissional. As desigualdades econômicas, foco das nossas reflexões, geram sofrimentos e os mais diversos desequilíbrios sociais e individuais. Entendemos, por exemplo, que "a pobreza é uma forma de violência sócio-política que gera traumas."[1]. Para estudarmos esse fenômeno, utilizaremos das análises de alguns filósofos sobre a condição humana, bem como da experiência de nossa prática profissional.[2]

Por fim, examinaremos a atuação da ciência psicológica sobre esse fenômeno, visto que as desigualdades socioeconômicas são geradoras de sofrimento e adoecimento para a existência humana. Assim, acreditamos que os fenômenos sociais devem sempre conduzir as análises psicológicas, pois toda psicologia é social (Lane, 1984).

A história das desigualdades

Desde o início dos tempos, os mais diversos pensadores da vida humana refletiram sobre as desigualdades. Este é um fenômeno observado em todos os países e pode ser estudado sobre diferentes perspectivas. Segundo matéria do *site* G1[3], a desigualdade social já apresenta seus registros no período neolítico, há mais de sete mil anos. Esse fenômeno intensificou-se com o colonialismo europeu sobre os países do Hemisfério Sul, e no século XIX, com o início e avanço do capitalismo industrial e financeiro (Huberman, 1986).

1 TOD SLOAN, Virginia MOREIRA. *Personalidade, Ideologia e Psicopatologia Crítica.* MJW Fédition. Edição do Kindle.

2 RODRIGUES, Érica E. A estrutura socioeconômica capitalista como geradora de sofrimentos psíquicos e potencializadora da criminalidade: Reflexão sobre a atuação do psicólogo existencial no contexto prisional. In: ANGERAMI, V. A. *A psicologia da Saúde na Prática.* Editora: Artesã, 2019. p. 431-452.

3 Disponível em: <http://g1.globo.com/ciencia-e-saude/noticia/2012/05/desiguadade-social-comecou-no-periodo-neolitico-sugere-estudo.html>. Acesso em: 23 abr. 2021.

A desigualdade pode compreender diferentes categorias, dentre elas as mais comuns são: as de gênero, raça, crença, econômica, dentre outras. Segundo o texto *Fundamentos da Desigualdade: Uma abordagem Teórica*[4] (2019), esse fenômeno apresenta duas dimensões básicas:

> uma de natureza econômica (patrimônio imobiliário e financeiro, distribuição funcional e pessoal da renda) e uma de natureza social (associada à ampliação do acesso a bens e serviços de uso coletivo que permitem a reprodução da vida em sociedade).

Os autores elaboraram uma sistematização destas dimensões conforme pode ser visto na Figura 1:

Figura 1 – Síntese das dimensões da desigualdade multidimensional

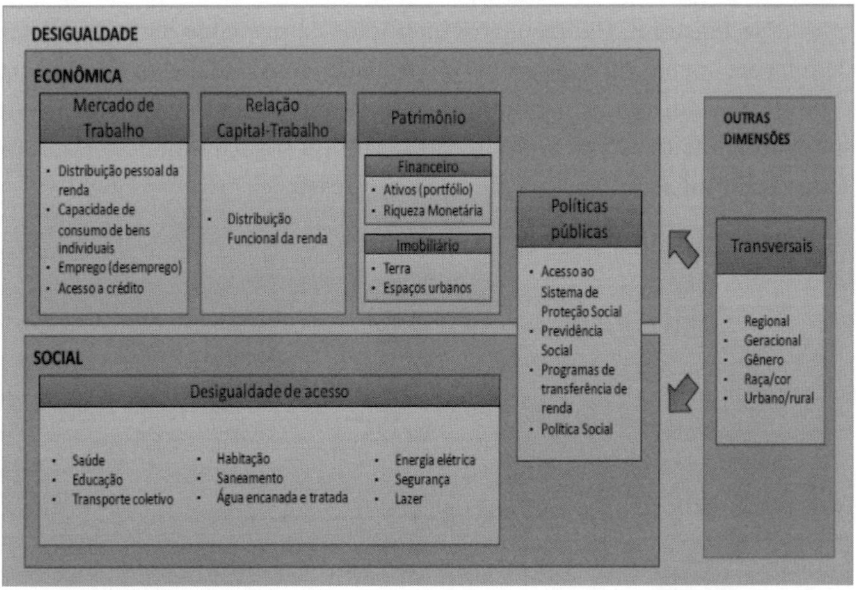

As desigualdades existem tanto numa ordem material quanto numa ordem simbólica (culturas superiores e inferiores) e, dentre as

[4] TROVÃO, Cassiano José Bezerra Marques; MANZANO, Sofia Pádua. *Fundamentos da Desigualdade*: Uma Abordagem Teórica, 2019. Disponível em: <https://ccsa.ufrn.br/portal/wp-content/uploads/2019/08/tddepec0032019TrovaoManzano.pdf>. Acesso em: 19 mar. 2021.

desigualdades existentes, a que mais nos chama a atenção é a econômica, visto dela derivar uma série de carências, desde o acesso a bens e serviços básicos, até à fome que pode levar literalmente à morte.

Na história das civilizações, podemos observar que os sistemas sociais são compostos, em sua grande maioria, considerando exceções nas culturas indígenas e tribais, por uma hierarquia onde um **pequeno** grupo de pessoas detém o poder e subjuga um **grande** grupo de pessoas, tendo como consequência um processo gerador de desigualdades sociais (Huberman,1986).

Num passeio histórico por uma das sociedades mais influentes do mundo, a grega, observamos essa categoria de estrutura social. O filósofo Aristóteles (384-322 a.C.) nos revela que: "Assim, dos homens, uns são livres, outros escravos; e para eles é útil e justo viver na escravidão" (A Política, 2009, p. 20). Portanto, fica explícito que, para o pensador grego, os seres humanos são natural e socialmente desiguais.

Na Figura 2, temos outros exemplos da presença desses sistemas de relações sociais durante os períodos históricos da idade antiga, média e moderna, em que um **pequeno grupo de pessoas** se justifica, em sua grande maioria, por meio de fatores religiosos para manter a ordem social e subjugar um **grande grupo de pessoas**.

Figura 2 [5]

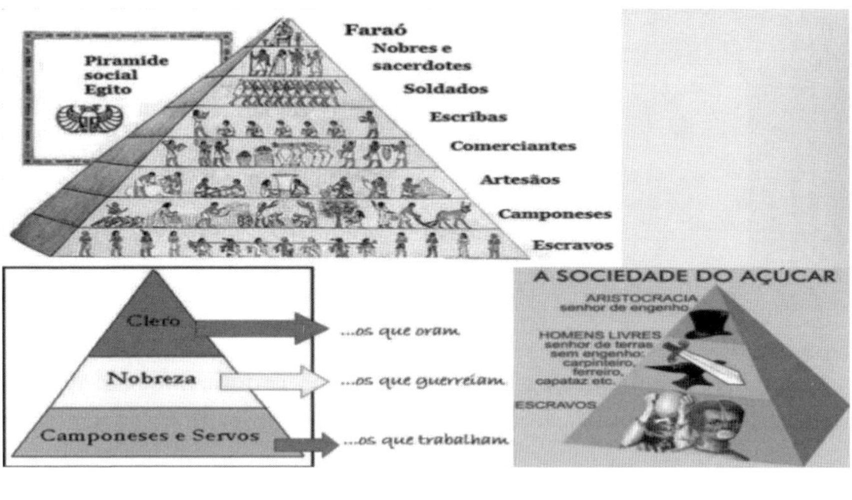

[5] Fonte: <https://www.google.com/search?q=estrutura+social+do+brasil+colonial &tbm=isch&tbs=rimg:CRU6izuCQ6qSIjjdcuxD9ycIugNdykEK-myEGB_1qWd Z7oHbpAdI2i_1WdbO_1g69U7g49lXhSL-DjkyYZlHCjkfKhY4SoSCd1y7EP3Jw i6ER0n3YeOCJ1qKhIJA13KQQr6bIQRy5yBzFJ-xF4qEgkYH-pZ1nugdhGe6JW

As análises do filósofo Karl Marx (1818 – 1883) também se referem às relações de poder conflitivas entre duas classes, a *burguesia* um **pequeno** número de pessoas, contra um **grande** número delas, *o proletariado* (Lefebvre, 2011).

Marx revela em sua obra *O Manifesto do Partido Comunista* que: "A história de todas as sociedades até o presente movimentou-se em torno de antagonismos de classe, que em cada época se apresentavam de forma diferente." (Marx, 1998, p. 27).

Este processo de relações no decorrer das eras tornou-se estrutural, produzindo um **pequeno** grupo de pessoas privilegiadas em detrimento de uma **multidão** de desprivilegiadas (Bock, 2001). Estas relações estruturais de poder nos conduz a pensar em uma inversão de valores, pois: as estruturas deveriam existir para servir aos homens, mas nos parece que são os homens que serviram – servem essas estruturas-pessoas. Temos aí um exemplo de um processo dialético.[6] Para Sartre, a dialética é a relação do SER-PARA-SI com o SER-EM-SI, ou seja, do ser com o mundo concreto (Castro, 2016).

O conceito de igualdade foi evoluindo no decorrer das mudanças sociais. Há séculos, pessoas possuíam riquezas e direitos herdados,

d4DEQNyoSCekB0jaL9Z1sEcUthLjz4zDpKhIJ7-Dr1TuDj2URlgb6ov1PSc4qEgleFIv4OOTJhhEi8mx90iXw_1CoSCWUcKOR8qFjhEUDmuviz3aJe&tbo=u&sa=X&ved=2ahUKEwieuZvK5urjAhX-lILkGHRtHDjkQ9C96BAgBEBs&biw=1280&bih=689&dpr=1#imgrc=GB_qWdZ7oHaFSM>.

6 "A dialética para Sartre é a própria relação que o SER-PARA-SI estabelece com o SER-EM-SI. Os objetos materiais não têm consciência, são inertes aos fatos, repousam na plenitude de sua contingência. Já o homem, o Ser-para-si que também é um Ser-em-si (corpo), tem consciência e esta estabelece relações de negação com os objetos, emitindo juízos e observando suas contradições. Este movimento, oriundo do Para-si, é a própria **dialética** e Sartre quer justamente argumentar a favor desta em detrimento da supremacia, até então estabelecida, da *Razão Analítica,* na qual se acreditava que os cientistas poderiam observar e descrever com total imparcialidade e objetividade o mundo dos fenômenos. Sartre aponta sobre esta questão, evidenciando, devido ao seu método, que a relação sempre se dá no plano da *subjetividade*. Para ele, é impossível se alcançar alguma *objetividade* sem que esta não seja parcialmente subjetiva (tenha passado pela subjetividade). Não existem verdades que não sejam aquelas atestadas por uma consciência em determinado tempo e lugar." (CABRAL, João Francisco Pereira. *Consciência, dialética e história em Sartre.* Brasil Escola. Disponível em: <https://brasilescola.uol.com.br/filosofia/consciencia-dialetica-historia-sartre.htm>. Acesso em: 20 maio 2021.

justificado por desígnio de Deus, enquanto outras, sob a mesma justificativa, nasciam para serem servas de seus senhores (Huberman, 1986).

Com a criação da noção de Estado e de suas demais instituições passou-se a rejeitar também *"... formas de desigualdade herdadas institucionalmente – os títulos e os privilégios da nobreza, por exemplo – essa experiência trouxe à tona ideais como a igualdade de oportunidades."* (Araújo, 2012, p. 73). Estas evoluções não encerraram as desigualdades, novas manifestações desse fenômeno ainda mais complexas começaram a existir. Por meio das lutas coletivas e individuais organizadas pela busca de direitos básicos para sobrevivência, tornaram-se possível, diante das evoluções históricas, as noções jurídicas de que todos os seres humanos têm o direito a uma existência digna. Obviamente, sabemos que essas ficções jurídicas não se concretizam na prática e que elas servem para justificar os desejos mais antiéticos de alguns seres humanos. As teorias políticas e sociais, sejam elas socialistas ou capitalistas em suas bases, expressam o desejo de uma existência mais justa e igualitária entre os seres humanos, mas, na prática, nenhuma delas conseguiu concretizar plenamente seus projetos originais.

O pensamento sartriano, longe de buscar explicações puramente metafísicas ou noções como natureza humana para entender os fenômenos humanos, em nosso caso, o fenômeno da desigualdade, revela-nos que o homem "... nada mais é do que aquilo que ele faz de si mesmo" (Sartre, 1987, p. 6)[7]. Não existem pessoas pré-determinadas à pobreza ou à riqueza material, o que existe é uma realidade complexa criada por seres humanos. O existencialismo de Sartre é "... uma doutrina que torna a vida humana possível e que, por outro lado, declara que toda verdade e toda ação implicam um meio e uma subjetividade humana." (Sartre, 1987, p. 3). Portanto, entendemos que a subjetividade humana interfere na criação da realidade social.

A sociedade e o problema das inter-relações humanas

Todos nós nascemos em uma sociedade já constituída por uma série de normas e valores. Aristóteles (384 a.C – 322 a.C), filósofo da

[7] SARTRE, J-P. *O existencialismo é um Humanismo; A imaginação; Questão de método.* São Paulo: Nova Cultural, Coleção Os Pensadores, 1987.

Grécia antiga, dizia que todo homem deveria fazer parte da sociedade, pois a finalidade desta seria conduzi-lo ao aprimoramento de suas aptidões humanas, por sermos seres naturalmente sociais (MIORANZA, 2008).

Platão e Aristóteles, ao pensarem sobre a procedência da sociedade, apontavam que "era a necessidade material que estava na origem da formação das sociedades, ao comprovar que o esforço coletivo era mais efetivo" (MIORANZA, 2008)[8]. Mas, em contraponto a essa teoria sobre o homem e a origem das comunidades humanas, o filósofo Thomas Hobbes (1588 – 1679), reflete que os seres humanos não tendem naturalmente para uma vida em sociedade, como pensavam os filósofos gregos. Para Hobbes, basta observarmos a história da humanidade, repleta de conflitos e guerras. Para ele, somos seres violentos e egoístas por natureza, pois "o homem é o lobo do homem". A sociedade nasce apenas com o intuito de controlar nossos impulsos, porque se não existissem as normas sociais, viveríamos numa "guerra de todos contra todos", aponta Hobbes (MIORANZA, 2008). Se utilizarmos as reflexões hobbesiannas para compreender as desigualdades, nós poderíamos dizer que o homem por causa de seu egoísmo as produz e reproduz.

Outro pensador das relações humanas, Jean-Jacques Rousseau (1712 – 1778), refuta a ideia grega de que somos seres sociais por natureza, e a ideia de Hobbes de que o "homem é o lobo do homem", para Rousseau, é a sociedade que corrompe as pessoas, visto ser o homem um ser pacífico e bom por natureza. Para o filósofo, foi o aparecimento da propriedade privada que iniciou um ciclo de desigualdades "em que os mais fortes dominam, o que transforma a comunidade num conjunto de egoísmos opostos por causa da ambição, da riqueza e do poder" (MIORANZA, 2008).

Para o filósofo e economista inglês Adam Smith (1723-1790), são os desejos egoístas que movem a sociedade; ele analisa que "não é da benevolência do açougueiro, do fabricante de cerveja ou do padeiro que esperamos nosso jantar, mas da consideração que eles têm pelo seu próprio interesse". Portanto, os desejos egoístas, produzem, sem intenção, a harmonia entre os indivíduos.

[8] MIORANZA, C. *Filosofia*: origens, conceitos, escolas e pensadores. São Paulo: Escala Educacional, 2008.

As religiões também apresentam reflexões sobre a fonte das desigualdades entre os homens. A tradição Judaico-cristã revela que, por causa do pecado original, o ser humano passou para um estado de decadência, porque ele desejou ser superior a Deus.

O pensamento de Sartre dialoga com todas essas análises sobre as relações humanas. Ele não as considera "nem naturalmente boas, nem naturalmente, mas, a princípio "o homem não é nada, (sic) cumpre-lhe fazer-se uma coisa ou outra, conforme assuma ou negue sua liberdade"[9] (PENHA, 1984).

Vieira (1967) nos diz que "O existencialismo se preocupa com as relações entre o homem e o objeto (ou seja pela relação do ser humano com a matéria e os instrumentos). Procura, no viver cotidiano do homem, encontrar todas as respostas e encaminhar as interrogações.". A filosofia existencialista concentra suas análises nas relações humanas mais cotidianas, em contraponto as demais filosofias vigentes e anteriores, como a tradição metafísica, que se baseiam em conceitos abstratos e analíticos.

Sartre, em sua obra *O Ser e o Nada* (1943), produz analises sobre a relação Ser (Para-si) - Objeto (Em-si) e, posteriormente, torna suas análises mais complexas ao entrar em contato com a teoria marxista, onde o movimento histórico entra nas relações do *Para-si com o Em-si*, sendo a realidade humana criada num processo dialético entre homem e mundo concreto. Porém, mesmo analisando o homem em situação, Sartre não perde de vista as ações individuais como elementos importantes a serem observados, pois, o homem não é simplesmente um joguete das forças históricas, sendo o apagamento do sujeito individual o seu ponto de discordância em relação ao pensamento marxista (CASTRO, 2016). Sartre analisa que o "Existencialismo e Marxismo visam o mesmo objeto, mas o segundo reabsorve o homem na ideia, enquanto o primeiro o procura por toda parte onde ele está, em seu trabalho, em sua casa, na rua" (SILVA, 2020, apud, SARTRE, 2002).

Penha (2014) explicita que muitos dizem que o pensamento de Sartre é carregado de pessimismo, destruidor dos valores morais e um possível causador do mal entre os sujeitos, mas o que assusta as pessoas é

[9] PENHA, João da. *O que é Existencialismo.* 4 ed. SP: Brasiliense, 1984.

a revelação de que "... o mal resultou da liberdade do homem. Honesto ou desonesto, foi o indivíduo que escolheu assim" (Penha, 2014, p. 71).

O pensamento de Sartre conduz o *ser-para-si* como protagonista de suas ações, pois "ainda que fôssemos surdos e mudos como uma pedra, nossa própria passividade seria uma forma de ação" (Sartre, 1987), assim, a reflexão de Sartre propõe ações ativas diante das coisas do mundo. Nossas ações individuais não são descondicionadas, sem contexto, estamos sempre em situação, como refere Sartre, mas sempre podemos agir diante do que fizeram conosco (Castro, 2016).

A reflexão sobre o sofrimento que as relações humanas causam é expressa pelos mais diversos pensadores. Existem os que atestam que o homem é mau por natureza, como Thomas Hobbes (1588 – 1679) ou os que acreditam que o homem é bom por natureza, como Rousseau (1712 – 1778). O pai da psicanálise, Sigmund Freud, expressa que as relações com o outro são fontes de grande inquietação. Para ele:

> O sofrimento nos ameaça a partir de três direções: de nosso próprio corpo, condenado à decadência e à dissolução, e que nem mesmo pode dispensar o sofrimento e a ansiedade como sinais de advertência; do mundo externo, que pode voltar-se contra nós com forças de destruição esmagadoras e impiedosas; e, finalmente, de nossos relacionamentos com os outros homens. O sofrimento que provém dessa última fonte talvez nos seja mais penoso do que qualquer outro" (Freud, 1974, p. 49).

O pensador indiano Jiddu krishnamurti analisa que:

> Nós, entes humanos, somos os mesmos que éramos há milhões de anos – enormemente ávidos, invejosos, agressivos, ciumentos, ansiosos e desesperados, com ocasionais lampejos de alegria e afeição. Somos uma estranha mistura de ódio, medo e ternura; somos a um tempo a violência e a paz. Tem-se feito progresso, exteriormente, do carro de boi ao avião a jato, porém, psicologicamente, o indivíduo não mudou em nada, e a estrutura da sociedade, em todo o mundo, foi criada por indivíduos. A estrutura social, exterior, é o resultado da estrutura psicológica, interior, das relações humanas, pois o indivíduo é o resultado da experiência, dos conhecimentos e da conduta do homem, de modo global. Cada um de nós é o repositório de todo passado. O

indivíduo é o ente humano que representa toda a humanidade. Toda a história humana está escrita em nós (Khishnamurti, 2006, p. 15).

Carl Gustav Jung (1875-1961), o criador da Psicologia analítica, em uma entrevista na década de cinquenta[10], ressalta que precisamos estudar mais a natureza humana porque "o único perigo que realmente existe é o próprio homem", dessa forma "sua psique deveria ser estudada, porque nós somos a origem de todo mal porvir."

Em seus escritos, Sartre nos revela que o ser humano não aceita a liberdade do outro e o transforma em objeto, em *ser-em-si*, o que gera conflito. As teorias que expressam existir uma essência humana boa ou ruim são falsas para ele, pois o ser humano não possui essência porque "a existência precede a essência" (Sartre, 1987). Por tendermos a transformar o outro em coisa, geramos os conflitos, sendo assim, nossa condição humana é ontologicamente conflitiva. Penha (1984) nos revela que:

> O "ser-para-outro", afirma Sartre, é a estrutura essencial do "para si", porque o liga ao "em si". Como? O "ser-para-outro" tem a função de revelar ao "para-si" sua própria existência transformando-o em objeto através de seu poder nadificador. Aparentemente, o "para-si" se reduz a um "em-si". Ao relacionar-se com os demais indivíduos, o homem vê sua liberdade condicionada pela liberdade alheia. De sujeito, torna-se objeto, coisa para as outras consciências, alvo da liberdade do próximo (Penha, 1984, p. 86).

Nascemos numa cultura carregada de valores e interesses que conflitam com outros valores e outros interesses, esses jogos de relações, reflexos de nossa condição conflitiva, geram as mais diversas desigualdades. Para Sartre, as relações interpessoais são atravessadas "pela *escassez,* essa contingência original que tornará as relações humanas permanentemente conflituosas" (Almeida, 2016).

[10] *Face to Face* – Entrevista com Carl Jung (legendada em Português). Canal TheSolarisarts. Disponível em: <https://www.youtube.com/watch?v=_K5Qe-XbAAw>. Acesso em: 12 jan. 2022.

Analisando as teorias de todos esses autores fica evidente que os sentimentos e desejos humanos refletem nos valores de nossa estrutura social, visto vivermos de um modo dialético com o mundo.

Portanto, não devemos buscar a essência da desigualdade social, mas sim, "as situações concretas que podem dar origem a qualquer forma de entendimento que se queira obter, pois, elas contêm a possibilidade das próprias teorias" (Piccino, 2000).

Conforme expressa o esquema a seguir, muitas teorias partem de abstrações para explicar os fenômenos humanos.

O método fenomenológico e as teorias que se utilizam dele apresentam o caminho inverso de compreensão; elas partem do mundo concreto para estudar as relações do ser com o mundo (Castro, 2016).

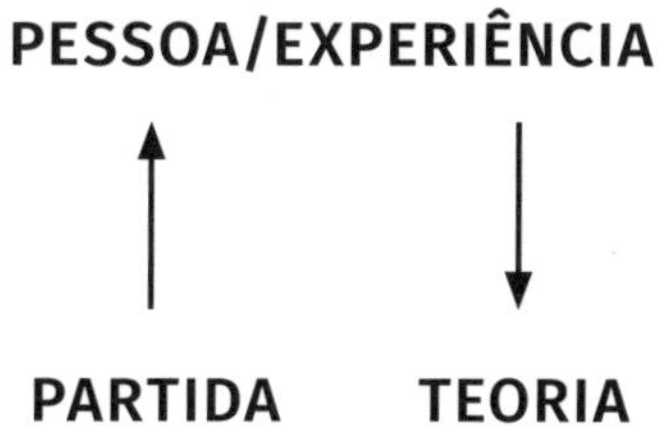

As abstrações metafísicas deixam de ser hegemônicas, a tradição platônica, que afirmava ser o mundo das ideias o mais seguro para nos basearmos (Mioranza, 2008), não é suficiente para explicar os fenômenos humanos. O método fenomenológico apresenta-se como contraponto dos demais métodos para compreender a realidade humana.

Partindo da análise do mundo cotidiano das pessoas, podemos observar que suas relações são mediadas pelos mais diversos sentimentos humanos: ganância, medos infundados, desejo de poder sobre os demais, etc. Sartre, na sua teoria sobre as relações do *Para-si* com *outros*

Para-si, revela que vivemos em conflito com as demais consciências, pois o outro, captura a minha liberdade assim como eu a dele (Almeida, 2016). Para Bornheim (2007), "a palavra final de todo o problema da intersubjetividade resume-se na luta, no conflito".

A partir dessas análises sobre a condição humana, podemos observar que as desigualdades, em especial a econômica, deixa de ser um tema inelutável (invencível, inevitável), assim como favorece a superação das concepções clássicas do "homem oprimido", pois é por meio do entendimento dos indivíduos que poderemos compreender o complexo jogo social. Diz-nos Sartre:

> Dostoievski escrevia: "Se Deus não existe, tudo é permitido". É o grande erro da transcendência. Que Deus existe ou não, a moral é um assunto "entre homens" e Deus não tem que colocar aí o seu nariz. A existência da moral, ao contrário, longe de provar Deus, o mantém afastado, porque é uma estrutura pessoal da realidade humana (Sartre, 1985 *apud* Castro, 2016).

Lembremo-nos de que a existência ou não de Deus não é um problema filosófico para Sartre, pois suas análises buscam investigar as relações dos sujeitos no mundo e com o mundo (Castro, 2016). Além disso, ele observa as consequências que essas relações produzem nos sujeitos e no mundo, assim como a responsabilidade que elas instituem neste mesmo mundo, visto que os sujeitos estão condenados a serem livres, portanto, são responsáveis pelas suas ações (Sartre, 1987).

Sartre teoriza que nossa existência se concretiza num campo prático inerte, revelando que:

> O campo prático-inerte é o campo de nossa servidão, e isso *não* significa uma servidão ideal, mas a submissão real às forças "naturais", às forças "mecânicas" e aos aparelhos "antissociais" (sic). Isso quer dizer que todo homem luta contra uma ordem que o esmaga real e materialmente em seu corpo e que ele contribui a sustentar e a reforçar pela própria luta que, individualmente, ele trava contra ela (Sartre, 1985 *apud* Almeida, 2016).

Freitas (2018) se refere ao campo prático inerte como uma "estrutura universal":

> É um campo prático, pois é produzido pelos homens, e também inerte, visto que depois de totalizado, apresenta-se como matéria fixa, imutável por si que circundam os indivíduos. As produções históricas, ou seja, os campos prático-inertes, não destruíram os anteriores, pois é com eles que os homens dialogam, superando-as pelo que nelas faltam.

O quadro a seguir nos mostra a construção complexa da história humana que se formula num processo dialético constante da relação do homem com a natureza. Almeida (2016, p. 145) explicita que "*O sujeito sartriano só pode ser compreendido no interior de condições materiais historicamente determinadas, ao mesmo tempo que produz e é produzido por tais condições.*"

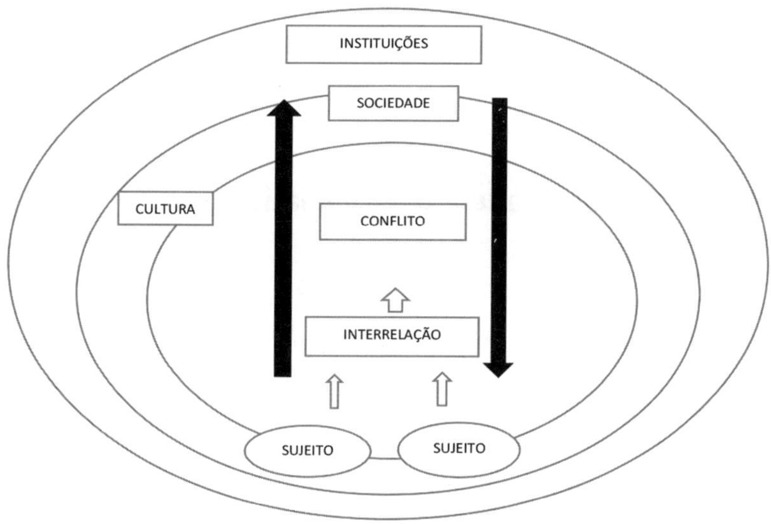

CAMPO PRÁTICO-INÉRTE[11]

Para Sartre, a gênese da história humana encontra-se na luta contra a escassez, mas como compreender essa história diante, não da escassez, mas diante da abundância de recursos e da produção constante de riquezas dentro desse campo prático-inerte?

[11] FONTE: Elaboração Própria.

Agora entra em cena o ser humano. Sartre em sua teoria jamais deixou de considerar o poder que o homem tem para modificar sua realidade, assim como para influenciá-la, pois o ser humano "*Não tem direitos nem valores intrínsecos: tem projeto.*" (ALMEIDA, 2016).[12] No processo dialético em que vivemos, os seres humanos já nascem em uma sociedade com projetos prontos. E que tipo de projeto a sociedade contemporânea oferece? Projetos de uma vida baseada na busca desenfreada pelo consumo, que desqualifica os que não atingem esse ideal (BAUMAN, 2005). O mais interessante é que esse projeto de sociedade é oferecido para **milhões** de sujeitos, enquanto apenas **milhares** usufruem dos seus benefícios. Freitas (2018), revela-nos que "para nos defender da escassez do mundo também a produzimos para outros. Produzimos também sua desumanidade ao continuar reafirmando a nossa humanidade tendo como foco os bens materiais e não o homem". O problema da intersubjetividade e dos valores morais percorrem a história humana, isto posto, devemos identificar esses problemas e seus desdobramentos.

Psicologia, desigualdade e existencialismo

"O começo de todas as ciências
é o espanto de as coisas serem o que são".
ARISTÓTELES

A psicologia ganha o estatuto de ciência à medida que se enquadra e se utiliza de padrões científicos para estudar, assim como para modificar o comportamento humano. Os mais diversos autores por

[12] Interessante observarmos como as ciências jurídicas baseadas em teorias jusnaturalistas defendem "... que o direito é independente da vontade humana, ele existe antes mesmo do homem e acima das leis do homem, para os jusnaturalistas o direito é algo natural e tem como pressupostos os valores do ser humano, e busca sempre um ideal de justiça". (VANIN, 2015). Teorias como essa, na visão sartriana, resultam apenas em uma tentativa de justificar e acobertar o processo dialética de construção da realidade, assim como os interesses particulares por trás para a manutenção dessa realidade.

meio da criação de testes e estudos comportamentais fizeram com que a Psicologia conquistasse notoriedade entre as mais diversas instituições, como nas escolas, no exército, nas prisões, nos manicômios, e na indústria, buscando maior eficiência em suas linhas de produção[13].

Existem, principalmente na Psicologia comportamental, estudos sobre a influência que as tomadas de decisões humanas geram nos fatores financeiros, detectando, assim, suas falhas e possíveis correções. Segundo os criadores desses estudos:

> A maior parte destes erros é resultante de falhas no processo racional, devido a interferências de motivações intrínsecas dos humanos. Descobrir, estudar e demonstrar aos investidores quando estes motivos podem prejudicá-los seria o principal objetivo das Finanças Comportamentais (Eliel, 2010).

Fato interessante nos traz Eliel (2010) ao relatar que os economistas clássicos "sustentavam que a Economia não se trata de comportamento humano, mas de relações universais entre conceitos". Como se existisse uma racionalidade plena sem interferências emocionais, estando essa dentro de um corpo humano, mas não sofrendo influências deste. Na visão sartriana, teorias como essa resultam apenas em uma tentativa de justificar e acobertar o processo dialético de construção da realidade, assim como, os interesses particulares por trás dessas construções teóricas. É interessante notarmos que essas teorias psicológicas produzem estes conhecimentos sobre o comportamento humano, com a finalidade de aprimorar a forma, por exemplo, como as pessoas aplicam seus investimentos nas bolsas de valores, assim como para melhorar o seu marketing em busca de estratégias geradoras de vendas.

Essas teorias contemporâneas nos remetem aos estudos do filósofo Nicolau Maquiavel (1469-1527), que referem ser o homem egoísta e ansioso por poder. Em suas análises históricas, as quais buscavam instrumentalizar os que detinham o poder, ele investigava "de que maneira o conflito ininterrupto entre os homens pode ser habilmente influenciado em favor dos detentores do poder" (Honnet, 2009).

[13] Rose, N. *Psicologia como ciência Social.* Disponível em: <https://www.scielo.br/j/psoc/a/9vmjdfJLFkXYLcPbRNYgnbt/?lang=pt>. Acesso em: 16 jun. 2021.

Alguns estudos psicológicos parecem ter a mesma finalidade que as análises do filósofo florentino.

No artigo *Ganância é doença mental com causas biológicas e sociais*[14], os autores nos trazem elementos para pensarmos nos malefícios que esse fenômeno humano gera na sociedade, pois o acúmulo de capital é um "vício', sendo ainda para eles, um vício regulamentado pelo próprio sistema econômico neoliberal, destacam que:

> Não se trata de demonizar a ambição, que estimula o crescimento e a inovação. Fala-se aqui da ambição (desejo) exagerada, que se torna um transtorno, que individualiza demais o homem, fazendo-o pensar apenas em ter liberdade para ganhar dinheiro, preferencialmente em curto prazo, sem perceber o quanto o sucesso econômico, e a sua própria qualidade de vida, depende do coletivo. A evolução da economia capitalista depende da insatisfação humana, portanto, pessoas satisfeitas não geram lucros!

A Psicologia deve estudar esses fenômenos, porém, não com a finalidade de instrumentalizar as pessoas para o aprimoramento dos seus investimentos econômicos, mas sim, com o propósito de compreender esse homem individual, que Sartre destaca em suas análises, para podermos entender e realizar intervenções na sociedade humana.

Todas as referências levantadas neste texto nos fazem pensar no papel que os desejos humanos produzem na construção da moral, da ética e da política, pois, na busca pela realização de seus desejos, as pessoas condenam outras à morte e ao desespero, eis nosso conflito ontológico! O que está por trás desse *Para-si* que deseja ser Deus? (Sartre, 1987). A ganância, a ânsia de posse, a busca sem limites pelo poder, o desejo de subjugar seus semelhantes por prazer? Que fenômenos são esses? Como eles afetam a sociedade? Será a sociedade espelho dos desejos humanos?

Segundo Freitas (2018, p. 246), "a função institucionalizada do(a) psicólogo(a) tende a ser a "do(a) guardião(ã) da paz, da harmonia e do equilíbrio institucional", isto é, a do que a ideologia soberana apregoa".

[14] Disponível em: <https://www.materiaincognita.com.br/ganancia-e-doenca-mental-com-causas-biologicas-e-sociais/>. Acesso em: 23 abr. 2021.

A Psicologia precisa revisar suas bases epistemológicas fundadas em concepções eurocêntricas ou norte-americanas, que tem como base o estilo de vida capitalista como ideal (Merani, 1972), assim como observar e estudar os sentimentos humanos que permeiam a constituição da sociedade e das pessoas, pois vivemos num processo dialético, conforme evidencia Sartre.

Considerações Finais

"O pior mal é aquele ao qual nos acostumamos"

Sartre

"O indivíduo é essencialmente coletivo, e a sociedade foi criada pelo indivíduo. O indivíduo e a sociedade estão inter-relacionados. (...) O indivíduo ergue a estrutura social, e a sociedade, ou ambiente, molda o indivíduo."

Krishnamurti

Regressando as palavras que iniciam nosso texto, podemos observar que apesar dos avanços sociais,[15] seres humanos ainda continuam negociando outros seres humanos em busca de ganhos materiais, assim como para satisfazer seus mais ocultos desejos. E é exatamente sobre esses desejos ocultos que devemos deter as nossas análises sociais e individuais, visto que estamos imersos nesses fenômenos e somos atravessados por eles diariamente.

Qual é o projeto de existência da nossa sociedade atual?

Para Bauman (2005), as sociedades ocidentais tratam os seres humanos como autômatos que devem enquadrar-se aos ditames da cultura consumista, caso contrário, serão tratados como seres supérfluos, ou seja, o projeto atual é que sejamos consumidores!

Para Sartre, as ações, assim como as escolhas cotidianas, revelam o nosso projeto e, em última instância, nós desejamos ser algo diante

[15] Como o fim da escravidão institucionalizada, por exemplo.

do outro. Que tipo de projeto estamos sendo diante dos outros? Projetos ambiciosos, egocêntricos? Castro (2016) nos diz que a psicanálise existencial sartriana:

> visa obter a intuição de um projeto original, manifesto em atos particulares, cujo sentido último remete à liberdade do sujeito e à modalidade específica pela qual o para-si escolheu preencher sua falta de ser.

Diante das palavras de Castro, surge mais uma pergunta: Com que categoria de moral e de ética preenchemos a nossa falta de ser?

O método fenomenológico, que inspirou Sartre em suas análises sobre as relações do homem com o mundo, orienta-nos a ter uma atitude fenomenológica, ou seja, de buscarmos as origens últimas de todas as coisas nas relações concretas. O método progressivo-regressivo que Sartre sistematiza em sua obra *Questões do Método* (1957) também sustenta as nossas análises, visto que Sartre buscava com ele "... trazer à tona os aspectos dialéticos existentes entre o individual e o social e compreender cada individualidade em relação ao seu projeto dentro da História" (Englebert, 2017, p. 84).

Neste sentido, as palavras do filósofo Rousseau revelam a nossa desconfiança sobre uma possível origem do fenômeno da desigualdade: os desejos humanos e seus desdobramentos no mundo prático-inerte.

> O primeiro que, tendo cercado um terreno, se lembrou de dizer: Isto é meu, e encontrou pessoas bastante simples para acreditar, foi o verdadeiro fundador da sociedade civil. Quantos crimes, guerras, assassínios, misérias e horrores não teria poupado ao gênero humano aquele que, arrancando as estacas ou tapando os buracos, tivesse gritado aos seus semelhantes: "Livrai-vos de escutar esse impostor; estareis perdidos se esquecerdes que os frutos são de todos, e a terra de ninguém!". Parece, porém, que as coisas já tinham chegado ao ponto de não mais poder ficar como estavam: porque essa ideia de propriedade, dependendo muito de ideias anteriores que só puderam nascer sucessivamente, não se formou de repente no espírito humano: foi preciso fazer muitos progressos, adquirir muita indústria e luzes, transmiti-las e aumentá-las de idade em idade, antes de chegar a esse último termo do estado de natureza. (Rousseau, 2001: 91).

Para intervirmos no fenômeno da desigualdade social, são necessárias alterações nas estruturas das instituições vigentes, como revelam muitos estudos teóricos, e não desconsideramos isso, mas, uma questão incontornável apresenta-se, a compreensão desse primeiro homem que resolveu cercar esse terreno e dizer que era (é) dele, assim como a reprodução histórica desse comportamento e sentimento de posse nos processos dialéticos no decorrer do tempo. Schneider (2006, p. 109) refere que a psicoterapia existencial sartriana deve:

> ... possibilitar ao paciente o seu estatuto de sujeito, ou seja, enquanto sujeito que tem de escolher em situações concretas, com clareza de seu compromisso ontológico com os outros, com a sociedade. Dessa forma, tem como meta superar a alienação do sujeito.

Almeida (2016) revela que ao nos utilizarmos da dialética passaremos a entender que "... a justiça não é uma ideia, mas a articulação histórica das práxis".

Em conclusão, a teoria sartriana apresenta um fundamento ético que deve nortear a nossa relação com o outro e com o mundo, para ele:

> Não há um único de nossos atos que, criando o homem que queremos ser, não esteja criando, simultaneamente, uma imagem do homem tal como julgamos que ele deva ser. Escolher ser isto ou aquilo é afirmar, concomitantemente, o valor do que estamos escolhendo [...], Portanto, a nossa responsabilidade é muito maior do que poderíamos supor, pois ela engaja a humanidade inteira (Sartre, 1987).

Sartre provoca a todos nós com essa afirmação, pois além de sermos livres ontologicamente, nós somos também ontologicamente responsáveis pelo outro e pela sociedade!

Referências

ALMEIDA, Silvia Luiz de. *Sartre*: direito e política. São Paulo: Boitempo, 2016.

ANDRADE, Regis de Castro. *Política e pobreza no Brasil*. 1989. Disponível em: <https://www.scielo.br/j/ln/a/6y4vLCtZBZ6k8xMCbFJFNQj/?lang=pt>. Acesso em: 12 fev. 2021.

ANGERAMI, Valdemar Augusto (Org.). *A psicologia da saúde na prática*: teoria e prática. Belo Horizonte: Artesã, 2019.

ARAÚJO, Cícero. Legitimidade democrática, igualdade e desigualdade. *Revista Brasileira de Ciência Política*. Disponível em: <http://ojs.bce.unb.br/index.php/rbcp/article/view/7743>. Acesso em: 25 abr. 2021.

ARISTÓTELES. *A Política*. 2. ed. Tradução do grego de Nestor Silveira Chaves. São Paulo: Edipro, 2009.

BARBOSA, Cristiane Aparecida. *A Desigualdade nos Clássicos Políticos*: De Platão a Rousseau. Disponível em: <http://www.seer.ufu.br/index.php/EducacaoFilosofia/article/view/589/533>. Acesso em: 17 jan. 2021.

BARROS, Ricardo Paes; HENRIQUES, Ricardo; MENDONÇA, Rosane. *Desigualdade e pobreza no Brasil*: retrato de uma estabilidade inaceitável. Disponível em: <https://www.scielo.br/j/rbcsoc/a/WMrPqbymgm4VjGwZcJjvFkx/?lang=pt#>. Acesso em: 12 fev. 2021.

BAUMAN, Z. *Vidas desperdiçadas*. Rio de Janeiro: J. Zahar, 2005.

BOCK, A. M. et al. *Psicologias*: uma introdução ao estudo da psicologia. São Paulo: Saraiva, 2001.

BORNHEIM, G. *Sartre. Metafísica e existencialismo*. São Paulo: Perspectiva, 2007.

BRANCO, Judikael Castelo. *Violência entre ontologia e historia na filosofia de Jean Paul Sartre*. Disponível em: <https://www.marilia.unesp.br/Home/RevistasEletronicas/Kinesis/judikael.pdf>. Acesso em: 16 maio 2021.

CABRAL, João Francisco Pereira. *Consciência, dialética e história em Sartre*. Brasil Escola. Disponível em: <https://brasilescola.uol.com.br/filosofia/consciencia-dialetica-historia-sartre.htm>. Acesso em: 20 maio 2021.

CASTRO, Fabio Capiro Leite de. *A ética de Sartre*. São Paulo. Edições Loyola, 2016.

CASTRO, Fernando Gastal de; SCHNEIDER, Daniela Ribeiro; BORIS, Georgis Daniel Janja Bloc (Orgs). *J-P. Sartre e os desafios à psicologia contemporânea*. Rio de Janeiro: Via Verita, 2017.

ELIAN, Miguel Haum. *Além da ganância e do medo*: a abordagem das finanças comportamentais no contexto das decisões econômicas. Disponível em: <http://hdl.handle.net/11422/2446>. Acesso em: 16 mar. 2021.

ERTHAL, T. C. S. *Trilogia da Existência*: teoria e prática da psicoterapia vivencial. Curitiba, PR: Editora Appris, 2013.

FREITAS, Sylvia Mara Pires de. *Sartre, Psicologia de Grupo e Mediação Grupal*. Maringá, 2018. Disponível em: <http://www.ppi.uem.br/arquivos-2019/PPI_2018_SYLVIA.MARA_Tese.pdf>. Acesso em: 20 abr. 2021.

FREUD. Sigmund. *O mal estar na civilização*. Imago: Rio de Janeiro, 1974.

GALVÃO, Giovana Mendonça. *Criminalização da Pobreza*: o produto de uma violência estrutural. 2013. Disponível em: <https://periodicos.ufrn.br/transgressoes/article/view/6576>. Acesso em: 23 maio 2021.

HAGUETE, André. Para além do bolsa família. Disponível em: <https://mais.opovo.com.br/jornal/opiniao/2018/07/para-alem-do-bolsa-familia.html>. Acesso em: 12 jan. 2021.

HONNET, Axel. *Luta por reconhecimento*: a gramática moral dos conflitos sociais. São Paulo: Editora 34, 2009.

HUBERMAN, L. *História da riqueza do homem*. 21 ed. Tradução de Waltensir Dutra. Rio de Janeiro: LTC, 1986.

KHISHNAMURTI, Jiddu. *Liberte-se do Passado*. Editora Cultrix, 2006.

LANE, S.T.M.; CODO, W. (Orgs). *Psicologia Social*: o homem em movimento. São Paulo: Brasiliense, 1984.

LEFEBVRE, Henri. *Marxismo*. Tradução de Willian Lagos. Porto Alegre: L&PM, 2011.

MARX, Karl; ENGELS, Friedrich: *O manifesto Comunista 150 anos depois*. Carlos Nelson Coutinho... (et. al.); Daniel Aarão Reis Filho (organizador). – Rio de Janeiro: contraponto; São Paulo: Fundação Perseu Abramo, 1998.

MICHELOTTO, Regina Maria. *A desigualdade na história dos homens*. 1997. Disponível em: <https://doi.org/10.1590/0104-4060.170>. Acesso em: 23 abr. 2021.

MIORANZA, C. *Filosofia*: origens, conceitos, escolas e pensadores. São Paulo: Escala Educacional, 2008.

MONTEAGUDO, Ricardo. *Rousseau existencialista*. Disponível em: <https://www.scielo.br/j/trans/a/9PC3kGHRn3hQ7G7HNYj6Nzk/?lang=pt>. Acesso em: 23 fev. 2021.

MUNSTER, Arno. *Dialética e práxis no pensamento de Jean Paul Sartre (Uma leitura da Crítica da razão dialética)*. Disponível em: <https://revistas.ufpr.br/doispontos/article/view/6502/4670>. Acesso em: 27 abr. 2021.

NASCIMENTO, André Barata; CAMPOS, Carolina Mendes. *Psicologia Fenomenológica, Psicanálise existencial e possibilidades clínicas a partir de Sartre.* Disponível em: <https://www.redalyc.org/pdf/4518/451844639002.pdf>. Acesso em: 12 jan. 2021.

PENHA, João da. *O que é Existencialismo.* 4 ed. SP: Brasiliense, 1984.

PICCINO, Josefina Daniel. *O que é existencialismo*: existencialismo – fenomenologia – humanismo. Fenomenologia e análise do existir. Dagmar Silva Pinto de Castro et al. (Org.). São Paulo. Universidade Metodista de São Paulo: Sobraphe, 2000.

ROSE, Nikolas. *Psicologia como uma ciência social.* Disponível em: <https://www.scielo.br/j/psoc/a/9vmjdfJLFkXYLcPbRNYgnbt/?lang=pt>. Acesso em: 23 fev. 2021.

ROUSSEAU, J. J. *Discurso sobre a origem da desigualdade.* Tradução de Maria Lacerda de Moura. Edição eletrônica: Ridendo Castigat Mores. Julho, 2001.

SARTRE, Jean-Paul. *Critique de la raison dialectique (précédé de Questions de méthode) – tome I: théorie des ensembles pratiques.* Paris: Gallimard, 1985.

SARTRE, J-P. *O existencialismo é um Humanismo; A imaginação; Questão de método.* São Paulo: Nova Cultural, 1987. Coleção Os Pensadores.

SCHNEIDER, D. R. Novas perspectivas para a Psicologia Clínica a partir das contribuições de J. P Sartre. In: *Interação em Psicologia* (Curitiba), v. 10, p. 101-112, 2006.

SCHNEIDER, D. R. *Sartre e a psicologia clínica.* Florianópolis, SC: Edufsc, 2011.

SILVA, C. A. de F. da. Aportes clínicos sartrianos III: método progressivo-regressivo. *Aufklärung: revista de filosofia*, [S. l.], v. 7, n. esp., p. 137–150, 2020. DOI: 10.18012/arf.2019.50529. Disponível em: <https://periodicos.ufpb.br/index.php/arf/article/view/50529>. Acesso em: 7 out. 2021.

SLOAN, Tod; MOREIRA, Virginia. *Personalidade, Ideologia e Psicopatologia Crítica.* MJW Fédition. Edição do Kindle.

SMITH, Adam. A Riqueza das Nações: uma investigação sobre a natureza e as causas da riqueza das nações. São Paulo: Madras, 2009.

TROVÃO, Cassiano José Bezerra Marques; MANZANO, Sofia Pádua. *Fundamentos da Desigualdade*: uma abordagem teórica. Disponível em: <https://ccsa.ufrn.br/portal/wp-content/uploads/2019/08/tddepec-0032019TrovaoManzano.pdf>. Acesso em: 19 mar. 2021.

VANIN, Carlos Eduardo. *Jusnaturalismo e Juspositivismo.* Disponível em: <https://duduhvanin.jusbrasil.com.br/artigos/189321440/jusnaturalismo--e-juspositivismo>. Acesso em: 27 jun. 2021.

VENSON, Anamaria Marcon. *Pensando a Historicidade do Tráfico de Pessoas.* Disponível em: <http://www.fg2013.wwc2017.eventos.dype.com.br/resources/anais/20/1373318126_ARQUIVO_FG10texto.pdf>. Acesso em: 12 mar. 2021.

VIEIRA, R. A. Amaral. *Sartre e a Revolta do nosso Tempo.* Rio de Janeiro: Forense, 1967.

POESIA

Das flores...

Isabella Leão

Para o meu Lindo...

Tão delicada, intensa, assim é a flor...
Assim é o amor... Flor e amor...
Não escolhe onde nasce e nem a quem pertencer...
Existe pelo simples existir. No preencher único da vida...
Nessa caminhada, soma o que há de mais belo...
Quem a sente tem o privilégio de pulsar a vida...
Nesse pulsar vibra o mais lindo sentimento...
Sempre presente em cada tom...
Em cada forma.... Em cada jardim...
Aqui ou aí nunca em um lugar específico...
E mostrando o fluir de tudo que encanta a vida...
Nada a impede, surge, termina a qualquer momento...
E sempre nos envolve na fragilidade desse sentimento...
Em várias maneiras mostrando o incontrolável...
E onde tudo flui em beleza...
Tudo isso nos pertence, mas não temos o controle...
Sentimos, desejamos o lindo pulsar colorido da vida...
Em seus diversos tons, perfumes...
E da certeza de que as mais lindas flores
Crescem na adversidade...

Belo Horizonte, numa noite de Inverno.

CAPÍTULO 5

A vivência do olhar na psicoterapia: aportes fenomenológicos e hermenêuticos ao trabalho com o pensamento de Sartre

Luiz José Veríssimo

O "ser-visto-pelo-outro" é a verdade do "ver-o-outro.

(JEAN-PAUL SARTRE)

Introdução

Com certa frequência, temos trabalhado as relações humanas, especialmente, as relações amorosas, e nos deparamos nas leituras de Sartre com a problemática da alteridade e do olhar, estruturantes não só das relações humanas, como da construção da identidade própria.

Neste capítulo, gostaríamos de operar uma compreensão do olhar no espaço da psicoterapia. Como psicoterapia, entendemos o encontro entre pessoas, em que uma delas (ou um casal, uma família, um grupo) solicita uma escuta diligente e cuidadosa. Junto a esse apelo, descobrimos as implicações do olhar numa psicoterapia. O estudo de Sartre nos chamou a atenção, enquanto trabalhamos com a prática da psicoterapia conjugada a uma permanente sedução pela filosofia, para o fato de que as pessoas em atendimento solicitam também *um olhar*. Isso nos motivou a adensar uma análise do olhar como fio condutor de nossas considerações.

Como se trabalha na psicoterapia de inspiração existencial com um referencial epistemológico pautado pela fenomenologia, achamos oportuno apresentar aos nossos leitores a articulação entre a amplitude semântica do olhar e a fenomenologia. Se entramos na fenomenologia, tentamos tecer algumas considerações acerca da consciência, uma noção não só inescapável, como preciosa para se trabalhar com a fenomenologia, o que nos instigou a ir, ainda que modestamente, de Sartre até a dialética de Hegel.

Finalmente, pusemo-nos no caminho de pensar as implicações da questão do olhar e da alteridade no terreno psicoterápico. Para isso, fizemos uma sucinta revisão de certos conceitos fundamentais formulados por Sartre acerca do olhar e das relações humanas.

Tentamos acompanhar de perto o *ponto de vista* tanto de quem é atendido quanto de quem atende. Em nosso percurso pelo que envolve essa relação entre olhares, encontramos a estrutura basilar da formação da autoimagem e da autoestima: o projeto original.

Contribuição da fenomenologia para a compreensão do olhar na psicoterapia

O que Sartre irá trabalhar como o olhar nas relações humanas nos remete a um problema central: o que se vê? Como se vê o que se vê?

O que se vê é *fenômeno*, é o que aparece. O que aparece é, também, um acontecimento, pois, implica uma vivência. Cada vivência é imanente à consciência, pois, os atos da consciência nada mais são do que as suas vivências. Pelos atos ou vivências da consciência (o imaginar, o perceber, o sentir, o desejar, etc.), visamos os objetos que nos aparecem como fenômenos.

Se estamos nos debruçando sobre o tema do olhar numa psicoterapia de proposta sartriana, desejamos começar por uma leitura da fenomenologia. Na fenomenologia de Husserl, inspiradora de autores fenomenológico-existenciais tais como Sartre, Heidegger, Merleau-Ponty, encontramos uma relação estreita entre certas noções que nos apontam o ver, a evidência, o olhar, a perspectiva.

Essa gravitação em torno de uma semântica do ver e do olhar é encontrada fartamente na obra de Merleau-Ponty, a começar, pelo título de seu livro póstumo *O visível e o invisível* (2007). Esse enfoque já aparece em suas análises de Husserl, que abrem o seu extenso estudo *Fenomenologia da Percepção* (Merleau-Ponty, 2001).

Ali, nas páginas que prefaciam o livro, encontramos certas pistas sobre a semântica do ver e do olhar. Para começar, surge-nos a constatação de Merleau-Ponty ao estudar Husserl: eu sou a fonte do que se poderia chamar de consciência do mundo, afinal, a ciência é construída sobre o mundo vivido. Não é a ciência, sou eu, a fonte. Ou melhor, sou relação com mundo e, nesse sentido, se a ciência explica o mundo, eu o *vivencio*. Se é proposto algum conhecimento do mundo pela ciência, isso não se sustentaria, se eu não o percorresse com o meu olhar.

Ao se referir ao que ficou conhecido como *redução fenomenológica*, Merleau-Ponty novamente se refere ao ver:

> Todo o mal-entendido de Husserl com os seus intérpretes, com os "dissidentes" existencialistas e finalmente com ele mesmo vem de que, justamente, para ver o mundo e lhe compreender como paradoxo, é necessário romper a nossa familiaridade com ele, e que essa ruptura não pode nos ensinar nada senão o brotamento imotivado do mundo (Merleau-Ponty, 2001, p. VIII).

Merleau-Ponty nos ajuda a concluir que "a verdadeira filosofia consiste em reaprender a ver o mundo e, nesse sentido, uma história relatada pode significar o mundo com tanta profundidade quanto um tratado de filosofia" (Merleau-Ponty, 2001, p. XVI).

O que Husserl ardentemente deseja, seu pote no final do arco-íris, é *claridade*. Husserl quer compreender, por meio de uma renovada crítica do conhecimento, a possibilidade de uma captação originária do fenômeno, a doação de sentido originária imanente ao fenômeno na relação que a consciência estabelece com o mundo e com os seus objetos por meio dos seus atos (chama-se essa relação de intencionalidade). Aqui, encontramos uma acentuada ênfase na referência ao ver fenomenológico.

> O que eu quero é *claridade*, quero compreender *a possibilidade* deste apreender, isto é, se examino o seu sentido, quero ter diante dos meus olhos a essência da possibilidade de tal apreender, quero transformá-lo intuitivamente em dado. O ver não pode demonstrar-se; o cego que quer tornar-se vidente não o consegue mediante demonstrações científicas; as teorias físicas e fisiológicas das cores não proporcionam nenhuma claridade intuitiva do sentido da cor, tal como o tem quem vê [a cor] (Husserl, 1990, p. 25).

O que Husserl deseja captar é esse dado, o autodado, essa doação de sentido, as coisas elas mesmas, o que nos mostra o fenômeno. Fenômeno tem a sua origem no verbo grego *phaínesthai*: mostrar-se. *Phainómenon* é um termo grego que significa aquilo que se mostra, que se revela. A sua etimologia sugere: trazer para a luz, pôr no claro, luz do dia. Está ligado à raiz *phos*, à luz, à claridade, "isto é, o elemento, o meio, em que alguma coisa pode vir a se revelar e a se tornar visível em si mesma. Deve-se *manter*, portanto, como significado da expressão "fenômeno" o que se revela, *o que se mostra em si mesmo*" (Heidegger, 2012, p. 67).

O fenômeno, o que aparece, pode se mostrar, pode aparecer de muitas formas, inclusive, pode se mostrar no modo do ocultar-se, do parecer-se com, da aparência. Podemos dizer "essa pessoa vive de aparência!". Esse é, efetivamente, um mostrar-se dela, um mostrar-se como se fosse outra pessoa, como se não fosse ela mesma. Trata-se de um mostrar-se que é ao mesmo tempo um ocultar-se. Tanto esse mostrar-se através de uma máscara dissimuladora, quanto o seu esconder-se nessa máscara é fenômeno, é uma forma com que a pessoa aparece para nós (e para si mesma). Uma dissimulação é tanto um mostrar-se quanto uma intenção de mostrar-se com transparência. Trata-se sempre de um mostrar-se, trata-se sempre de um fenômeno.

O que Husserl propõe como finalidade principal de sua pesquisa filosófica, que é ao mesmo tempo um método, reside no problema de como podemos acessar o mostrar-se das coisas elas mesmas. Na verdade, não se trata de um acessar, pois o que tanto se procura já está dado em cada fenômeno. Em cada aparecer, captamos em nossa relação com o que aparece (*intencionalidade* ou *visada* do objeto) um sentido originário. Ocorre que, no que intencionamos (ou seja, em nossa relação com um objeto, com uma pessoa, etc.), tecemos interpretações acerca dos fenômenos. Achamos que o mundo é tal como nos aparece de imediato, ou como nos foi contado, foi-nos ensinado, informado e que demos crédito sem uma inspeção crítica. Isso, como sabem aqueles que estudam fenomenologia, é conhecido como *atitude natural* (ou *psicologismo*). É preciso, portanto, um trabalho da consciência para colocar em suspenso várias determinações atribuídas aos fenômenos pela atitude natural. Essa tarefa se designa *epoché* ou redução fenomenológica.

Em tudo o que nos aparece, a nossa visão de mundo está implicada. Em vez de simplesmente abordar o mundo a partir unicamente da nossa visão, é preciso antes, perguntar incessantemente pelo *sentido* dessa visão de mundo, de onde vem, para onde aponta; é preciso perguntar, sem descanso, sobre o sentido, sobre o *como* nos aparecem as pessoas, os seres e coisas do mundo. Tecendo uma compreensão dos sentidos, descobriremos, a um só tempo, o mundo e a nós próprios.

Aqui, já estamos num terreno familiar a Sartre e Heidegger. Entremos nele, não sem antes mais uma escuta de Merleau-Ponty: se é verdade que "o mundo é *o que vemos*, [...] contudo, precisamos aprender a vê-lo" (Merleau-Ponty, 2007, p. 16).

A consciência em seu aspecto vivencial e em seu aspecto reflexivo

Antes de entrar na nossa questão propriamente dita, a saber, o olhar na psicoterapia, gostaríamos de passear por algumas considerações sobre o método fenomenológico, no que diz respeito a uma proposta de cunho sartriano.

Sartre escancara sua filiação à fenomenologia logo de cara, ao nos conceber como um para-si ou consciência. No esteio de Husserl, Sartre reafirma que a consciência se constitui como um fluxo contínuo de vivências que está implicado em cada momento de nossa existência. Por isso, alega Sartre, a consciência se faz enquanto consciência irrefletida (esse fluxo dos vividos da consciência), consciência irreflexiva (concerne às vivências que não são objetivadas pela consciência reflexiva) e a consciência reflexiva (como o termo sugere é uma consciência da consciência; é identificada quando fazemos uma espécie de inspeção sobre o que sentimos, desejamos, imaginamos, enfim, quando refletimos sobre o que vivenciamos, ou ao menos, quando adjetivamos e nomeamos o que vivenciamos).

Numa psicoterapia, ao nos debruçarmos sobre o que fazemos, pensamos, sentimos, acreditamos, operamos um retorno ao que é pura consciência *vivida*. A esse movimento chamamos consciência reflexiva ou consciência tética (indica que a consciência tematiza as suas próprias vivências, como se diz, um pouco mais tecnicamente, que ela posiciona suas vivências como o seu objeto); podemos chamar a consciência descrita de consciência de segundo grau, enquanto a consciência de primeiro grau ou não tética refere-se às nossas próprias vivências.

Para que possamos desenvolver uma compreensão mais ampla de nós mesmos, precisamos entrar na ceara das nossas vivências. O que se põe no claro, como aponta a etimologia de fenômeno, cria um halo de sombra, como nota Heidegger (1992). Se somos consciência, do início ao fim de nosso *ser consciência de...*, não por isso somos uma transparência a nós próprios. Em jargão fenomenológico, somos consciência de si, na medida em que somos consciência de ser consciência de alguma coisa. Não por isso, somos uma plena e bem sucedida consciência acerca de si. Descrevendo a compreensão de Sartre sobre a consciência, Alves esclarece que o termo *consciência de si* não significa, necessariamente, um conhecimento objetivo acerca de si.

> A consciência é sempre, em cada uma das suas vivências, consciência do objeto que por elas é intencionalmente visado e, simultaneamente, consciência de si própria. Só que esta consciência de si ainda não se desenvolveu como um ato autônomo que ponha a própria vivência como seu objeto. Trata-se antes de uma consciência que se consuma inteiramente ao nível da relação com objeto transcendente e que é, por si mesma, incapaz de operar aquela distanciação relativamente a si que torna possível o ato reflexivo (Alves, 1994, p. 10).

Não percebemos clara, atenta e precisamente tudo a nosso respeito, somos também o nosso próprio negativo, ou seja, muitas vezes, negamos, ou, no mínimo, omitimos, negligenciamos o que se passa conosco, como indica a nossa própria experiência.

Não poderíamos falar coisa alguma a nosso respeito se não fôssemos consciência de si. A palavra que interpreta o que se passa, que tenta explicar, que ressignifica, que pergunta sobre si é *a* posteriori. O que vem primeiro, o que se dá antes do mais como vivência pertence a essa consciência de si irrefletida. Consciência de si não pode ser, portanto, confundida com estar consciente no modo objetivante acerca de si mesmo. Consciência de si para Sartre apoiado em Husserl é ser consciência de... o tempo todo, ou seja, constitui-se pelo intencionar: a consciência incessantemente visa aos seus objetos, captando, para Husserl, um sentido fundamental nessa visada, ainda que essa "doação de sentido" imanente aos fenômenos permaneça na maioria do tempo encoberta pela atitude natural que desobriga a consciência de um *aprender a ver.*

Em suma, em termos fenomenológicos, se somos consciência, não por isso investimos necessariamente no caráter reflexivo da consciência. Não basta ser ontologicamente consciência para estar plenamente cônscio de si. A atitude de acolher a vivência sob o aceno de uma consciência tética ou reflexiva nos lançará na angústia. Por isso, muitas vezes, evitamos pensar sobre nós, ou ainda, pensamos de forma a distorcer uma compreensão efetiva de nossa nudez, enchendo-nos de desculpas e justificativas esfarrapas acerca de nós próprios, em geral, para evitar, justamente, a incômoda presença da angústia. A isso, Sartre designa com o termo *má-fé.*

A psicoterapia envolve uma elaboração das vivências ao procurar teticamente (reflexivamente) o seu sentido. Isso não é apenas uma tarefa intelectual. Para refletir sobre as vivências, é preciso se abrir para elas. Eis especialmente aonde bate a angústia. O trabalho psicoterápico pode oferecer convites para deixar a angústia habitar a consciência reflexiva.

É interessante analisarmos o problema da compreensão fenomenológica da consciência por outro ângulo, agora, pelo lado da consciência irrefletida, o que nos conduz à seguinte pergunta. Como eu poderia tecer qualquer reflexão (consciência tética ou reflexiva) destituído da vivência irrefletida (consciência não tética ou irreflexiva) que acompanha cada reflexão? Como poderia demorar-me em considerações sobre uma recordação isento da vivência a que pertence essa mesma recordação? Não poderia. Não se trata de estabelecer como regra imperial, um modo de consciência cujo valor seja maior que o outro. O que deliberamos racionalmente e o que arbitramos se dá sob o solo das nossas vivências.

Não é o pensar raciocinante, calculista, arguto, argumentativo, pronto a disputar as suas teses como se estivesse num tabuleiro cujo prêmio é a persuasão, ou mesmo aquelas autoindagações intermináveis; não são os juízos avaliativos que inspecionam cada vírgula do que experimentamos que revelam um sentido fundamental para o que se mostra a nós enquanto consciência que somos. A consciência vivida não é um objeto inerte da consciência em seu movimento reflexivo. "Ao contrário, é a consciência não reflexiva que torna a reflexão possível" (Sartre, 2006, p. 19). Portanto, a condição de possibilidade de qualquer trabalho de autoconsciência é a própria consciência de si no mundo em seu aspecto irreflexo ou vivencial. Por isso, nossas escolhas, mesmo às que são voluntariosas e deliberadas se radicam, em última análise, em nossas vivências.

Para o cenário psicoterapêutico, vale levar em conta algo que concerne tanto ao psicólogo que atende quanto à pessoa em atendimento. Antes, se refletir sobre uma vivência, importa consignar essa experiência, na medida em que se tenta estar junto a ela, passo a passo. Acerca, por exemplo, da recordação de uma vivência, é preciso que eu dirija a minha atenção para os objetos ressurgidos, sem perder de vista a consciência vivencial deles, mantendo com essa consciência "uma espécie de cumplicidade e inventariando o seu conteúdo de modo não posicional" (Sartre, 1994, p. 51). Isso significa, por assim dizer, caminhar passo a passo com o recordado, imaginado, percebido, desejado, etc., a partir do vivido. Para algumas pessoas, é um grande desafio. Trata-se, portanto, de estabelecer uma espécie de cumplicidade entre o momento reflexivo e a instância vivencial da consciência, sem a qual, a nossa lucubração não passará, quando muito, de uma sofisticada abstração ou de um jogo sofístico.

O método da Psicanálise Existencial

As nossas vivências estão articuladas às nossas escolhas, assim como um determinado pensar avaliativo a respeito de si mesmo (portanto, operado pela consciência num momento reflexivo) também é uma escolha. Em toda escolha está implicada uma compreensão de si, do outro, uma visão de mundo, assim como uma tonalidade vivencial. Socorremo-nos em nós próprios para esclarecer mais um pouquinho acerca desse ponto.

> A voluntariedade e a autonomia do agir são modalidades de escolha, mas, o universo dos possíveis, que forma o campo das nossas escolhas, não se reduz à nossa vontade arbitrária. Costumamos imaginar a escolha como algo deliberado e refletido. Mas ela é muitas vezes passional. A escolha é o modo como agimos, intencionamos, interpretamos, decidimos em cada

> situação de nossa vida, sem poder justificar que não foi nossa, pois estamos sempre a escolher-nos, ou seja, posicionando-nos no mundo e posicionando um sentido e valor a nós-no-mundo.
>
> Escolhemos de várias formas. O desejo para Sartre é um escolher-se no mundo. Assim como a afetividade, a sexualidade, a imaginação. A maioria de nossas escolhas é feita de forma passional e vivencial (Veríssimo, 2017, p. 272-273).

Por que, nesse momento, preocupamo-nos com a noção de escolha e sua articulação com a vivência? Porque, segundo entendemos das leituras de Sartre, a nossa conduta está diretamente envolvida com as nossas escolhas e com as nossas vivências, que, por sua vez, articulam-se com o nosso projeto original. Cada modo expressivo, vivencial, comportamental nosso, desde o desejo até nosso pensar reflexivo, nada mais é do que uma cifra de nosso projeto original.

O projeto original é uma escolha fundamental e originária de si no mundo, um projeto de ser, um desejo de ser, uma espécie de contrato com a vida cujo signatário é essa escolha de si original. Esse desejo de ser ou projeto original, Sartre explicita como desejo de *ser em-si* (Sartre, 2006, p. 611), vale dizer, de se ver e se experimentar como se fosse uma essência vivenciada como valor reificado, que ao mesmo tempo, orientaria, como se fosse um leme, não só as escolhas como o sentido global da existência pessoal.

Não custa lembrar o que é sabido por quem estuda Sartre. Esse desejo de ser, de ser-em si, de ser uma essência definida é inconcluso, dada a condição humana (designada de para-si) que alberga a possibilidade de contestar, negar, modificar o seu ser. A isso, Sartre considera a própria liberdade: "o único ser que pode dito livre é o ser que nadifica seu ser. [...] A liberdade é precisamente o ser que se faz falta de ser" (Sartre, 2006, p. 613). Dado que o desejo é falta de ser em-si, a liberdade se sustenta como o ser que se faz desejo de ser, ou seja, como um projeto perseguido, porém, jamais concluído, de se tornar uma essência, antes do mais, para si mesmo.

Sartre, sob inspiração da fenomenologia de Husserl e numa interlocução crítica com a psicanálise, descortina uma hermenêutica de nossas condutas. Sartre propôs um método para revelar o nosso projeto original. Chama-o de Psicanálise Existencial. Quanto à psicanálise (Freud e seus discípulos), Sartre faz uma série de aproximações e diferenciações que não é nosso escopo explorar aqui, dado o nosso interesse, nesse momento, no eixo do olhar, do ver, do visto e suas implicações fenomenológicas.[1]

Sartre se debruça sobre a fenomenologia de Husserl e lança mão da redução fenomenológica, que descrevemos sucintamente supra. Sartre propõe que se descortine pelo método fenomenológico esse elo indissociável entre cada escolha, cada conduta e o projeto original. Tal como Husserl e Heidegger, Sartre ambiciona e anseia pelo desvelamento do que se *mostra por si mesmo* nos fenômenos.

Sartre, leitor de Husserl, deseja uma investigação que nos leve ao irredutível, ao "verdadeiro irredutível psíquico" (Sartre, 2006, p. 606), ou seja, ao desvelamento do projeto original, anterior às designações categoriais e conceituais, aos valores e juízos que são atribuídos às nossas condutas, emoções e aos nossos desejos. Por isso, aparecem expressões de Sartre como o irredutível, o evidente, a compreensão pré-ontológica (pré-ontológica no sentido da pretensão a que se chegue à possibilidade de um mostrar-se primigênio de tal modo que a compreensão não permaneça presa na teia do que foi proposto posteriormente à vivência concreta como explicação conceitual dela).

Sartre sugere que se observe a pessoa quanto às suas diversas inclinações e tendências empiricamente descobertas. Como manifestações empíricas, entendemos o que aparece a nós como fenômeno a partir da nossa vista da conduta de alguém. Esse movimento envolve, numa psicoterapia, observar a pessoa atendida, confrontar as suas percepções umas com as outras, escutar, indagar o cliente sobre o que experimenta e sobre os sentidos que confere ao que experimenta. Não se trata de um simples inventário que coleta dados e se contenta em estabelecer relações causais ou estatísticas, e sim, de ir formando uma compreensão do sujeito como uma totalidade, uma autêntica Gestalt, em que cada parte, cada comportamento particular expressa ou conduz as significações mais amplas que indicam a sua inserção num todo de sentido que é a pessoa em atendimento.

[1] Exploramos uma interlocução entre o pensamento de Sartre e a psicanálise no artigo que intitulamos *Uma conversa em torno da ontologia fenomenológica de Sartre e sua interlocução com a psicanálise e a psicologia analítica* (VERÍSSIMO, 2016/2017, p. 39-73).

Nesse percurso cuidadoso, poderemos descortinar, nas várias condutas, nas diversas manifestações afetivas, nas idealizações e imaginações, em cada escolha de uma pessoa, uma significação mais ampla, que transcende um mero dado pontual ou ocasional. Não raro, um ver-se fragmentado é percebido pela pessoa atendida. Isso não é pouco comum: ela não consegue montar os pedacinhos da sua narrativa. A pessoa enxerga um determinado aspecto e fica nisso. Por exemplo, fica atenta ao ciúme que sente e sofre por quem se encontra terrivelmente apaixonada. Detalha esse ciúme, repete-se como se mostrasse um relatório, por vezes, sessão após sessão. É como se voltasse ao mesmo ponto, como se estivesse atolada num nó cognitivo. Imaginemos que escutamos o relato de um rapaz que esmiúça o seu ciúme em relação à sua musa.

Nesse momento, queremos inserir, uma escrita de Sartre.

> Sendo assim, nós devemos descobrir em cada tendência, em cada conduta do sujeito, uma significação que a transcenda. [Por exemplo:] Tais ciúmes *datados* e singulares pelo qual o sujeito se historiza com relação a uma certa mulher *significam*, para quem o sabe ler, a relação global com o mundo pela qual o sujeito se constitui como um si-mesmo (Sartre, 2006, p. 609).

A relação do jovem com a mulher desejada, assim como a sua relação com o mundo, é estruturada pelo seu projeto original. Em outras palavras, o que significa o seu ciúme quanto ao que se desvela de seu si-mesmo, quer dizer, do seu projeto ou desejo de ser? Eis uma questão preciosa para uma psicoterapia vivencial sob a égide da psicanálise existencial. O seu ciúme tem um enredo que remete para o histórico das suas relações afetivas que, por sua vez, põe-nos face ao campo das suas relações como um todo, que está englobada em sua relação com o mundo. Assim, vamos tentando compreender a forma de ele se relacionar, de escolher, as suas escolhas no relacionamento em que relata o seu ciúme, as escolhas nos demais relacionamentos afetivos e outros tipos de relacionamento, assim por diante, vamos formando um todo de sentido na interlocução com a pessoa atendida, em que cada escolha revela sobre sua escolha fundamental de si, seu projeto de ser, seu projeto original.

Continuemos a dar a palavra a Sartre, para ele explicar o seu próprio método. Trata-se, com efeito, "de desembaraçar significações implicadas por um ato – por *todo* ato – e de passar daí a significações mais ricas e mais profundas até encontrar a significação que não implica mais nenhuma outra significação e que não remete a outra que não ela própria" (Sartre, 2006, p. 502). Segue em citação a convicção de Sartre e a sua adesão ao caminho aberto por Husserl:

> Nessas investigações seremos conduzidos por este princípio: não se deter senão diante do irredutível evidente, quer dizer, jamais iremos crer que se chegou ao projeto inicial [projeto original] enquanto o fim projetado não apareça como o *ser mesmo* do sujeito considerado (Sartre, 2006, p. 609).

O ser-para-outro

O problema do olhar é central no pensar de Sartre acerca das relações humanas e sobre a construção da identidade própria, sempre ligada à identidade *perante um outro.*

As considerações sobre o olhar apresentam uma clara filiação fenomenológica. Pois, trata-se de observar a pessoa como fenômeno, especialmente, como fenômeno para si mesma, ou seja, como ela *aparece para si mesma*. Como ela aparece é como ela parece ser para si mesma, afinal, não somos um ser *para-si,* como afirma reiteradamente Sartre? Ocorre que Sartre, já em *O ser e o nada* (Sartre, 2006), dá-se conta de que não podemos deixar como algo de somenos um aspecto fundante de nosso ser, a entrada do outro no horizonte de nossa existência. Não é uma entrada casual, um entrar e sair, algo contingente.

Sartre compõe a sua investigação sobre a existência. Ela se move entre as análises do em-si, do para-si e do ser-para-outro.

O ser em-si trata da ordem das coisas materiais, dos objetos produzidos, fabricados, seja pela natureza, pelo ser humano, portanto, passivos, inconscientes de si, permanecem fixados em sua essência para o qual foram feitos. Independentemente do que venha a acontecer com eles, são marcados indelevelmente pelo seu fim, que lhes é necessariamente exterior, por isso, são, mas não existem.

O ser para-si é a consciência. Ela se dirige aos seus objetos dando-lhes sentido, e o faz a partir de uma compreensão que inclui uma vivência da relação com os objetos, da relação com o mundo, da relação com o eu. Ao descrever o para-si, Sartre passeia pelas suas estruturas fundamentais, como a angústia, o escolher-se no mundo, a liberdade articulada às escolhas e ao campo das possibilidades, a sua constituição como falta de ser em-si, o que o faz nunca ser um ser completo e acabado de uma vez por todas, nunca poder repousar na má-fé para se justificar como sendo o que é tão-somente porque o fizeram ser assim.

O ser-para-outro é a experiência da consciência na relação com o outro, diante do outro, em confronto, em interação com o outro. Estrutura-se pela metáfora do olhar, o ser-visto e o ver o outro. Ao lermos Sartre, damo-nos conta de que a consciência e a liberdade (nosso lançar-se no mundo em nossas escolhas) não podem ser pensadas sem uma remissão ao *outro*. Donde o termo de Sartre para a nossa condição nas relações: somos um *ser-para-outro*.

O sentido da fenomenologia do olhar no modo sartriano aponta para a construção da identidade. Por identidade, estamos querendo dizer como a pessoa *se vê*. Ora, como a pessoa se vê nunca trata de um ver-se solipsista, pelo contrário. Como alguém se percebe tem uma relação estreita com como ela se sente vista pelo outro. "Na verdade, minha constituição se processa a partir da apropriação que opero do olhar do outro [...]: trata-se de como vejo o ver, ou melhor, como escolho o ser-visto" (Veríssimo, 2009, p. 170). Contra qualquer hipótese que atribua a Sartre a edificação de uma filosofia basicamente solipsista, Sartre argumenta que ao desejarmos a liberdade, descobrimos que ela depende integralmente da liberdade do outro, e que a liberdade do outro, por sua vez, depende da nossa. Cabe a palavra ao próprio Sartre.

> Para obter uma verdade qualquer que seja sobre mim, é necessário que eu passe pelo outro. O outro é indispensável à minha existência, assim como, aliás, para a consciência que tenho de mim. Nessas condições, a descoberta de minha intimidade me revela ao mesmo tempo o outro como uma liberdade posta em face de mim, que me pensa, e que deseja a favor de mim ou contra mim. Assim, descobrimos imediatamente um mundo que chamaremos intersubjetividade, e é nesse mundo que o homem decide o que ele é e o que são os outros (Sartre, 1996, p. 59).

A articulação por Sartre da fenomenologia de Husserl com a fenomenologia de Hegel

Sartre integra uma extensa apreciação da fenomenologia do olhar (cujo fundo é pautado nos estudos de Husserl) com o exame de outra fenomenologia, desta feita, de Hegel. Sartre dá uma especial atenção a um capítulo de uma das obras mais complexas da filosofia, a *Fenomenologia do Espírito* (Hegel, 2009). Ali, Hegel trabalha as várias formas que a consciência assume em seu percurso na direção de se assumir plenamente como consciência de si ou Espírito. Parece claro que Sartre não chega tão longe, não adere a noções como o espírito absoluto, o saber absoluto. No entanto, Sartre explora uma das etapas da consciência hegeliana, a relação senhor-escravo, e tenta operar uma interpretação dessa relação à luz do seu existencialismo.

As relações humanas são trabalhadas em termos de sujeito – objeto. Ora nos encontramos na condição de sujeito, ora nos posicionamos na condição de objeto. O termo *sujeito*, nesse ponto, refere-se a um sujeito enquanto *aquele que vê* o outro: que tenta determinar uma definição para o outro, que quer assumir o papel de quem confere valor ao outro, que avalia o outro, que o espia (quando não o vigia), que cuida dele (que assume, de certa forma, a sua tutela). Por tudo isso, por essa inscrição ativa na relação, a posição de sujeito é associada ao termo hegeliano *senhor*. De outro lado, temos a posição de objeto: passiva (por vezes designada de masoquista), a do *escravo*. Entendemos essa posição como a daquele que experimenta a sua liberdade como se a emprestasse, transferisse ou mesmo a submetesse ao outro.

Quem está na posição de sujeito pode se achar em vantagem. Mas a posição de sujeito depende de alguém que se ponha como o seu objeto. O senhor-sujeito é aparentemente o polo avantajado e livre. No entanto, ele *depende* do *reconhecimento* do outro, ou seja, de quem se posiciona na posição passiva. A pessoa passiva sente que sua liberdade escoa na direção do outro, enquanto esse outro se mantém na posição de sujeito da relação. Na verdade, está posto aí o problema da liberdade: *ambos dependem do reconhecimento mútuo* para manterem os seus papéis numa relação.

Não pouca gente acha que precisa manter os seus papéis para se sustentar numa relação. Muitas relações são mantidas como um acordo, em geral velado, entre os participantes acerca dos seus papéis. Assim, os cúmplices têm as suas identidades confirmadas mutuamente. Esse acordo pode ser rompido quando um deles não aceita mais o papel que lhe cabe na relação, não aceita mais o tipo de reconhecimento que lhe é imputado ou o valor que ele mesmo se determina a partir de como se sente visto pelo outro.

Seja como for, vemos por Sartre o papel fundamental do outro na constituição da identidade própria e, portanto, em nossas escolhas, nossa conduta, nosso dia a dia. Sartre faz uma afirmação categórica de cunho dialético: "*o outro é o mediador indispensável entre mim e mim mesmo*" (Sartre, 2006, p. 260). Por isso, é impensável o problema da liberdade sem levar em conta o outro. "Assim, este ser não é meu possível, ele não está sempre em questão no seio da minha liberdade: ele é, ao contrário, o limite da minha liberdade, seu 'lado avesso', no sentido de quando se fala 'o avesso das cartas'" (Sartre, 2006, p. 301).[2]

O projeto original, autoimagem e autoestima

O projeto original revela uma escolha original de si mesmo. Essa escolha envolve a nossa estrutura ontológica de ser-no-mundo, apontada por Heidegger (2012) e ratificada por Sartre. Nosso projeto, nossa escolha de ser, nosso desejo de ser, todos sinônimos envolvem o círculo de nossas relações. A partir do nosso encontrar-se lançado no mundo, num contexto histórico, cultural, interpessoal, familiar escolhemo-nos enquanto projeto original.

Há que considerar, aqui, atentamente, que o nosso projeto não é engendrado exclusivamente por condicionamentos históricos, familiares, sociais, etc. Por esse motivo, Sartre elucida a "vocação" de Flaubert para escrever (Sartre, 2006, p. 603). Parece-nos que ele não adota um

[2] No original em francês, Sartre rediz as palavras *dessous* e *dessous des cartes*. Dessous significa *abaixo*, *debaixo*. Fizemos uma licença poética de tradução para *avesso*. Na tradução de Paulo Perdigão aparece a seguinte sentença: "assim, este ser [o outro] não é meu possível, não está sempre em questão no cerne de minha liberdade: ao contrário, é o limite de minha liberdade, seu reverso, nesse sentido em que nos referimos ao "reverso da moeda" (SARTRE, 2001, p. 337).

significado de vocação como um dom. Por isso, a palavra vocação está entre aspas no seu texto. A sua família, como ele foi educado, a condição burguesa, esses aspectos, importantes, sem dúvida para compreendermos a sua pessoa e as suas escolhas, não podem explicar de todo o seu projeto original a sua necessidade de escrever. "A correspondência de Flaubert demonstra que [...] desde sua mais tenra infância, ele era atormentado pela necessidade de escrever" (Sartre, 2006, p. 604). E por que se tornou um literato? E por que não se dedicou à música ou à pintura ou ao teatro?

Precisamos, portanto, levar em conta também um componente de *indeterminação* em nosso projeto, a que Sartre, apoiando-se na ontologia, assinala como a ordem do *nada*. O nada é um termo que designa indeterminação, negação. Nosso projeto faz-se apoiado num solo muito concreto de nosso contexto de mundo e relacional, que se inicia desde tenra infância. Ao mesmo tempo, ele abriga um quê fundamental de indeterminação, algo de injustificável compõe o nosso projeto.

Além disso, o nosso projeto nunca está terminado, pois não somos um ser determinado como as coisas, mas um existente e, portanto, ao longo da existência, de acordo com as nossas escolhas, o projeto vai sendo confirmado ou mudado (dada a natureza dialética da consciência, a possibilidade de negação imanente à consciência, incluindo a possibilidade de negar pontos de vista credenciados por ela antes como verdades). Esse quadro justifica uma máxima de Sartre comumente mencionada, *a existência precede a essência* (Sartre, 2006, p. 613). Vejam, é bom que se clarifique bem esse ponto. Nosso projeto não se constitui por escolhas arbitrárias, a esmo, não importando o contexto social e interpessoal em que esteja inserido e interagindo. São *escolhas de si no mundo*. Como mundo, entendemos o contexto social, interpessoal, histórico, cultural, ambiental em que nos vemos permanentemente lançados.

Acompanhamos, portanto, como a realidade humana é complexa. Não se trata apenas de uma mera causalidade biológica, psicológica ou sócio-histórica. Mas isso não quer dizer que poderemos descartar tranquilamente todas essas instâncias. Trata-se de uma constante síntese, como diz Sartre, de um vai e vem (Sartre, 1974) que percorre os contextos de mundo, os contextos da convivência, assim como alcança a consideração de uma indeterminação fundamental que acompanha e angustia o ser humano, sem repouso.

Por isso, escrevemos:

> O ser humano encontra-se lançado no mundo. Por mundo entendemos o seu contexto histórico e vivencial. O ser humano encontra-se enredado nas inúmeras condições do seu existir: familiares, sociais, culturais, econômicas, corporais, subjetivas, assim por diante. No entanto, esse enfeixamento de condições não o condena a ser o que ele é, a não ser que essa seja a sua escolha. "Eu sou aquilo que minha família espera de mim", pode sentenciar-se silenciosamente alguém, e fazer escolhas a partir desse projeto original. [...] Como *existência*, o homem só existe na medida em que age, sonha, deseja, escolhe, ama, acredita, desencanta-se, reencanta-se, encontra-se, desencontra-se, descobre o outro, descobre a si mesmo ao descobrir o outro. Tal é a amplitude e a complexidade da noção existencial-fenomenológica de existência (Veríssimo, 2017, p. 271).

Aprendemos, na Psicoterapia Vivencial (Erthal, 2013), que o projeto original e seus desdobramentos aparece na psicoterapia no trabalho com a autoimagem. A autoimagem é como a pessoa se vê. Ela se liga a outro componente fundamental de sua pessoa: a autoestima. A autoestima indica como a pessoa se sente consigo própria.

> A origem dessa imagem é formada, especialmente, pelo jogo de olhar e espelhamentos que já descrevemos, pelo fenômeno do ser visto pelo outro. Assim, se ontologicamente não me reduzo à imagem que faço de mim, na prática cotidiana em que ando pelo espaço do mundo, acaba funcionando a máxima não tematizada "eu sou minha imagem e estima" (Veríssimo e Erthal, 2020, p. 133).

O conjunto autoimagem/autoestima pode aparecer por meio de um relato, de sonhos, de desenhos, de uma afirmação: "minha vida é um fracasso!"; "nunca sou boa o bastante para ela/ele"; "na verdade, quase ninguém é digno de confiança"; "eu sou uma pessoa muito atirada, não me importo com o que vai acontecer"; "eu morro de medo de tudo"; "as mulheres são ..."; "os homens são...".

Essas frases falam não apenas sobre alguém, mas *de* alguém, de um todo que é a pessoa. Tomemos, a título de ilustração, uma pessoa em atendimento que se sente fracassada. São oportunas, para ela, algumas explorações. Se a minha vida é um fracasso, afinal de contas, o que é a minha vida? O que significa fracasso? Como formei essa ideia? O que faço com ela? O que gostaria de fazer e deixo de fazer em função dela? Como me senti com o olhar ou com o não olhar de alguém importante para mim em minha biografia? São indagações que podem apontar para o projeto original, para uma escolha de se ver fracassada já no ponto de partida, o que reflete em quase tudo senão em tudo que escolhe, deseja e faz.

As escolhas da pessoa são feitas a partir de sua autoimagem e da sua autoestima. Daí a importância da compreensão da autoimagem no processo psicoterápico. A compreensão do projeto original vai envolver a compreensão de nossos porquês, não no sentido de uma causalidade formal, mas de nossas justificativas para as nossas condutas e escolhas, assim como faz ressaltar as nuances afetivas com que experimentamos a nossa existência, e nela como estruturamos nossas escolhas, nossa afetividade, nosso desejo, como construímos uma imagem inclusive corporal.

Interessa na envergadura psicoterápica a especial atenção quanto ao *para quê* (finalidade) do projeto. Para que tal projeto de ser é o mesmo que perguntar: o que você faz do que fizeram de você? Mais precisamente: como você escolhe, como você *se* escolhe a partir de como se sente pelo seu transitar nos vários ser-vistos pelo outro? Você percebe como se escolhe? Ou você filtra a percepção do que escolhe como uma escolha que não é da sua responsabilidade ou merecedora de atenção diligente?, assim por diante.

Discorremos sobre a autoimagem no livro organizado por Angerami *Psicoterapia fenomenológico-existencial* (2017). Lá, iniciamos o nosso estudo fazendo uma ligação entre o projeto original (projeto existencial) e a nossa condição ontológica de possibilidade, contingência e falta (que Sartre designa ontologicamente como o nada constitutivo de nosso ser para-si).

> O cliente aporta numa psicoterapia com determinada autoimagem e imagem de mundo. Alguns afirmam-nas como se precisassem desesperadamente dessa verdade para eles. Essa autoimagem e a correlativa autoestima podem ser, para usar termos do senso comum, favoráveis ou desfavoráveis. De qualquer forma, a pessoa precisou dessa imagem para reafirmar

> seu projeto existencial, que é perpétua busca de sentido, para preencher a falta de não ter como escapar da contingência – se sua vida está de uma maneira hoje, amanhã as condições podem mudar; a própria pessoa pode mudar, as pessoas de sua convivência podem mudar – de opinião, de atitude. Há uma incerteza na existência, cuja consciência é tonificada pela angústia (Veríssimo, 2017, p. 282).

Angerami traz um quadro em seu livro *Depressão. A dor maior da alma* (2021) em que estampa um homem, o qual por ele foi atendido, que se encontrava com uma intensa depressão. Ela está ligada ao fato de ele não ter aceitado o convite do irmão para abrirem um negócio juntos. Na ocasião, o homem atendido optou por se manter no seu emprego público em vez de se arriscar numa nova empreitada. O irmão prosperou e ele se sentiu mal com a sua situação de vida, contando as moedas todo mês, sem poder dar aos próprios filhos os confortos e as oportunidades (como estudar em bons colégios) que o irmão proporcionou aos seus filhos.

Uma vez que o irmão "se deu muito bem", como dito coloquialmente, o homem atendido por Angerami passou a se comparar com o seu irmão no melhor estilo do olhar assinalado por Sartre. O paciente de Camon *olha* para o irmão, que se torna a medida para a atribuição de valor a si próprio. Isso virou uma tortura diária. "O nosso paciente sofria por ver a condição dos seus sobrinhos que, a partir da condição financeira do irmão, desfrutavam dos melhores colégios, de muitas viagens e de tantos outros detalhes que seus filhos não tinham alcance em razão de sua precariedade salarial" (Angerami, 2021, p. 48-49).

Um dos argumentos do paciente de Angerami era que a sua escolha por se manter no emprego público (cujos rendimentos em relação ao que o irmão conseguiu arrebatar eram modestos) foi devida a sua preocupação com a família, preocupação de ter uma atitude responsável para com ela. Essa é uma explicação, a um só tempo, afetiva e moral. Mas, ao mesmo tempo, o paciente pode ter se apoiado nessas premissas para justificar por meio da má-fé as suas escolhas. Ele não escolheu apenas *pela* família, ele escolheu pelo *seu projeto original*. Construir uma vida "segura" e buscar estar apoiado para todo sempre (ele se aposentou como funcionário público) podem indicar o caminho para o desvelamento do seu projeto original.

Ao mesmo tempo, sua escolha traduz esse projeto em termos concretos da sua autoimagem. O que ele pensava de si mesmo quando tomou a escolha pela estabilidade funcional? Qual a confiança (ou falta dela) em si mesmo? Essas e outras perguntas nos ajudam a entender a sua autoimagem, que nada mais é do que a sua escolha de si mesmo.

Ele sofria não só no presente imediato, como pelo seu encaminhamento pretérito da questão que destaca na psicoterapia. O nosso projeto se constitui desde o passado, atravessa o presente e aponta para o futuro. A ideia de *projeto* indica um inacabamento, um aberto às possibilidades, um arranque em direção ao futuro vincado às nossas escolhas. Por isso, podemos trazer Sartre, a dizer:

> É impossível considerar seriamente o sentimento de inferioridade sem o determinar a partir do futuro e de minhas possibilidades. Mesmo as constatações como "eu sou feio", "eu sou uma besta", etc., são, por natureza, antecipações" (SARTRE, 2006, p. 504).

A comparação com o irmão expressa um sentimento onipresente colado à autoimagem de falta, de falha, de inferioridade em relação ao irmão. A vivência da angústia do aberto da existência em suas possibilidades pareceu algo insustentável. O paciente inventa as suas formas de lidar com isso. Buscar segurança na escolha do emprego pode ter sido uma delas. A outra é partir para a idealização, aliás, para Angerami, característico da melancolia. "Ele sofria com o ressentimento de que talvez tivesse sido possível ter legado a seus familiares uma vida mais confortável em termos econômico e financeiro se tivesse escolhido empreitar-se na sociedade com o irmão, em vez de optar pelo funcionalismo público" (ANGERAMI, 2021, p. 49). Tal sofrimento é vivenciado como o que o paciente estima que *deveria* ter feito. Uma possibilidade entre um campo de possíveis fica martelando na sua consciência como aquela que deveria ter sido a adotada, sem levar em conta que o paciente *não é o irmão*, não tem que reproduzir ou seguir os passos do irmão. Além disso, a mais cristalina lógica nem passa pela sua cabeça:

> Nada pode assegurar com a hipótese de que se ele tivesse decidido junto com o irmão a abertura da loja de tintas, que o sucesso da empreitada tivesse sido o mesmo. Talvez, até mesmo

> pela sua peculiaridade de cautela frente às variáveis que a vida apresenta, fosse um freio no arrojo do irmão e a loja não se desenvolvesse tal como aconteceu (Angerami, 2021, p. 50).

A forma com que se sentia consigo próprio (autoimagem) era a forma com que se projetava rumo às suas possibilidades futuras, antecipando-as pessimistamente em função do seu currículo, por assim dizer, de supostas más escolhas. "Sua depressão o impedia, inclusive, de se fixar em novos projetos no presente, e, como ocorre na maioria dos casos, a questão apresentada era que sua vida não teria mais perspectiva de futuro em razão das escolhas que efetivara no passado" (Angerami, 2021, p. 49).

Nesse ponto, não resistimos a mais uma referência a Sartre, a propósito do se justificar em má-fé pelas escolhas. Sartre elenca uma séria de hipotéticas escolhas usadas para justificar com a má-fé escolhas e não escolhas (que, na verdade, são também escolhas). Entre elas aparece "as circunstâncias estavam contra mim, eu valia muito mais do que fui" (Sartre, 1996, p. 51-52). Com o paciente atendido seria o caso de imaginá-lo dizendo: "as circunstâncias estavam a meu favor; eu valia muito menos do que acreditava".

A pessoa em atendimento aqui observada partiu, em seu projeto de ser, para a idealização acerca das melhores escolhas, o que se coadunou com a sua investida na comparação com a situação próspera do irmão, dando luz a um fenômeno recorrente quando se trata de autoimagem e autoestima: a conjunção entre idealização e a comparação. Vale aqui uma observação que fizemos com Erthal:

> A idealização é um atropelo do presente em nome do que se torna não mais do que uma possibilidade estrangulada pela nossa determinação hipotética, tanto do passado quanto do futuro, e de nossa ansiedade e fuga da angústia. Por idealização hipotética, queremos dizer que essa temporalidade pode ser vivida de forma idealizada, como "o que deveria ter acontecido" ou "não deveria ter acontecido", "o que eu deveria ter feito naquela ocasião", "como devo me antecipar a tudo o que pode suceder comigo?" (Veríssimo e Erthal, 2020, p. 118-119).

A narrativa de Angerami sobre a pessoa que atendeu torna patente a centralidade do olhar na constituição da nossa pessoa. A autoimagem, esse perceber-se fincado no projeto original, estrutura em grande parte as nossas escolhas. É bom lembrar que a autoimagem e a autoestima podem ser mudadas caso a pessoa se disponha a entrar no mérito da sua angústia. Para isso, é mister estar em si de uma forma mais transparente e em uma análise frontal das suas escolhas e das suas desculpas.

O *ser-visto* pelo psicoterapeuta por parte da pessoa atendida

Examinemos algumas possibilidades de vivência do olhar pela pessoa em atendimento.

Ela pode, em atitude ingênua, perceber o psicoterapeuta como quem abriga o olhar de quem detém o conhecimento, logo, que é aceito como uma autoridade no saber, quem detém a expertise, quem maneja a técnica, e, portanto, as chaves do acesso à sua interioridade.

Nesse contexto, a pessoa atendida se sente como se o seu ser estivesse escoando em direção ao olhar do psicoterapeuta, o qual ocupa o lugar de sujeito livre, ou seja, daquele que supostamente tem autoridade para deliberar sobre qual o quadro psíquico do seu paciente.

Algumas pessoas desejam o seu psicoterapeuta dessa forma, reconhecem-no como aquele que as define. Frustram-se quando percebem que a proposta psicoterápica as convida a despertar para a responsabilidade de estarem em si, levarem a sério a sua angústia, elaborarem e assumirem as suas ações, intenções, numa só palavra, as suas escolhas.

O passivo posicionar-se como objeto de um olhar. Quem sabe, isso traga a sensação de que se o ser-visto pelo outro me faz ser, pois acessa a minha natureza, o meu mais íntimo, e assim, define-me. Desse modo, creio que me ponho em segurança na consciência do outro.

O que ficou conhecido como *transferência*, termo que se tornou consagrado como uma hipótese de inspiração psicanalítica, é um nome sugestivo. Porque é como se eu transferisse a minha liberdade para o outro, posicionando-o como quem me sabe e detém a técnica. Para Sartre, essa intenção está condenada ao fracasso. No escrutínio fenomenológico, não posso transferir nada para quem quer que seja, pois não sou o outro, nem nunca o serei.

Sartre, ao conversar com a filosofia de Hegel, nota, oportunamente, algo que nos atrai a atenção para o que trabalhamos aqui:

> Eu não posso me conhecer *no* outro se o outro é, em primeiro lugar, objeto para mim; tampouco não posso apreender o outro em seu verdadeiro ser, isto é, em sua subjetividade. Nenhum conhecimento universal pode ser obtido da relação entre consciências. É o que chamaremos de sua separação ontológica (Sartre, 2006, p. 282).

Sou, portanto, reenviado à minha liberdade, ou seja, à minha angústia e ao desamparo de não ter como usar a psicoterapia para me salvar dos sabores e dissabores da existência.

Face à angústia da separação ontológica que implica estar diante de outro, no caso de uma psicoterapia, de estar diante de quem estimo como sujeito da sapiência acerca da psique, mas, que, mesmo assim, não deixa de ser *outro*, e, portanto, é um estranho a quem prometo a minha própria alma, posso escolher apelar para transformá-lo, magicamente, numa figura familiar e, portanto, no meu objeto.

Em outras palavras, se a minha liberdade escoa em direção ao outro, se devo reconhecer-me através dele, posso reverter essa direção e posicioná-lo como o meu objeto. Isso pode aparecer em expressões como "meu terapeuta".

Se pensarmos a transferência inspirados por Sartre, veremos que se trata de uma questão ótica: além do ser-objeto do olhar do psicoterapeuta, passo a ser aquele que objetifica o outro (o psicoterapeuta), transformando-o magicamente numa figura em geral parental de monta em minha existência que encarnaria em quem deve se ocupar da missão de me conhecer, me definir, me tratar.

É uma artimanha da intencionalidade da nossa consciência no modo da imaginação. Tento engolfar o psicoterapeuta no meu mundo, não reconhecendo a sua alteridade.

Em vez de alteridade, ponha-se no lugar autoridade no saber e, dessa forma, credenciado para definir a minha natureza. Há quem escolhe irrefletidamente alguém que o atende como um salvador, um pai, para alguns, quase um deus, senão como um deus encarnado na terra, com poderes especiais, dados sabe-se lá por quem, de cuidar, a quem se confere a mais resoluta confiança.

Por isso, posicionar o olhar do outro sob a régua desse ponto de vista é uma má-fé. Tornando o outro meu objeto transferencial, posso manipular o que esperar dele pelas peripécias de minha imaginação, ainda que de forma irrefletida. Desse jeito, evito que ele possa me surpreender. É uma forma fracassada de tentar suspender a angústia. Escrevemos sobre isso:

> Muitas vezes, estar com o outro, num frente a frente, o olhar, a presença, o toque, a voz, o silêncio não bastam. Quer-se mais, sempre mais. Não se quer a transcendência de si. Quer-se a posse, a afirmativa dos modos, dos medos, dos conceitos fechados do que "eu sou" e do que "você é" ou "deve ser". Queremos que o outro seja aquilo que ele não é, e não seja aquilo que "é". Queremos que o outro deseje o nosso desejo, corresponda a nossa fantasia, seja lambido pelo nosso imaginário. Queremos incorporar o outro ao nosso modo de ver, de ser. O outro deve ser observado, deve ser estudado para que não possa surpreender (Veríssimo, 2010, p. 158).

Acreditamos que o que se costuma chamar de transferência é um fenômeno, o qual, de fato, atravessa o processo psicoterápico. Mas se pretendemos pensar a partir da fenomenologia, precisamos estar atentos acerca do que trata, exatamente, a "transferência" em termos fenomenológicos.

Trata-se da intencionalidade da nossa consciência enquanto *vivência* no campo relacional do ser-visto e do ver. Aliás, não apenas nesse âmbito como em todas as direções relacionais, podemos reconhecer o outro segundo nossa autoimagem e visão de mundo, nossas vivências, nossas opiniões. Trata-se de como a nossa consciência dá sentido ao outro (intenciona o outro), e de como esse outro aparece para ela. Se eu reconheço uma pessoa, sobretudo, a partir de referenciais não refletidos apoiados em terceiros (figuras parentais, por exemplo), isso se deve a uma escolha (não arbitrária, não percebida reflexivamente) feita sob o fundo da temporalidade de nossa consciência, que, por sua vez, apoia-se no nosso projeto existencial, nosso projeto original, a forma originária com que nos escolhemos no mundo, que aparece através da nossa autoimagem e da nossa autoestima.

A escolha (não deliberada) de uma pessoa atendida de manter o psicoterapeuta como uma figura familiar expõe a sua subjetividade, faz ela se mostrar, vir a lume, de fato, revela alguma coisa importante dela. Mas, ao mesmo tempo, nesse desfraldar do imaginário, temos uma patente má-fé. Se eu vejo o analista ou o psicólogo, digamos, como pai/mãe, mantenho-me como filho, como passivo acolhedor de um papel que represento, sobretudo, para mim mesmo (irreflexivamente), recuso-me a encarar a pessoa visada como um genuíno interlocutor. Em vez disso, degrado a pessoa que me atende à figura de um sabichão, paizão, poderoso chefão, de uma acolhedora mãe ou irmã, de uma fêmea fatal, assim por diante.

Perante tal complexidade, pensamos que não se deixará de acolher possíveis intencionalidades que reconhecem o psicoterapeuta sob várias máscaras atribuídas a ele. Acolher aqui quer dizer: não pretendemos censurar o cliente pelo que ele faz ou deixa de fazer com o seu desejo de nos ver dessa ou daquela maneira. Portanto, não cabe, em primeiro lugar, ao terapeuta apontar um dedo e dizer algo do tipo: "tu não deverias fazer isso ("projeções"), pois, assim, estás sendo infantil". Quem deve encarar a angustiante tarefa de assumir suas escolhas é o cliente, e não nos compete, enquanto psicoterapeutas, assumir isso por ele, como se fôssemos diretores do "tu deves", do "tu não deves". Mais interessante é trabalhar o *sentido* de uma determinada designação atribuída ao terapeuta pela pessoa atendida, do que, de imediato, julgá-la infantil, neurótica, regredida ou coisa que o valha. Portanto, trata-se não de, em primeiro lugar, apontar um diagnóstico, e sim, de articular essa perquirição acerca do sentido da atitude da pessoa atendida para com o psicoterapeuta com o projeto de ser da pessoa em atendimento.

Tal tarefa envolve também o psicoterapeuta na angústia. Ela não tem mais o anteparo imediato e supostamente seguro de um diagnóstico para justificar o seu valor profissional. Tudo está jogado na angústia do sentido que se vela e se desvela incessantemente. Não é o psicoterapeuta o sujeito privilegiado da designação do sentido. Trata-se de uma construção dialógica, operada entre o psicoterapeuta e a pessoa em atendimento.

Portanto, se não descartamos o fenômeno do que se chama comumente de "transferência", vale dizer, a visada do psicoterapeuta como objeto familiar por algumas pessoas atendidas, por outro lado, não fomentamos essa escolha (humana, demasiado humana) como meio privilegiado de se trabalhar psicoterapeuticamente, ainda que admitamos que a observação dela é uma via de acesso a uma hermenêutica (compreensão).

Nesse momento, é preciso acrescentar que não estimamos que todo cliente esteja necessariamente inclinado a encarcerar-se num reconhecimento transferencial do psicoterapeuta. Há quem consegue vislumbrar algo da pessoa que lhe atende, considerá-lo como tal, e não apenas como o seu objeto. Nesse caso, é possível passar de um diálogo meramente técnico, em que a pessoa que atende é posicionada e desejada no lugar transferencial do senhor da técnica (quem me sabe, quem me avalia, etc.), para um diálogo genuíno entre duas pessoas, um espaço dialógico no qual a compreensão se torna mais importante que os papéis esperáveis ou exercidos. Aqui, confessamos que nos inspira Martin Buber (1982).

A aceitação, a empatia, a congruência

Como é sabido na Psicologia, Carl Rogers (1961) valorizou sobremaneira a aceitação e a empatia por parte de quem atende. A empatia implica um olhar que tenta compreender alguém a partir do que essa pessoa traz para a psicoterapia, não quer definir a pessoa em enquadres epistemológicos categoriais *a priori*.

Permitimo-nos uma interpretação da empatia inclinada a uma articulação fenomenológica. Nesse sentido, é preciso notar que a empatia, nesses termos, não trata da pretensão de conseguir perceber alguém como se estivesse dentro da pessoa atendida, como se estivesse encarnando nela, ou como se o psicoterapeuta fosse ela própria, haja vista a separação ontológica, ou seja, que não somos o outro. No entanto, acreditamos na possibilidade de uma interlocução que permita uma aproximação compreensiva junto ao outro, um ir até ele, cônscio de que nunca poderá perceber, desejar ou sentir no seu lugar, portanto, ao mesmo tempo, sustentando a angústia da separação ontológica. Por empatia, entendemos a abertura ao sentido do que é expresso pela pessoa em atendimento como um movimento extático: requer que o esforço compreensivo do psicoterapeuta caminhe na direção da pessoa atendida, perquirindo e dialogando a partir de sentido do que é expresso. É indicado que à pessoa atendida cabe a apropriação desse sentido.

Na atitude de aceitação, o psicoterapeuta não deseja enfocar a pessoa sob premissas judicativas ou de acordo com os seus próprios valores e crenças, ou ainda, o psicoterapeuta não quer ser quem orienta a direção do processo de ser de cada um. Apesar do psicoterapeuta não querer extrapolar seus valores sobre a pessoa atendida, isso não parece tão simples de efetivar, afinal, admitimos que somos um ser-no-mundo como pontua Heidegger (2012). Donde a importância do exercício da redução fenomenológica, ou seja, de o psicoterapeuta exercitar-se na elaboração constante da consciência de si enquanto entrosar as suas vivências com uma sistemática consciência reflexiva a partir delas.

É interessante para quem atende estar atento ao fato de que, apesar do psicoterapeuta e de quem é atendido serem pessoas com as suas visões de mundo, por outro lado, elas se encontram num momento histórico compartilhado. Da mesma forma, importa que o psicoterapeuta tenha noção dos seus valores e saiba discriminá-los dos valores alheios, que compreenda, a um só tempo, os seus próprios valores e crenças, os valores pertinentes ao cliente e os valores compartilhados enquanto o terapeuta e quem ele atende são pessoas no mundo histórico, social e cultural que se encontram numa situação psicoterápica.

Dito isso, prossigamos com algumas pontuações acerca da aceitação e da empatia. De fato, em nosso trabalho com a Psicologia, especialmente a partir do estudo de Sartre e de Buber, acreditamos ser importante o cliente estar o mais à vontade possível para se dar ao direito de "ser" ele mesmo, vale dizer, expressar-se de forma congruente. Isso passa pelo seu sentir-se aceito como "é" pelo psicoterapeuta. Portanto, passa por um ser-visto pelo psicoterapeuta de tal forma que não encare o psicoterapeuta especialmente como seu avaliador, e sim, como alguém com quem pode e consegue conversar, expressar-se com mais espontaneidade, sentir-se escutado, e quiçá, compreendido.

Com isso, abre-se a chancela para certo desprendimento do sentir-se visto (avaliado) por esse outro que é quem o atende. A vivência do ser-visto pode suscitar na pessoa atendida a sensação de estar sendo inspecionada, analisada em termos avaliativos, o que, por sua vez, pode encaminhar uma sensação de constrangimento. Essa espécie de sentir-se vigiado pelo olhar do outro pode dar ensejo a um reforço das defesas em má-fé.

No entanto, convém atentar que dificilmente alguém irá se descolar cem por cento do fantasma da opinião do psicoterapeuta a seu respeito. Basta se lembrar da nossa condição ontológica de *ser-para-outro* assinalada por Sartre. Esperamos sempre, com mais ou menos intensidade, algo de alguém. A vivência do sentir-se visto não desaparece de todo, mesmo sob a batuta de uma atitude empática do psicoterapeuta. Ainda assim, o sentir-se mais ou menos aceito afeta decisivamente a relação terapêutica, e, consequentemente, uma atitude acolhedora facilita o processo de autopercepção e de elaboração de suas questões por parte da pessoa em atendimento.

Com um olhar congruentemente acolhedor dirigido a ela, quem sabe, a pessoa vá, paulatinamente, desocupando-se de uma aparição do outro (o terapeuta) como um olhar avaliador (ou sedutor) para uma relação com um olhar engajado na compreensão, ouvinte, acolhedor, empático. Acreditamos ser importante o descolamento de um suposto olhar avaliador. Isso vale tanto para quem é atendido como para quem atende. Quanto à pessoa atendida, esse afrouxamento, por assim dizer, abre a possibilidade dela prestar mais atenção a si própria, "às suas coisas", como se diz. Um olhar avaliador cede lugar a um olhar dialogal, a uma parceria no esforço de compreensão do que é pontuado pela pessoa atendida.

Outro aspecto que queremos relevar é que, por mais que o psicoterapeuta consiga ofertar um acolhimento, acreditamos importante para o processo psicoterápico que a pessoa atendida se sinta acolhida no sentido de que ela perceba que importa ao psicoterapeuta, ou seja, de que ele se faz presente.

Quando o psicoterapeuta se encontra de corpo presente no ambiente, mas, no fundo, ausenta o seu interesse do atendimento, cessa o diálogo e, nesse caso, estaremos diante de, como diz Martin Buber (1982), um *monólogo disfarçado de diálogo*:

> Outra forma de monólogo é a pessoa estar falando com o psicoterapeuta e ela se reduzir a uma boca se movimentando. O terapeuta se distrai, desconcentra-se, faz associações ligadas a si mesmo que ocupam grande parte, senão a totalidade da sessão. No modo do solilóquio, o psicoterapeuta permite-se pensar no que quiser, permite-se ausentar-se [...]. O outro [a pessoa atendida] acha que está em relação, quando está falando sozinho (Veríssimo, 2012, p. 354).

A essas observações, acrescentamos que pode haver quem ache muito natural que isso aconteça: supõe (ou tenta acreditar) que o paciente está elaborando os seus conteúdos, que uma psicoterapia não passa de uma autoconversa do cliente, ou seja, "de um diálogo autorreferente perpétuo nos labirintos do ser" (Veríssimo, 2012, p. 354). Deixemos claro que essa perspectiva não é a que apostamos.

Uma aclimatação psicoterápica cuidadosa, acolhedora e congruente (aquele que se presta a escutar está de fato empenhado nisso) pode ajudar a pessoa em atendimento quanto não só à elaboração da sua angústia existencial, como atinge, de quebra, a questão da mediação imaginária de um terceiro que estaria supostamente animando a figura do psicoterapeuta. Sob uma figura familiar na percepção da pessoa atendida, o psicoterapeuta acaba confundido com essa figura. Destarte, a pessoa não se relaciona com o psicoterapeuta, mas, com uma figura que ela coloca entre ela e o psicoterapeuta, de tal forma que se relaciona, no fundo, com nada mais do que um fantasma.

Confiar no psicoterapeuta, numa relação *vis-à-vis* com ele: quando esse processo tem algum êxito, estamos não mais diante de um fantasma, mas conseguimos descortinar algo dessa alteridade que é o outro, estamos diante do *rosto do outro*, expressão de Emmanuel Levinas (1988), da angústia de se posicionar nessa nudez fundamental, desarmando-nos. Isso pode nos ajudar a tirar as vestes defensivas de nós mesmos quando encaramos a nós próprios.

O *ser-visto* pela pessoa atendida por parte do psicoterapeuta

Imagina-se, no senso comum, que o psicoterapeuta ocupe o lugar de quem *vê* a pessoa atendida. Pode ser expectado que ele detenha as chaves, ou, pelo menos, algumas chaves de acesso à psique e, quem sabe, possa jogar uma boia na angustiante travessia por um mar de desejos, emoções, vivências, sonhos que é o nosso estar no mundo inundados pela afetividade e por uma constante interpretação concomitante do mundo e de nós mesmos.

Convém lembrar que a vivência do olhar por quem atende pode ser, também, a vivência de quem se sente vulnerável. Não devemos esquecer que o psicoterapeuta é alguém também *visto* pelo outro, por outro que é a pessoa que ele se dispõe a atender. Tanto quanto a pessoa em atendimento, o psicoterapeuta encontra-se na vivência que se inscreve no fundo das relações humanas, *a mediação do outro* pelo jogo do ver e do ser-visto que envolve a própria constituição de si mesmo.

Não só quem está sendo atendido, mas o psicoterapeuta também sente o seu olhar escoando na direção do outro. Isso é ainda mais vívido quando um está de frente para o outro. Alguns espectros do ser-visto podem assombrar o psicoterapeuta. Ele pode se preocupar mais com a avaliação de si por quem está sendo atendido por ele do que com o processo psicoterápico em curso.

Erthal comenta sobre a primeira entrevista de uma pessoa iniciante na psicoterapia. Ela pode soar como ameaçadora para o cliente, que não conhece o psicoterapeuta (às vezes nunca foi atendido numa psicoterapia) assim como para quem se inicia na tarefa do atendimento psicoterápico.

Erthal observa que

> pedir ajuda a um profissional é muito difícil, pois terá que se revelar a um estranho, expor seu mundo inteiramente pessoal. O terapeuta iniciante, por sua vez, sente-se pressionado no sentido de responder de forma compreensiva a esse pedido de ajuda. Essa exigência de "ter que fazer algo" muitas vezes o leva a se comportar de forma prematura, ou seja, aconselha, pergunta demais, faz planos de ação precipitados, etc. Trata-se, na verdade, de um comportamento defensivo utilizado para encobrir o medo de ser visto como incompetente (Erthal, 2013, p. 271-272).

O que descrevemos não se atém às primeiras sessões. Ninguém está isento, por mais rodado que seja na prática psicoterápica, de sentir a sua liberdade escoando na direção do outro. Estou tentando com a minha atitude, meu olhar e minha linguagem uma abertura compreensiva ao outro, mas não posso conferir cabalmente se a minha meta é alcançada, até que ponto ela é alcançada. Sequer posso cravar uma certeza acerca dos efeitos do que passo para o outro, já que minha linguagem será apropriada por ele em sua subjetividade: o que transmito se tornará compreensível a partir de como o outro se apropria da minha linguagem pela sua liberdade (suas escolhas) e pelo seu desejo.

> E na carência de saber o que exprimo de fato para o outro, constituo a minha linguagem como um fenômeno incompleto de escape de mim [em direção ao outro]. Do que exprimo, não posso mais do que conjecturar o sentido do que foi expresso por mim, isto é, em suma, o sentido do que eu sou, pois, nessa perspectiva, exprimir e ser não são mais do que o mesmo. O outro está sempre presente e é vivido como o que dá à linguagem o seu sentido. Cada expressão, cada gesto, cada palavra é, de minha parte, a experiência concreta da realidade alienadora do outro (SARTRE, 2006, p. 414).

O que Sartre medita sobre as relações humanas, a experiência do *ser-para-outro*, um psicoterapeuta pode ter experimentado mais de uma vez: "o sentido das minhas expressões sempre me escapa, jamais sei exatamente se significo o que quero significar, nem mesmo se *sou* significante" (SARTRE, 2006, p. 413). Para isso, seria necessário que eu conseguisse ler as minhas expressões na consciência do outro, "o que, por princípio, é inconcebível" (SARTRE, 2006, p. 413).

Sartre constata que diante do outro estou em constante perigo. As minhas devoluções são apropriadas pelo outro, vale dizer, o meu olhar é visto pelo outro, que o devolve, *vendo*-me de alguma forma, e me fazendo dar-me conta da condição de quem também é visto. Com lido com isso? Para o Sartre de *O ser e o nada* (SARTRE, 2006), a hermenêutica que ele desenvolve conduz à constatação de que a vivência do *ser-para-outro* nos enovela num confronto de consciências, em que se experimenta o ser sujeito, aquele que olha, e o ser objetivado pelo (olhar) do outro. Sartre faz analogia do olhar objetivante com olhar da figura mítica da Medusa. Quem olhava para o monstro era transformado imediatamente em pedra.

A imagem do ser transformado em estátua de pedra significa a vivência do sentir-se definido com uma qualificação aos olhos do outro. Se o outro me olha,

> Há uma modificação estrutural em mim e tendo a me transformar para mim exatamente como apareço para o Outro. Se seu olhar me censura, torno-me então *objeto* de reprovação: se me admira, torno-me *objeto* de admiração. De qualquer forma, seu olhar me petrifica numa coisa-em-si. (...) Essa petrificação operada pelo Outro é, segundo Sartre, o sentido profundo

> do antigo mito da Medusa, a quem não se podia olhar sem se transformar em pedra (Maciel, 1986, p. 81).

Aqui está desfraldada uma das angústias do psicoterapeuta. É um trabalho hermenêutico, ou seja, um esforço de compreensão do outro e de interlocução com ele. Não é uma conta matemática em que se possa calcular o resultado com uma fórmula.

Palavras finais

O que se descortina numa abordagem de inspiração sartriana é que o psicoterapeuta como que devolve o olhar da pessoa atendida para ela mesma. Na verdade, o psicoterapeuta não faz isso, por mais que quisesse, não tem como fazer isso, não tem poderes nem varinha de condão, muito menos pode prometer soluções mágicas. O que ele faz é, na verdade, um convite. Um convite para que o cliente volte os olhos para si mesmo no mundo. Em vez de quase o tempo todo adotar, de imediato, os pontos de vista alheios, ao invés de interessar-se unicamente pela "multidão" (Kierkegaard, 1986), em vez de desesperadamente aderir às condutas e aos valores do que toma irrefletidamente como absolutas verdades ou como barca de salvação, trata-se de um convite para que a pessoa descubra a si mesma e ao mundo.

Parafraseando Paul Ricoeur (1969), o convite da psicoterapia não quer dar o pensar, não quer dar interpretação pronta para ser consumida, mas que dar *a* pensar, provocar esse pensar. Pensar não é apenas uma atitude mental, envolve toda a nossa afetividade e o nosso corpo, envolve o nosso desejo, envolve a nossa história, as nossas escolhas, o nosso estar no mundo.

Uma atitude psicoterápica que quer beber em fontes como Sartre e a dialogicidade procura compreender a pessoa atendida a partir das ideias, crenças e imagens que ela apresenta, dialogar com ela a partir do traz para a psicoterapia. Quem abraça esse projeto esmera-se para oferecer condições para que quem esteja em atendimento possa se sentir à vontade para desenvolver suas intuições sobre si, suas relações e a sua vida, descobrir seus limites, inventar as suas saídas, perceber as suas escolhas, enfim, o psicoterapeuta testemunha e compartilha com a pessoa em atendimento a máxima pertinente à realidade humana: "ser é escolher-se" (Sartre, 2006, p. 485).

O olhar daquele que atende, de início, pode ser tomado por quem é atendido como um olhar inspecionador, que supostamente poderia descobrir os segredos mais recônditos, flagrar cada gesto, cada palavra, cada vírgula e silêncio como índice certeiro de sua intimidade intimada a se revelar, mesmo que queira se esconder, pois a linguagem não se atém ao controle do sujeito. Quem está sendo atendido pode se sentir como uma liberdade que escoa em direção àquele que para ele é esperado que seja um especialista nas coisas da alma e, por isso, pode tentar lançar mão de uma certa resistência.

No entanto, o olhar do psicoterapeuta pode se tornar, ao longo do processo, uma vivência por parte de quem é atendido de um sentir-se visto por um olhar cuidadoso e não avaliativo, e sim, parceiro na descoberta de si mesmo e testemunha interessada no desvelamento do sentido da vida e do projeto original.

Referências

ALVES, Pedro M. Irreflectido e reflexão. Observações sobre uma tese de Sartre. In: SARTRE, J.-P. *A transcendência do Ego seguido de Consciência de si e Conhecimento de si.* Tradução e introdução de Pedro M. S. Alves. Lisboa: Colibri, 1994.

ANGERAMI, Valdemar Augusto. *Depressão. A dor maior da alma.* Belo Horizonte: Artesã, 2021.

BUBER, Martin. *Do Diálogo e do Dialógico.* Tradução de Marta E. S. Queiroz. São Paulo: Perspectiva, 1982.

ERTHAL, Tereza Cristina Saldanha. *Trilogia da Existência. Teoria e Prática na Psicoterapia Vivencial.* Curitiba: Appris, 2013.

HEGEL, Georg Wilhelm Friedrich. *Fenomenología del Espíritu.* Tradução de Manuel J. Redondo. Valencia: Pre-Textos, 2009.

HEIDEGGER, Martin. *A origem da obra de arte.* Tradução de Maria da Conceição Costa. Lisboa: Perspectiva, 1992.

HEIDEGGER, Martin. *Ser e Tempo.* 6. ed. Tradução Rev. de Márcia Sá Cavalcante Schuback. Petrópolis: Vozes; Bragança Paulista: Editora Universitária São Francisco, 2012.

HUSSERL, Edmund. *A ideia da fenomenologia.* Tradução de Artur Morão. Lisboa: Edições 70, 1990.

HUSSERL, Edmund. *Meditações cartesianas e conferências de Paris.* Tradução de Pedro M. S. Alves. Rio de Janeiro: Forense Universitária, 2013.

KIERKEGAARD, Søren. *Ponto de vista explicativo da minha obra como escritor.* Tradução João Gama. Lisboa: Edições 70, 1986.

LEVINAS, Emmanuel. *Totalité et Infini.* Essai sur l'extériorité. 4 ed. Dordrecht/Boston/London: Kluwer Academic Publishers, 1988.

MACIEL Luiz Carlos. *Sartre. Vida e obra.* 5. ed. Rio de Janeiro: Paz e Terra, 1986.

MERLEAU-PONTY, Maurice. *O visível e o invisível.* Tradução de José Artur Gianotti e Armando Mora d'Oliveira. São Paulo: Perspectiva, 2007.

MERLEAU-PONTY, Maurice. *Phénoménologie de la perception.* Paris: Gallimard, 2001.

RICOEUR, Paul. *Le conflit des interprétations*: essais d'herméneutique. Paris: Seuil, 1969.

ROGERS, Carl R. *On Becoming a Person. A Therapist's View of Psychotherapy.* Boston: Houghton Mifelin Company, 1961.

SARTRE, Jean-Paul. *Critique de la raison dialectique (précédé de Questions de méthode).* Paris: Gallimard, 1974.

SARTRE, Jean-Paul. *A transcendência do Ego seguido de Consciência de si e Conhecimento de si.* Tradução e introdução de Pedro M. S. Alves. Lisboa: Colibri, 1994.

SARTRE, Jean-Paul. *L'existentialisme est un humanisme.* Paris: Gallimard, 1996.

SARTRE, Jean-Paul. *L'être et le néant. Essai d'ontologie phénomeénologique.* Paris: Gallimard, 2006.

SARTRE, Jean-Paul. *O ser e o nada. Ensaio de Ontologia Fenomenológica.* 9 ed. Tradução de Paulo Perdigão. Petrópolis: Vozes, 2001.

VERÍSSIMO, Luiz José. Um olhar Entre Quatro Paredes. Esboço para uma fenomenologia do humano. *Revista de Filosofia SEAF.* Rio de Janeiro, Ano 8, n. 8, p. 161-177, 2009 (Coedição Uapê).

VERÍSSIMO, Luiz José. *Ética da reciprocidade.* Diálogo com Martin Buber. Rio de Janeiro: Uapê, 2010.

VERÍSSIMO, Luiz José. Entre pessoas: um modo de pensar a pesquisa e a saúde a partir de uma abordagem dialógica proposta por Martin Buber. In: ANGERAMI, Valdemar Augusto. *Psicossomática e suas interfaces.* O processo silencioso do adoecimento. São Paulo: Cengage Learning, 2012, p. 331-360.

VERÍSSIMO, Luiz José. Uma conversa em torno da ontologia fenomenológica de Sartre e sua interlocução com a psicanálise e a psicologia analítica. *Revista de Filosofia SEAF.* Rio de Janeiro, Ano 14/15, n. 14/15, p. 39-73, 2016/2017.

VERÍSSIMO, Luiz José. Interlocução com o pensamento de Sartre: fundamentos e prática de uma psicoterapia. In: ANGERAMI, Valdemar Augusto. *Psicoterapia fenomenológico-existencial.* Nova edição atualizada. Belo Horizonte: Artesã, 2017, p. 265-293.

VERÍSSIMO, Luiz José; ERTHAL, Tereza Cristina Saldanha. *Sobre o amor, a paixão, o olhar e as relações humanas. Diálogo com Sartre e com o Humanismo.* 2. ed. rev. e amp. Curitiba: Appris, 2020.

CAPÍTULO 6

As pessoas em situação de rua a partir do olhar de Sartre sob a perspectiva do movimento da História

Sueli Guerreiro

> *...sentir profundamente é já uma superação em direção à possibilidade de uma transformação objetiva*
>
> (SARTRE)

Introdução

Esse trabalho tem a intenção de propor reflexões a respeito dos conhecimentos preestabelecidos; que prescindem da vivência, de uma vivência *situada, e* de um movimento histórico; e com suas perspectivas, na maioria das vezes, meramente ônticas em oposição a um conhecimento construído na observância do ontológico.

Em uma intenção de se posicionarem sobre as causas de pessoas estarem em situação de rua apoiarem-se, na maioria das vezes, em saberes somente preestabelecidos. Ao se aproximarem deste fenômeno, o de viver a vida nas ruas, servem-se de teorias preexistentes que prescindem sim de um conhecimento que somente advenha de forma viva e a cada instante a partir da vivência e incorrer e conduzir-nos a enganos. Pois poderiam sugerir uma redutibilidade onde podemos observar em vários momentos a irredutibilidade ao conhecimento já sedimentado, com significações ultrapassadas e tidos como irrefutáveis, por apresentarem, por exemplo, argumentos que insistem em negar o movimento da história.

Um conhecimento desta forma criado sobre essas vivências pode ser disseminado sem qualquer questionamento. A ciência, inclusive, pode perpetuar criando somente no campo das ideias um conhecimento científico *a priori* sobre a subjetividade destas pessoas. Ideias que pretendem de alguma forma sobreviver a mudanças de valores e prescindir ao vivido. Posturas estas que promovem os idealismos e, desta forma, sentencia-os a permanecer em exclusão social da qual já são vitimas. Essas posturas como uma disposição na maioria das vezes compartilhadas em meios acadêmicos, a despeito das evidências e demandas das pessoas em situação de rua. Em muitos momentos, na pratica, pode não haver nada, nada que seja similar, ao menos, a teorias criadas sobre o comportamento humano. Há que se ter a humildade para abrir-se para o novo e ao incompreensível.

A importância do fator da História em seu movimento no tempo presente, passado e futuro nos projetos de intervenção sobre as vivências das pessoas em situação de rua

Ouço, inclusive em meios acadêmicos, sobre o fato de estas pessoas estarem em situação de rua ter sido sempre do mesmo modo e não há nada que possa ser estudado e oferecido como questionamento. Falas sem o menor conhecimento a respeito dos projetos de alguns cientistas sobre o fenômeno. Há projetos de sociólogos, antropólogos, psicólogos sociais dentre outros profissionais no campo social que podem debruçar e estagnar-se sim em aspectos meramente ônticos e não dar segmento. Um aspecto para reflexão neste presente trabalho é investigar a importância do reconhecimento do movimento da História no tempo como um embasamento para os projetos sociais que se nomeiam interventivos. Borhein (2011) nos diz:

> ... jamais a ciência poderá esgotar a diversidade múltipla do real, jamais poderá fazer o inventário do real e cruzar os braços (Borhein, 2011, p. 239).

E acrescentar-se-ia agora, oportunamente, com os olhos atentos ao movimento histórico, sim, o movimento histórico como um critério importante para atendimentos a pessoas em situação de rua. Bocca (2021) nos assevera:

> ...podemos descrever a intervenção clínica por meio de uma práxis psicoterapêutica cujo movimento histórico e dialético é de totalização em curso (Bocca, 2021, p. 244).

Para Sartre, o homem é um ser histórico e, a partir da obra *a Razão da Crítica*[1], empenhou-se a entender o problema do sentido da história. *Bornheim* descreve e partilha conosco o processo da introdução do problema do sentido tido da História para Sartre:

> A *Crítica da razão dialética* é precisamente exemplo de uma dessas esquinas. Pois não é que de repente, do outro lado da rua, surge o olho solerte de uma esquina outra, de uma calçada? E nosso filósofo vê: mas "o mundo é também História; talvez sejamos antes de tudo históricos". Sabe-se que o primeiro Sartre era profundamente anti-histórico, ou melhor, no nível das inaugurações, a história sequer existia nem mesmo como esfumaçado pano de fundo, e o primeiro personagem de Sartre, Roquentin, a descarta com a displicência da insciência. Mas sobreveio logo a brutalidade dos acontecimentos políticos e, logo depois, a ousada filigrana das analyses de Merleau-Ponty sobre tais aconteceres. E Sartre pôs-se a escrever, e muito escreveu a longa *Crítica;* dessa obra, postergou o primeiro volume, que questionaria o problema do sentido da história, e entregou-se logo ao detalhismo do segundo volume, às questões de método, a análises bem concretas e bem circunstanciadas de dimensões e pressupostos básicos da evolução social do mundo ocidental (Sartre, 2002, p. 8).

Laing e Cooper (1964) ao discorrerem sobre o método progressivo regressivo ressaltam a condição deste homem histórico.

> Se desejarmos, porém, fazer justiça ao que Sartre considera a posição marxista correta, precisamos dizer que o homem, num período de exploração, é, ao mesmo tempo, o produto

[1] SARTRE, J. P. *Crítica da Razão Dialética*: Questões de método, Crítica da razão dialética, Da práxis individual ao prático-inerte, Do grupo à história. DP&A, 2002.

> de seu próprio produto e um agente histórico que não pode ser considerado produto. Isto não é uma contradição estática, mas precisa ser compreendido no próprio movimento da *práxis*. Iluminará então o enunciado de Engels: os homens fazem a sua história baseados em condições anteriores reais (caráter adquirido, distorções impostas pelo tipo de trabalho e de vida, alienação, etc.), mas são eles, *os homens, que fazem a história e não as condições anteriores* (LAING e COOPER, 1964, p. 35).

Bocca (2021) assevera sobre a importância de uma intervenção estar localizada no tempo em movimento.

> Temporalizar-se, portanto, é estar localizado no tempo, ou seja, é realizar-se e, ao mesmo tempo, realizar acontecimentos (que são históricos), tanto no presente quanto no passado, aceitando e também renunciando fatos. Significa ainda ter se experimentado amado e odiado, sentindo prazer e desprazer, enfim, ter se constituído determinada pessoa e não outra. Temporalizar é planejar executar certas coisas, projetar-se para e em direção a algo (futuro). (BOCCA, 2021, p. 97)

Idealismos e os preconceitos criados em meios acadêmicos

Ideias preconcebidas e teorias acadêmicas cristalizadas que se defendem irredutíveis ao novo, que se apresentam a cada instante, podem criar e contribuir para o preconceito a que as pessoas que vivem nas ruas são vítimas e que sofrem também com os desmentidos, os insultos e as incompreensões. Qualquer referência sobre a condição destas pessoas em situação de rua torna-se um assunto espinhoso para alguns acadêmicos. Aproximar-se destas pessoas, oferecer-lhes um atendimento é visto como contraproducente, pois estariam nas ruas por escolha. E sempre se tem uma "opinião acadêmica" prévia, na maioria das vezes, que a decisão, para um projeto de atendimento destas pessoas, seria algo próximo a uma medida somente mais caritativa, como sendo relação de ajuda; e assim minimizando e nos dissuadindo de um projeto que advenha das necessidades e demandas destas pessoas, impingindo-lhes uma identidade social negativa. Ideias prévias sim, preconcebidas, criadas a partir de uma teoria estanque e com essência.

E se porventura as hipóteses não se comprovem, a modulação para a interpretação dos resultados pode já estar com os ruídos dessas teorias sedimentadas e obsoletas. Há um caminho curto entre uma teoria assim criada, *a priori*, e o preconceito social frente a pessoas em situação de rua. O preconceito pode começar por uma coerção teórica que se pretende irredutível. Sartre (2002) nos diz:

> [...] movimento pelo qual determinados totalizadores produzem, superando suas contradições, um momento novo e irredutível da totalização deve aparecer-nos, ao mesmo tempo, como realidade e como iluminação. Ou, em outras palavras, se a Razão dialética existe, é necessário que ela se defina como a inteligibilidade absoluta, uma novidade irredutível na medida em que esta é uma irredutível novidade. É o contrário do esforço positivista e analítico que tenta iluminar os fatos novos, reduzindo-os a fatos antigos. E de certa forma, a tradição do positivismo está tão ancorada em nós, inclusive atualmente, que a exigência de inteligibilidade pode parecer paradoxal. O novo, *na medida em que é novo*, pode escapar ao intelecto: aceita-se a *qualidade* nova como uma aparição bruta ou, melhor ainda, supõe-se que sua irredutibilidade é provisória e que, mais tarde, a análise há de descobrir nela elementos antigos (Sartre, 2002, p. 175).

Borhein (2011) nos pontua sobre a questão da ciência positiva pretender-se universal sempre. Aponta que sobre a pretensão de estabelecer um entendimento a respeito de uma natureza dialética que seria apenas ôntica.

> Assim, colocar o problema sob a custódia das ciências a natureza resulta em transferir indefinidamente a própria possibilidade do problema. E o irrisório é que se coloque a questão em tais termos. A rigor, contudo, a deficiência desse modo de abordar a dialeticidade do real não consiste, precipuamente, em tudo esperar da ciência, ou, ao menos, não se trata aqui de desabonar a atividade científica ou de pretender que ela nada tenha a ver com o assunto; a insuficiência fundamental desse positivismo decorre da questão numa perspectiva meramente ôntica. Com efeito, se limitado ao plano ôntico, o problema desemboca inapelavelmente no irresolvido e tende mesmo a perder sentido, simplesmente porque não se abandona a multiplicidade e se

condena a mover-se na dimensão plural da natureza (Borhein, 2011, p. 239).

Uma abertura a partir do cotidiano sobre questões tais como medidas caritativas versus de solidariedade, estarem nas ruas por escolha e por comodismo

Uma abertura para o fenômeno seria mesmo o de problematizar, promover discussões sobre o motivo de estarem vivenciando as suas vidas nas ruas. Questões que são cotidianas, de ordem prática e também inseridas em movimento da história e que podem contribuir para pensar sobre o caminho longo a se percorrer dada o quanto essas questões ainda persistem e não sequer são investigadas na maioria dos projetos de intervenções.

As questões para discussões são em nada elementares como substituir um olhar somente caritativo e assimétrico por um de solidariedade mais simétrico. A caridade pressupõe uma relação de verticalidade, em que alguém que está em uma situação diferenciada ou privilegiada possa ajudar a outro que esteja em situação de inferioridade, uma condição mantida e sem vislumbrar alteração. Visa levar alívio imediato, sem nenhum convite a reflexão sobre essa condição. Sem busca por mudanças sociais que possibilitem buscar soluções para as desigualdades sociais, responsáveis por tantas pessoas em situação de excludência e, portanto perpetue ficarem à mercê da caridade e contribui, assim, para não se revoltar de forma devida com a sua situação. Já a solidariedade contempla uma relação de simetria entre pessoas, entre semelhantes. Trata-se de que é preciso se reconhecer como humano e identificar no outro sua humanidade, promovendo, a partir de uma relação assim estabelecida, o resgate da sua dignidade humana e do mínimo necessário de condições de sobrevivência. A discussão sobre as diferenças entre uma intervenção caritativa e uma solidária está exposta em Angerami (2017).

Refletir sobre essas pessoas que vivem em situação em ruas em um primeiro momento seria importante pensarmos sobre os argumentos sobre a causa por estarem nesta condição de extrema vulnerabilidade ser por escolhas pessoais ou que agirem por comodismo. Outra questão que se torna um agravante é dizerem que sempre foi desta forma e não há nada que possa ser feito. E também a questão de serem tratados como marginais e como vítimas de sua própria escolha, associados à violência e à marginalidade e assim estigmatizados. Vítimas de uma situação de desigualdade social e de um processo perverso de excludência. Busquei essas reflexões já feitas neste livro citado acima de Angerami (2017), que é também minha referência para atendimentos no consultório e com pessoas em situação de rua. Uma reflexão importante nesta mesma obra, referente às pessoas em situação, também foi entender ter sua causa em uma desestruturação econômica, política e sociais, e no movimento histórico mais amplo. Compartilho desta mesma obra o trecho sobre essa reflexão:

> Pessoas que insistem em sobreviver, apesar de toda a exclusão de que são vítimas. De uma vida que pulsa e tenta se tornar realidade, em que se pese fazerem parte de uma sociedade, onde o neoliberalismo apenas aceita aqueles que sobrevivem aos seus critérios de meritocracia (Angerami, 2017, p. 65).

Cada vez mais aumenta o número de pessoas nas ruas nos grandes centros urbanos. Elas vivem expostas a perigos e violências que as acometem a cada momento e sofrem até mesmo por outras pessoas igualmente em situação de rua. Uma das consequências disso é um ataque à sua dignidade humana. Elas sofrem a exclusão social, e as discussões sobre sua vontade por estarem nas ruas não são passíveis de investigações apressadas. A violência que permeia e motiva essas investigações e a construção de seus instrumentos de medição, da vontade, como exemplo, deveriam ser investigadas. Vidas vividas desta forma com um total esfacelamento de sua dignidade nos enfrentamentos diante da violência a que se submetem. A agressão maior seria a sofrida por essa convivência com as adversidades e violências em seu entorno não serem sequer questionadas.

Estabelecer procedimentos os mais simples possíveis, desde um cumprimento casual, um aperto de mão e um cuidado efetivado por uma simples presença. Sim, presença. Temos como parâmetro uma relação que é de Cuidado, ou seja, não de ajuda, mas de presença. A presença respeitosa seria o Cuidado. E me deixaria ser conduzida. Sem estabelecer relação de ajuda e incorrer em relação assimétrica ou até mesmo em relações de poder. Guerreiro (2019) apresenta o Cuidado definido por Boff (2014)[2] por meio da fábula de Higino[3] e reflexões feitas por ele na obra intitulada *Saber Cuidar*:

> Oferece-nos uma definição de *Cuidado* como sendo *aquela força originante que continuamente faz surgir o ser humano* (p. 117). Fala de uma superação necessária a nossa civilização, *superar o modo-de--ser-trabalho-produção-dominação*. Para isso precisaríamos resgatar o Cuidado: "Para isso o ser humano precisa voltar-se sobre si mesmo e descobrir seu modo-de-ser-cuidado" (GUERREIRO, 2019, p. 74).

E cabe mencionar sobre a questão referente à fraternidade que nos fez reavaliar, há muito esquecida, e foi delegada apenas à atuação de religiosos que poderia ser resgatada na relação com essas pessoas em situação de rua. Nas palavras de Angerami (2014):

> Fraternidade praticamente se tornou tema religioso, evocado apenas em cultos e ofícios religiosos, sem lugar em nossa sociedade neoliberal... Falar de fraternidade, então, é evocar tema que há muito foi excluído da vivência interpessoal, e até mesmo social (ANGERAMI, 2014).

Ao escrever sobre como um profissional da saúde poderia refletir sobre o seu fazer para ser verdadeiramente sua postura, uma postura humanizada nos ensina Angerami (2012):

2 BOFF, L. *Saber cuidar; ética do humano – compaixão pela terra*. Petrópolis: Vozes, 2014.

3 "Certo dia, ao atravessar um rio, Cuidado viu um pequeno pedaço de barro. logo teve uma ideia inspirada. Tomou um pouco de barro e começou a dar-lhe forma. Enquanto contemplava o que havia feito, apareceu Júpiter. Cuidado pediu-lhe que soprasse espírito nele, o que Júpiter fez de bom grado. Quando, porém, Cuidado quis dar um nome à criatura que havia moldado, Júpiter o proibiu. Exigiu que fosse imposto o seu nome. Enquanto Júpiter e Cuidado discutiam, surgiu, de repente, a terra. Quis também ela conferir o seu nome à criatura, pois fora feita de barro, material do corpo da terra. Originou-se então uma discussão generalizada. De comum acordo pediram a Saturno que funcionasse como árbitro. Este tomou a seguinte decisão que pareceu justa: 'Você, Júpiter, deu-lhe o espírito; receberá, pois, de volta este espírito por ocasião da morte dessa criatura. Você, terra, deu-lhe o corpo; receberá, portanto, também de volta o seu corpo quando essa criatura morrer. Mas como você, Cuidado, foi quem, por primeiro, moldou a criatura, ficará sob seus cuidados enquanto ela viver. E uma vez que entre vocês há acalorada discussão acerca do nome, decido eu: esta criatura será chamada Homem, isto é, feita de *humus,* que significa terra fértil'" (BOFF, 2014, p. 50).

> Uma relação, para ser definida como humana, necessita inicialmente que eu me reconheça como humano e que igualmente identifique no outro essa condição de humano (Angerami, 2012, p. 4).

Retomando um ponto importante sobre o comodismo, ouço no dia a dia que essas pessoas estão nas ruas por comodismo. Ao contrário desta afirmação, assisto os esforços descomunais para executar quaisquer hábitos de asseio ou de cuidados pessoais, ou afazeres, ou para se alimentarem e que exigem malabarismos e uma capacidade de enfrentamentos inimagináveis para quem mora em casa.

Em um só dia presencio pessoas cortando as unhas em banco de praça; varrendo sua área de moradia na calçada em meio a uma ventania que anuncia uma tempestade que se aproxima; uma moça que, por certo proibida de ir a um banheiro do comércio, usa um um canto de parede em um viaduto como banheiro; outra juntando água da chuva para lavar suas roupas; outro comendo um resto de pão que achara no lixo; outros em fila para tomar banho em uma igreja. Isso sem deixar de citar os grandes aglomeramentos nos principais centros urbanos do país, e as ocupações. Ou seja, uma vida nada cômoda.

Certa noite, ao sair do consultório, eu passei pelo paciente Omar, citado anteriormente, e perguntei se já havia sido informado sobre a pandemia. Ele me respondeu afirmativamente somente abaixando a cabeça. Insisti no assunto e perguntei se gostaria de ir para um albergue, balançou a cabeça num gesto de negação. Já eram vinte e duas horas e estava preparando-se para dormir. Ele pegou seu papelão, forrou o chão, cobriu-se com um cobertor e usou o degrau de mármore, que deveria estar bem frio, como travesseiro. Despedi-me e fui para casa. Ele continua neste últimos meses sobrevivendo nas ruas. Os comerciantes locais sempre o acolheram desde que chegou neste lugar há mais de duas décadas. Perguntei sobre ele a um comerciante nesta última semana, por observar um movimento de retirada de famílias inteiras morando em barracas nas cercanias da Avenida Paulista, que é um dos centros financeiros do país, o qual me respondeu: "Ele está por aí. Foi permitido que ele ficasse, pois já era conhecido de todos" (Angerami, 2017).

> Atribuir a esse processo de exclusão urbana uma simples afirmação de que sejam acomodadas, que preferem as ruas

> ao enfrentamento de outro tipo de vida, é de um simplismo revestido de total alienação (Angerami, 2017, p. 67).

E estas pessoas estarem nas ruas por uma escolha pessoal ou por comodismo não tem fundamento mesmo. Na verdade, o contra-argumento poderia ser a partir de uma investigação e a articulação com gestões políticas no sentido de propormos projetos que sejam efetivos e a partir de suas demandas.

Ideologia, cultura e o movimento histórico

Dar somente pão seria manter idealismos, mas promover reflexões sobre suas condições seria romper com quaisquer idealismos engessados. Um projeto social poderia ser firmado em combater idealismos nesse sentido. E como assevera Sartre (2002) sobre o projeto ideológico, buscar a modificação na tomada de consciência de suas contradições:

> O projeto deve necessariamente atravessar o campo das possibilidades instrumentais. Os caracteres particulares dos instrumentos transformam-no mais ou menos profundamente; eles condicionam a objetivação. Ora, o próprio instrumento — seja ele qual for — é o produto de um certo desenvolvimento das técnicas e, em última análise, das forças produtoras. Uma vez que nosso tema é filosófico, tomarei meus exemplos no terreno da cultura. É necessário compreender que um projeto ideológico, seja qual for sua aparência, tem por objetivo profundo modificar a situação de base por uma tomada de consciência de suas contradições (Sartre, 2002, p. 90).

A realidade vivenciada por essas pessoas nesta condição de viver suas vidas nas ruas só pode ser comparada pela evidência da miserabilidade e vulnerabilidade, mas os motivos para estarem em situação de rua são infinitos, multifatoriais e refletem a situação econômica, política e ideológica e um determinado momento histórico, social e cultural. Sartre (2002), ao se referir a grupos sociopolíticos, diz-nos:

> Em cada um desses grupos, o movimento original é desviado pelas necessidades da expressão e da ação, pela limitação objetiva

> do campo dos instrumentos (teóricos e práticos), pela sobrevivência das significações ultrapassadas e pela ambiguidade das novas significações (aliás, frequentemente, as segundas expressam-se através das primeiras). A partir daí, impõe-se-nos uma tarefa: a de reconhecer a originalidade irredutível dos grupos sociopolíticos assim formados e defini-los em sua própria complexidade, através de seu incompleto desenvolvimento e de sua objetivação desviada... Convirá, ao mesmo tempo, iluminar o presente pelo futuro, a contradição embrionária pela contradição explicitamente desenvolvida e deixar ao presente os aspectos equivocados que ele conserva de sua desigualdade vivida (sic) (SARTRE, 2002, p. 97).

O conhecimento e o movimento da História

Na obra *A Crítica*[4], Borheim, citado anteriormente, escreve sobre a inserção do homem como ser histórico para Sartre (2002). E nesta mesma obra, Sartre entrelaça a estrutura cultural e o processo histórico dos grupos ou seriais na pluralidade das camadas a serem observados nestes planos históricos e culturais. E ainda evidencia o movimento de ir e vir destas estruturas na temporalidade e em seus movimentos como de uma espiral (que parece voltar em um mesmo lugar, mas a distância do fenômeno é claramente outra e de forma sucessiva). Os saberes construídos na estrutura cultural sob o aspecto da evolução diacrônica estão ligados por relações de interioridade. Neste trecho, Sartre (2002) nos explica:

> Todavia, negligenciamos uma dimensão capital da experiência crítica: o passado. Vemos perfeitamente como eu me dissolvo praticamente na aventura humana, mas ainda permanecemos no plano sincrônico. Ocorre que a totalização se distingue da totalidade porque esta é totalizada e aquela que totaliza. Nesse sentido é evidente que totalizar-se significa temporalizar-se. Com efeito – já fiz tal demonstração em outra obra – a única

[4] SARTRE, J. P. *Crítica da Razão Dialética: Questões de método, Crítica da razão dialética, Da práxis individual ao prático-inerte, Do grupo à história*. DP&A, 2002.

> temporabilidade concebível é a de uma totalização a como aventura singular. Se a totalização deve ser descoberta como totalização em andamento, isso não significa somente que ela devém e devirá, mas também é *devinda*. Dessa vez, a minha vida, em seu movimento singular, é curta demais para que possamos esperar aprender nela a aventura diacrônica de totalização a não ser na medida em que o vínculo totalizante ao passado que constitui o indivíduo pode servir de símbolo a uma totalização dos indivíduos (SARTRE, 2002, p. 170).

Sartre elucida também que a história e a cultura a que se submete o conhecimento têm características dentro de um processo de totalização e temporalização e acrescenta a importância de verificar o vínculo de interioridade e exterioridade do indivíduo com relação a esses movimentos da história e da cultura. Há um momento particular da História, mas a história, segundo Sartre, totaliza-se no movimento sincrônico e diacrônico.

> Mas se a História é uma totalização que se temporaliza, a cultura é em si mesma totalização temporalizante e temporalize apesar da "disparidade" que caracteriza meus conhecimentos e, talvez, os conhecimentos em geral, na *cultura objetiva* deste século. No próprio momento em que apreendo reflexivamente este vínculo de interioridade à totalização cultural, desapareço como indivíduo culto para manifestar-me como vínculo sintético de cada um ao que se pode chamar de *campo cultural* (SARTRE, 2002, p. 171).

A História e a linguagem

A linguagem produzida por meio do movimento do tempo da história não é capaz de reproduzir sequer um momento circunscrito de um ato no tempo por não alcançar suas reais significações. Os cientistas e acadêmicos poderiam se atentar a esse estado de coisas e não reproduzir falas sedimentadas e muito próximas do senso comum. Aqui há uma denúncia sim, pois até mesmo a linguagem pode não ser capaz de reproduzir ou alcançar tais camadas e significações e tão pouco apreender a passagem do tempo. Refiro Sartre (2002) sobre este fenômeno:

> O que a totalização deve descobrir, então, é a unidade pluridimensional do ato: essa unidade, condição da interpenetração recíproca e da relativa autonomia das significações, corre o risco de ser simplificada pelos nossos velhos hábitos de pensamento; a forma atual da linguagem é pouco adequada a restituí-la (Sartre, 2002, p. 89).

O Singular e o universal e o movimento histórico

Sartre (2002) refere Merleau-Ponty a respeito do movimento e da interrelação entre o singular para o universal, o indivíduo e o "coletivo". O trecho a seguir descreve com precisão este processo:

> O sentido de nosso estudo deve ser aqui "diferencial", como diria Merleau-Ponty. Com efeito, é a diferença entre os "comuns" e a ideia (sic) ou a atitude concreta da pessoa estudada, seu enriquecimento, seu tipo de concretização, seus desvios, etc., que devem antes de tudo nos iluminar sobre nosso objeto. Essa diferença constitui sua singularidade; na medida em que o indivíduo utiliza os "coletivos", ele depende (como todos os membros de sua classe ou meio) de uma interpretação muito geral que já permite estender a regressão até as condições materiais. Mas na medida em que suas condutas exigem uma interpretação diferencial, deveríamos levantar hipóteses singulares no âmbito abstrato das significações universais (P. 106, CRD).

No processo de totalização há a dependência da interrelação do subjetivo e do objetivo. Isso posto para dar conta da História, da criatividade humana. Sartre (2002) nos ensina:

> Ora, sentir profundamente é já uma superação em direção à possibilidade de uma transformação objetiva; na prova do vivido, a subjetividade volta-se contra si mesma e arranca-se ao desespero pela objetivação. Assim, o subjetivo retém em si o objetivo que ele nega e supera em direção a uma nova objetividade; e essa nova objetividade, em sua qualidade de objetivação, exterioriza a interioridade do projeto como subjetividade objetivada. O que quer dizer, a uma só vez, que o vivido como tal encontra

> seu lugar no resultado e que o sentido projetado da ação aparece na realidade do mundo para tomar sua verdade no processo de totalização. Somente o projeto, como mediação entre dois momentos da objetividade, pode dar conta da História, isto é, da criatividade humana. E necessário fazer uma escolha (Sartre, 2002, p. 82).

O indivíduo em seu aspecto antropológico, o homem, diante do ponto vista sincrônico e a evolução diacrônica das sociedades, um argumento que refuta qualquer cristalização referente ao conhecimento construído que prescinda desta analise. Sartre (2002) pontua:

> a diversidade dos grupos — considerados do ponto de vista sincrônico — e a evolução diacrônica das sociedades impedem fundamentar a antropologia em um saber conceitual. Seria impossível encontrar uma "natureza humana" comum aos Muria — por exemplo — e ao homem histórico de nossas sociedades contemporâneas (Sartre, 2002, p. 126).

O intuito a partir dessas exposições teóricas seria para demonstrarmos a necessidade de nos atentarmos para o processo de construção do conhecimento com olhos em um movimento das totalizações históricas. E nos afastarmos como cientistas de um olhar mais superficial e olharmos a pluralidade de um fenômeno estudado.

Ações pontuais que mudam o sentido da História. Um exemplo

O homem, para Sartre, é um ser histórico. Um dos inúmeros critérios para dar veracidade ao sentido de um projeto direcionado a investigar as causas dos fenômenos no campo social, qualquer projeto para o homem não deveria prescindir de uma avaliação mais cuidada no sentido do seu movimento histórico no tempo passado, presente e futuro. Observar os resultados a curto e longo prazo que apesar de apresentarem contradições que serem vencidas ou mais problematizadas podem sim mudar o sentido da história de uma sociedade. Criar com motivações no possível ainda inexistente.

Guerreiro (2020) refere Freitas (2018)[5] explicando em seu capitulo sobre a técnica progressivo-regressivo de Sartre que, apesar de projetos políticos que defendam os direitos humanos, como o PROUNI (Programa Universidade Para Todos), do Ministério da Educação, em janeiro de 2005, sob a presidência de Luís Inácio Lula da Silva, apresentarem contradições, a relevância estaria no acesso de muitos ao conhecimento adquirido, e isso poderia mudar o sentido da história.

> O indivíduo pode buscar sua essência no campo dessas necessidades, pois "os possíveis sociais são vividos como determinações esquemáticas do futuro individual. E o possível mais individual não passa da interiorização e enriquecimento de um possível social" (Sartre 2002, p. 79). Mesmo com as contradições mencionadas, produzidas com o Prouni, as possibilidades futuras não se restringem apenas à satisfação das demandas produzidas no passado. O acesso de muitos ao conhecimento é uma das demandas, mas que os indivíduos farão com os conhecimentos adquiridos, isso pode mudar o sentido da História (Freitas, 2018, p. 125 aphud Guerreiro, 2020, p. 294).

Alcançar uma maior compreensão para construção de projeto público não prescindiria também de um olhar histórico também no seu sentido diacrônico e sincrônico. A demanda é do paciente e inserida também neste movimento histórico. Segundo Sartre (2002)

> Sendo assim, encontro-me condicionado dialeticamente com o meu passado totalizado e totalizante da aventura humana: como homem de cultura (expressão que designa todo homem, seja qual for sua cultura, inclusive um iletrado), eu me totalizo a partir de uma história milenar e, na medida de minha cultura, eu totalizo esta experiência. Isso significa que minha própria vida é milenar, uma vez os esquemas que permitem compreender, modificar e totalizar minhas empresas práticas (e o conjunto de determinações que a acompanham) *passaram para o atual* (presentes por sua eficácia e passados por sua história devinda). Nesse sentido, a evolução diacrônica é atual (enquanto passada e veremos

[5] FREITAS, S. M. P. *Psicologia existencialista de grupos e de mediação grupal: contribuições do pensamento de Sartre*. Curitiba: Appris, 2018. p. 120 – 133

isto mais tarde, enquanto futura) na totalização sincrônica; os vínculos entre ambas são de interioridade e, na medida em que a experiência crítica é possível, a profundidade temporal da aventura totalizante revela-se desde o momento em que interpreto reflexivamente as operações da minha vida singular. Aqui, com toda a certeza, o indivíduo não é senão o ponto de partida metodológico e sua curta vida dilui-se no conjunto humano e pluridimensional que temporaliza sua totalização e totaliza sua temporalidade (Sartre, 2002, p. 171).

A dialética da natureza e o poder da História

Bornhein (2000), no capítulo em que propõe questões para a discussão sobre a existência da dialética da natureza inseridas na obra *Crítica da razão dialética*, de Sartre (2002), nos adverte sobre o não poder totalizante da história e que esta não seria uma entidade autônoma e transformadora em si mesma justificada a partir de um em-si, um em-si que só funcionaria como fundamento negativo por introduzir o elemento antidialético que deve ser superado.

> Já sabemos que não caberia explicar a História como uma espécie de marcha do Deus anônimo através do tempo; se tal fosse o caso, a História se justificaria a partir da objetividade de um em-si. O fundamento, contudo, não poderia ser o em-si, ou melhor, o em si só funciona como fundamento negativo, por introduzir o elemento antidialético que deve ser superado. Sem duvida, Sartre se refere a uma "circularidade dialética": "A descoberta capital da experiência dialética (...) é que o homem é 'mediado' pelas coisas na medida em que as coisa são 'mediadas' pelo homem". Entretanto, o caráter circular da dialética na própria circularidade sua razão fundante; digamos que a circularidade se estabelece no plano ôntico e pressupõe o ontológico. (Bornhein, 2000, p. 260).

Ouço nas ruas o que é bastante disseminado, por exemplo, que são culpadas por estarem na condição de miserabilidade. Isso somente seria possível sustentar se não nos atentarmos para as estruturas político-econômico-históricas em seu entorno.

Estamos em situação de pandemia[6] desde o ano passado. Nos atendimentos com pessoas em condição de rua no início desta pandemia, um dos pacientes, o Sr. Omar (nome fictício), referido em Guerreiro (2019)[7], andava carregando nas costas duas madeiras em forma de cruz e um saco onde guardava seu cobertor. Certamente, por ele passaram muitos profissionais. Ele viveu sob várias gestões políticas econômicas municipais, estaduais e federais. E a sua vida foi deteriorando-se gradativamente. Um homem que aparenta ter cinquenta anos, pele clara, anda descalço, seus pés têm sinais de estar descalço por um longo período. Seus cabelos viraram placas por acúmulo de sujeira. Uma imagem difícil de olhar. A degradação estava evidente na sua aparência. O seus gestos e comportamentos demonstravam que ainda tinha desejo, tomava decisões quando não concordava com algo. Falava pouco, mas somente com pessoas que conhecia. Sua família morreu há cinco anos, num acidente de carro (segundo relatos de sua cuidadora). Além de andar descalço, usava roupas que não trocava há meses. Mas não aceitava qualquer doação de roupas. Tem um de seus dedos enrolado em um arame, de forma que a circulação do sangue fica quase que totalmente interrompida. Ao ter sido levado por uma ambulância ao hospital, assim que soube que precisaria amputar esse dedo, fugiu. O dedo estava muito inchado, e ele não aceitava ajuda. Essa automutilação o assemelhava a um animal, no sentido do distanciamento da condição humana.

O número de pessoas nestas condições de rua aumentou exponencialmente no Brasil neste último ano. Recentemente, tenho observado que alguns começaram a fazer uso de barracas de *camping* para morar nas calçadas na Avenida Paulista, na cidade de São Paulo. Alguns eu já conhecia e outros chegaram aos últimos meses. As barracas pareciam a

[6] Pandemia que assola o mundo, pelo vírus Covid-19. Até o presente momento, depois de 20 meses de pandemia, são 600 000 mortos no Brasil, devido a uma crise sanitária provocada por uma crise econômica e política.

[7] GUERREIRO, S. A autodestruição da vida nas ruas e a exclusão social. In: ANGERAMI, V. A. (Org.). *Suicídio e suas interfaces*: o ardiloso emaranhado da autodestruição Belo Horizonte: Artesã, 2018. GUERREIRO, S. Pessoas em situação de rua e a autodestruição imposta pela exclusão social. In: ANGERAMI, V. A. (Org.). *Suicídio e suas interfaces*: o ardiloso emaranhado da autodestruição. Belo Horizonte: Artesã, 2018.

mim mais uma expressão de cuidado próprio. Apesar de estarem nessas barracas, a preocupação e o foco da atenção ainda seria o motivo pelo qual estariam nas calçadas.

Mais recentemente, a pedido de moradores e comerciantes da região, estas barracas de *camping* foram retiradas e proibidas. Segundo dito por um comerciante, a justificativa dos moradores e de outros comerciantes locais sobre essa proibição seria porque as pessoas em situação de rua já começaram a vir com suas famílias inteiras e numerosas, e isso inviabilizou serem aceitos nestas condições. O modelo anterior de condições eram papelões e cobertores doados. Alguns moradores utilizavam as grades de contenção de pedestres como varal e a água da chuva para lavar roupas. O frio, a fome, o desemprego de que eram vítimas não era aviltante a grande maioria dos moradores dos prédios na região e tampouco de suas associações de bairro. Provavelmente as barracas utilizadas pelas das pessoas em situação de rua foram vistas como comodismo, e como um luxo inaceitável. A falta de alimento, moradia e recursos básicos causam muito sofrimento a estas pessoas.

Há três meses vejo um senhor em situação de rua e somente o cumprimento todos os dias. Ele aparenta ter uns 40 anos, suas vestes são corroídas e sujas. A cena que observo com frequência é ele sentado em um banco de cimento que tem uns três metros de comprimento, onde coloca suas roupas e seu papelão de dormir. Às vezes, o vejo sentado na escada de acesso a um banco, unidade de uma rede de banco, frequentado somente pelos clientes mais seletos. Consigo observá-lo em vários horários do dia, pois fica no caminho para o meu consultório. E quando saio para os atendimentos das pessoas em situação de rua, ele sempre está lá, visto nos últimos meses. Ele fica em frente a um prédio residencial no meio desta avenida. As histórias dele e dos que partilham as ruas com ele e que ouço ao longo das últimas décadas são de tragédias familiares, desemprego, desilusões amorosas, morte de pessoas significativas para elas; para um indígena, a causa é por sua tribo ter sido dizimada. E compartilham espaço nas calçadas com pessoas que vêm visitar a avenida, por ser um ponto turístico e conhecido mundialmente, com os moradores e comerciantes locais e as pessoas que trabalham nos prédios comerciais. A relação com estas pessoas fica permeada por doações e conversas furtivas. Em muitos momentos, elas recebem palavras de reprovação, são humilhadas e desprezadas.

Autodestruição e sofrimento psíquico podem culminar em uma total eliminação da condição humana. A autodestruição maior seria a da perda da condição humana. Outro fator e também uma importante denúncia sobre a estrutura excludente perversa subjacente que vitimiza ainda mais essas pessoas em situação de rua a expulsá-los em uma ação puramente higienista a culpabilizá-los por sua situação. E são tratados como causa e não como consequência de uma estrutura política econômica neoliberal excludente. E o Estado não cuida. Projetos engessados em que a demanda não está pautada na vida das pessoas em situação de rua, e sim, nos interesses de uma gestão política passageira. Não há nenhuma preocupação em buscar um conhecimento norteador a partir das vivências nas relações com as pessoas em situação de rua, algo que deveria ser de modo vivo, um conhecimento desta forma construído e com uma intenção de acompanhar as mudanças de valores e o movimento da história.

Angerami (2003) nos mostra que:

> Em uma sociedade em que os valores se transformam de modo cada vez mais vertiginoso, não há como tentar compreender a condição humana a partir de teorias estanques e que não apresentam a própria evolução dos fatos. Se a verdade é a subjetividade e a realidade é a nossa constituição senso-perceptiva, então não há como enredar a condição humana, a não ser através desses princípios (Angerami, 2003).

O Ser situado e no tempo do sentido da História

Em nossa sociedade atual, como a nossa com padrões de vida em que a competitividade é tão valorizada e a exclusão social a que são vítimas as pessoas em situação de rua em consequência de uma estrutura socioeconômica neoliberal, em muito pouco se assemelha com o motivo pelo qual em outras sociedades pessoas viviam em situação de rua. Os motivos mudam sempre, podem mudar substancialmente em poucas décadas.

Na década de cinquenta um homem que aparentava uns 30 anos de idade abordou meu pai na rua pedindo-lhe um pão. Meu pai ficou parado diante dele um instante e resolveu ajudá-lo, mas como era solteiro e morava com os pais, precisou levá-lo para a casa dos pais. Chegou tarde da noite e deu-lhe o que comer, ofereceu-lhe a casa para que tomasse um banho e deu-lhe um paletó de lã de caxemira que pegara no guarda-roupa do pai. Ofereceu-lhe pouso, mas com a condição de que saísse bem cedo, pois não havia tido tempo de ter conversado com os pais sobre sua decisão. No dia seguinte, levou-lhe em uma construtora e intermediou a contratação desse senhor para um trabalho. Certificou-se de que receberia comida e pouso. O homem era alcoolista e prometera a meu pai que evitaria a bebida. Meu pai deu-lhe um voto de confiança e o incentivou em sua decisão. Anos se passaram e meu pai foi convidado para dar uma palestra religiosa e quando chegou à reunião viu o moço e o reconheceu, conversaram e aquele homem contou-lhe que estava bem e conseguira afastar-se do álcool como comprometera. E meu pai reconheceu o terno de caxemira e o senhor percebeu e lhe disse: "Está conservado porque só o uso em ocasiões especiais". Presumo que meu pai agiu de forma autêntica, sem preconceito, e não tinha nada que precedesse seu gesto a não ser reconhecer-se no outro por suas humanidades.

Voltamos agora ao senhor Omar, aquele que citei anteriormente. Ele foi perdendo a condição humana ao longo dos anos, mas ainda demonstrando seu desejo ao não aceitar algumas intervenções pontuais a que foi submetido nos últimos anos. Demonstrou seu desejo ao fugir de uma clínica psiquiátrica que procurava interná-lo, e também, ao não se submeter a uma cirurgia em seu dedo, o qual se encontrava enrolado em um arame e bem inchado por má circulação. Todos os dias ele se distrai com objetos deixados nos lixos. Ele sempre anda com um par de madeiras de um metro aproximadamente cada uma. Essas madeiras já foram usadas nas suas mais diferentes criações: ora criava uma cruz e a colocava nas costas, ora serviam como um taco para lançar uma bola ao cesto de lixo; ora serviam-lhe para usar como guitarra; ora uma flauta... Perdeu sua condição humana, tornou-se inumano.

Angerami (2011) nos pontua

> Em uma sociedade destrutiva como a nossa, e que nos enlouquece por padrões de vida em que a competitividade é simplesmente assombrosa, a loucura pede nova conceituação. Somos exigidos, por um modelo social neoliberal a simplesmente sermos os melhores e os mais competitivos em termos

> socioeconômicos. O que é ser normal nessas condições seguramente é algo contrário aos conceitos vigentes de saúde mental. O que é ser competitivo nesses modelos neoliberais certamente é acintoso diante de qualquer parâmetro de dignidade humana (Angerami, 2011, p. 304).

Um dia destes, por volta das doze horas, horário que costumava sair para intervalo do almoço entre os atendimentos, passei pelo senhor Omar e perguntei se havia almoçado. Ele respondeu que ainda não. Sentei do seu lado e perguntei sobre o que gostaria de comer. Ele me respondeu: "Arroz, feijão e um ovo". Pedi para que aguardasse e que voltaria com o seu pedido. Segui para o restaurante. Ao chegar ao restaurante pedi a um garçom para preparar para viagem. Como o preparo demoraria, pedi ao garçom que levasse para o Omar, pois era conhecido deles. Este trecho é para explicitar que a intenção seria recuperar e reforçar o desejo do senhor Omar. Ele era um homem que se tornou inumano, perdera inclusive a vontade de falar.

A assistente social que tem acesso a ele expressou surpresa após uma reunião em que participamos juntos quando perguntei sobre ele e ela me falou que ele não falava com ninguém. No último ano, a esquina em que ele se instalara há 26 anos sofreu uma modificação: onde era um café nos últimos 25 anos tornou-se uma farmácia. Ele precisou se adaptar. Começou a frequentar a padaria da próxima esquina de uma rua paralela à Avenida Paulista.

Ele já foi aceito pelos comerciantes e moradores locais. A sua memória está bastante comprometida, na maioria dos encontros ele não consegue se lembrar dos dias anteriores. Sartre (1996) nos diz: *Há uma perda da consciência de si, da consciência da dor dentre outras consciências.* A memória, por exemplo, só é preservada, na maioria das vezes, até o limite da sobrevivência.

Considerações finais

Não se tratou aqui de desabonar os conhecimentos preestabelecidos, mas a intenção foi de denunciar seu lugar ôntico na busca de um conhecimento que contemplaria também o lugar do ontológico.

A vida de pessoas nas ruas e a sua situação de miserabilidade, vulnerabilidade e exclusão afasta-os de sua condição humana, delegando-os às condições mínimas de sobrevivência, como se fossem apenas parte de um cenário. É difícil contemplar o fato de serem tratados como marginais e vítimas de sua própria escolha. Muitos desistiram de lutar sem alcançarem a real dimensão de pertencerem a uma estrutura social, econômica, política sem qualquer leitura do processo histórico envolvido e que os exclui sempre.

Na maioria das vezes, a vontade se reduz a continuarem vivos mais um dia. Eles não conseguem alcançar qualquer reflexão mais ampla sobre as condições a que são submetidos. O trabalho do psicólogo de rua ideal seria o que acontecesse de forma sequencial, compartilhada, multidisciplinar e interdisciplinar, com outros vários profissionais da saúde. O que está bem distante da atual realidade.

Sobre o Preconceito...

De preconceito...

Valdemar Augusto Angerami

Para Sulica

Desprezo sobre o diferente...
Ódio ao que não está em mim como harmonia, sintonia, e arrelia ...
Sofrimento que joga o outro na grama, na lama, difama...
Da dor que não tem trégua, piedade, caridade, solidariedade...
De saber que o idealismo de uma sociedade digna é ilusão...
Do idealismo que colide com ideologia por sua idealização...
Somente a vida como dádiva de ilusão, paixão e pulsão...
De vida que se enfeixa com idealismo, romantismo, achismo...
Saber do preconceito como açoite da alma...
Açoite que açoita de modo lancinante, alucinante, torturante...
Do amor que se torna frestado de luz em meio à tormenta...

Tormenta que arrebenta, fragmenta e lamenta...
Lamento das vidas caídas, combalidas, feridas...
Preconceitos a ceifar vidas...
Aleatoriamente, sorrateiramente, covardemente...
Do acolhimento ao desesperançado com queimor, amor, ardor...
Da oração na hora da Ave Maria...
No fim do dia, dia de efervescência, eloquência, lenquência...
Do poder da oração clamando por clemência, paciência, benevolência...
Sentir que o amor derruba o preconceito sem esmorecimento...
No amanhecer dos sonhos de esperança... Sonhos de luz...
Da sorte diante da morte e sua consorte...
De preconceito e desrespeito...
De preconceito e perseguição em sofreguidão, podridão, desilusão...
Da agressão covarde, torpe, imbecil, senil...
De sonhar na crença que um dia não haverá preconceito...
Dia em que o preconceito será passado, reminiscências...
Reminiscências a serem esquecidas, retorcidas, destruídas...
Fim ao preconceito... Um sonho de amor...
Um cadinho de luz na noite escura do obscurantismo...

Serra da Cantareira, numa tarde azul de Verão...

Referências

ANGERAMI, V. A. *Desespero e flagelo humano. Parêmias da Cracolândia.* Belo Horizonte: Editora Artesã, 2017.

ANGERAMI, V. A. *Psicoterapia e Subjetivação. Uma Análise de Fenomenologia, Emoção e Percepção.* São Paulo: Pioneira Thomson Learning, 2003.

ANGERAMI, V. A. (Org.). *Psicoterapia e Brasilidade.* São Paulo: Cortez, 2011.

ANGERAMI, V. A. *Psicossomática e suas interfaces. O lado Silencioso do Adoecimento.* São Paulo: Cengage, 2012.

BOFF, L. *Saber cuidar; ética do humano – compaixão pela terra*. Petrópolis: Vozes, 2014.

BORNHEIN, G. *Sartre*: metafísica e existencialismo. São Paulo: Perspectiva, 2011.

FREITAS, S. M. P. *Psicologia existencialista de grupos e de mediação grupal*: contribuições do pensamento de Sartre. Curitiba: Appris, 2018. p. 120 – 133.

GUERREIRO, S. A autodestruição da vida nas ruas e a exclusão social. In: ANGERAMI, V. A. (Org.). *Suicídio e suas interfaces*: o ardiloso emaranhado da autodestruição. Belo Horizonte: Artesã, 2018.

GUERREIRO, S. Consultório de rua. Atendimento às pessoas em situação de rua. Uma aproximação do conceito de vontade. In: ANGERAMI, V. A. (Org.). *Psicologia da saúde na prática. Teoria e Prática*. Belo Horizonte: Artesã, 2019.

GUERREIRO, S. Pessoas em situação de rua e a autodestruição imposta pela exclusão social. In: ANGERAMI, V. A. *Suicídio e suas interfaces: o ardiloso emaranhado da autodestruição.* (Org.). Belo Horizonte: Artesã, 2018

LAING, R.D. e COOPER,D.G. *Razão e Violência*. Rio de janeiro:Vozes, 1976

SARTRE, J. P. *Crítica da Razão Dialética:* Questões de método, Crítica da razão dialética, Da práxis individual ao prático-inerte, Do grupo à história. DP&A, 2002.

SARTRE, J. P. *O imaginário*. São Paulo: Ártica, 1996.

CAPÍTULO 7

Aplicabilidade da psicanálise existencial e do método progressivo-regressivo em psicoterapia

Marivania Cristina Bocca[1]

> *Psicanálise existencial?!* Sim, isso mesmo.
>
> *Método progressivo-regressivo?! Como praticá-lo?*
>
> *A investigação primordial deste método nos é fornecida pela psicanálise de Freud e seus discípulos. Eis por que convém sublinhar aqui, com mais precisão, em que medida a psicanálise existencial irá inspirar-se na psicanálise propriamente dita, e em que medida irá diferir radicalmente dela.* (Sartre, 1943).

Muitas vezes, sou abordada em sala de aula, durante palestras, em bate-papos com amigos(as) e colegas psicólogos(as) de outras abor-

[1] Psicóloga clínica. Doutora em Filosofia pelo Programa de Pós-graduação de Filosofia da Universidade do Oeste do Paraná – UNIOESTE, de Toledo/PR com cotutela na Universidade Federal de Santa Catarina – UFSC. Doutorado interinstitucional na UBI – Universidade Beira Interior – Covilhã/Portugal. Mestre em Psicologia Social e da Personalidade pela PUC/RS. Especialista em Psicologia Fenomenológico-Existencial pela UNIPAR, de Umuarama/PR. Especialista em Psicologia Existencialista Sartriana pela UNISUL, de Florianópolis/SC. *E-mail*: boccamc@gmail.com – ORCID: <https://orcid.org/0000-0001-9120-7223.

dagens teóricas, por outros profissionais e, até mesmo, por clientes em meu consultório, com perguntas acerca do projeto sartriano de um programa metodológico passível de ser aplicado na clínica psicológica. Não raro, essas pessoas manifestam espanto quando ficam sabendo que o filósofo francês Jean-Paul Sartre (1905-1980), na completude de sua extensa obra filosófica, literária e política, teceu acirrado diálogo com a Psicologia. A reação de espanto, por vezes, aumenta quando ouvem a expressão – *psicanálise existencial* –; na sequência ouço: "Que estranho, o termo psicanálise não é do Freud?"; "Por que Sartre o utilizou?". Há também a reação de curiosidade quando ouvem falar acerca da existência de um *método* intitulado *progressivo-regressivo*. Na sequência perguntam: *Como transpor esse programa metodológico para uma prática psicoterápica? Isso é possível?*

Em resposta, contextualizo a questão.

Interessa mencionar que a primeira vez que Sartre fez referência ao termo – *psicanálise existencial* – foi na quarta parte de sua obra filosófica *O Ser e o Nada* (1943). Nela, o filósofo aponta para a urgência metodológica de se pensar um caminho de investigação e de compreensão do psicológico que ultrapassasse as lacunas deixadas por Freud. Parafraseando Bety Cannon (1991), a psicanálise existencial é, ao mesmo tempo, "por e contra Freud". Seja como for, a verdade é que Sartre sempre demonstrou interesse em conhecer os estudos de Freud. Vejamos isso nas palavras do próprio Sartre: "É certo que a psicologia psicanalítica foi a primeira a pôr o acento na significação dos fatos psíquicos [...]" (Sartre, 2011, p. 49). Esse interesse pode, ainda, ser confirmado nas palavras do psicanalista Pontalis no prefácio da obra *Freud Além da Alma* (Sartre, 1986, p. 9), ao afirmar que Sartre "conhecia a fundo a obra de Freud e saberia tratá-la com objetividade e lucidez".

Podemos dizer, contudo, que o projeto intelectual de Sartre era renovar o método da psicanálise freudiana, portanto, o fez a partir de duas frentes: primeiro, funda sua *psicanálise existencial* (1943) a partir de "uma *teoria do projeto* e não mais naquela baseada na metapsicologia freudiana" (Castro e Ehrlich, 2016, p. 8) e em um segundo momento, mais precisamente em *Questões de Método* (1957), retoma seu projeto em outra chave de leitura, pela lente marxista (Bocca, 2021), e propõe o *método progressivo-regressivo*. É assim que se estabelece o programa metodológico sartriano para fins de compreensão da realidade humana, tendo a "psicanálise como disciplina auxiliar a compreensão dos nexos entre o psiquismo e a História" (Castro e Ehrlich, 2016, p. 8). Logo, a "psicanálise existencial deverá ser inteiramente flexível e adaptável às menores mudanças observáveis no sujeito: trata-se de compreender aqui o *individual* e, muitas vezes, até mesmo o instantâneo" (Sartre, 2005, p. 701).

Voltemos aos olhares espantosos e, por vezes, indignados daqueles que não conhecem o programa metodológico sartriano – o que querem saber? Querem saber se é possível e como é possível colocar em prática o conjunto das proposições sartrianas, acerca de seu programa de uma psicanálise existencial e do método progressivo-regressivo, apontando para as características e as possibilidades de utilização na práxis de uma psicologia fenomenológica sartriana e uma psicopatologia clínica (Bocca, 2021).

Antes, porém, de tratar das questões pertinentes ao método sartriano, como possibilidade para uma prática clínica psicoterápica em Psicologia, iniciarei minha exposição, aqui, apontando para a importância da distinção feita por Sartre entre alguns termos. Vale ressaltar que o diálogo estabelecido entre Sartre e a Psicologia vigente à sua época resultou em muitas objeções epistemológicas e metodológicas. Assim, tendo como fio condutor a visão crítica a respeito da Psicologia, o filósofo reformulou muitos dos *conceitos* e das *noções* propostas tanto pela Filosofia quanto pela Psicologia clássica.

Em *Situations, X – Politique at Autobiographie* (1976, p. 95-96), Sartre afirma: "[...] conceito é uma definição na externalidade, e ao mesmo tempo, é atemporal" e "a noção, na minha opinião, é uma definição na interioridade, e que inclui em si não apenas o tempo [...] mas tem seu próprio tempo de conhecimento". Assim, podemos concluir que, para Sartre, a noção deve ser compreendida na sua relação interna com uma temporalidade viva íntima e não como um conceito cuja estrutura se faz argumentativa e causal, logo, explicativa. Nesse sentido, nota o filósofo, fazendo ainda distinção acerca dos termos: "quando você estuda um homem e sua história, você só pode prosseguir por noções". Vejamos o exemplo dado por ele:

> A passividade – que é tão importante em Flaubert – se fizermos dela um conceito, não significa nada porque nos colocamos no plano da externalidade. Se você quiser tomá-lo como um

> todo histórico, você tem que mostrar de onde vem e como se desenvolve (a passividade de Flaubert) [...] na noção ainda há dois elementos temporais: a gênese e o desenvolvimento (SARTRE, 1976, p. 95-96).

Abordada a diferenciação dos termos, vale ressaltar que Sartre diferencia-os a partir de suas leituras em Henri Lefebvre (1955). Para Lefebvre, o termo conceito implica em fechamento, determinação, é negador da dinâmica social, enquanto que noção possibilita dialética, reconhece a história, logo, é aberto. Ora, quando em Sartre queremos compreender a dinâmica existencial de uma pessoa, interessa-nos a investigação acerca das **noções**.

Aqui encerro a exposição acerca da diferenciação dos termos para, em seguida, abordar, de forma breve, a **noção de projeto** em Sartre e a importância desta em um processo psicoterápico.

Projeto de ser: noção fundamental para a compreensão de uma pessoa em processo psicoterápico

> *[...] o homem define-se pelo seu projeto. Esse ser material supera perpetuamente a condição que lhe é dada; desvela e determina sua situação, transcendendo-a para objetivar-se, pelo trabalho, pela ação ou pelo gesto.*
> (SARTRE, 1960)

No capítulo *Ter, fazer e ser* de *O Ser e o Nada* (1943/2005), Sartre enfatiza que a realidade humana é seu projeto. Assim, a noção de "projeto de ser" passou a ser o ponto central de sua filosofia e também de sua psicanálise. Nessa perspectiva, a realidade humana é liberdade; liberdade essa que não se definirá como um atributo, ou seja, a questão não reside no fato de uma pessoa ter ou não liberdade, já que, somos liberdade. Trata-se de uma liberdade que implica abertura para os seus possíveis e, por isso, faz-se comprometida ou engajada com sua situação. Ora, sendo a realidade humana temporalidade, cuja condição de liberdade a faz escolher a cada momento o que será no momento seguinte, logo, somos o ser que tem o seu ser fora de si, ou seja, enquanto projeto de ser (Bocca, 2021).

Para uma melhor compreensão existencial da dinâmica de uma pessoa em processo psicoterápico precisamos, na condição de psicoterapeutas, compreender **qual o projeto de ser dessa pessoa**. Assim, quando iniciamos um processo de compreensão da biografia de um(a) cliente, o que de imediato sabemos é que ele(a) **é um projeto de ser**, o que não significa que seja conhecedor(a) dele. Sartre afirma que uma pessoa vive seu projeto de forma consciente, mas isso não significa que tenha conhecimento deste. Nas palavras dele: "a realidade humana, na medida em que se faz, escapa ao saber direto" (Sartre, 2002, p. 127). O projeto, em Sartre é vivido plenamente por meio de uma consciência "não-tética" (não posicionada) (Boëchat, 2011; Bocca, 2021). O projeto se caracteriza pela totalização em curso, por meio de seu desejo de ser. Desse modo, faz-se necessário compreender que o "projeto existencial" sartriano não é algo abstrato, mas sim, um "projeto" que se faz *na* e *pela* história. É, portanto, um projeto sócio-histórico, concreto e dialético (Bocca, 2021). Logo, o projeto pessoal não pode se definir por conceitos e é sempre compreensível (Sartre, 2002).

Considerando que em Sartre uma pessoa é sempre uma totalização em curso e que cada uma de suas escolhas revela seu projeto de ser, logo, em uma proposta de investigação psicológica nessa perspectiva, o que objetivamos é chegar a um "verdadeiro irredutível" (Sartre, 2005, p. 686), uma unificação do(a) cliente por meio da compreensão de seu projeto original. Portanto, cabe ao(à) psicólogo(a) clínico(a) ir além da associação de abstrações combinadas e agrupadas por determinismos causais. Faz-se necessário acessar os diversos aspectos do movimento existencial da pessoa/cliente no mundo. Além disso, cabe ao profissional compreender, fenomenologicamente, as contradições antropológicas, os impasses sociológicos que levaram, conforme as circunstâncias, à constituição de impasses emocionais em seu/sua cliente (Bocca, 2019).

Sartre nos orienta que uma pessoa deve ser compreendida e analisada pela sua gênese, em outras palavras, pela sua "proto-história" (Sartre, 2013, p. 18). Em Sartre, não há causas deterministas, o que há são condições determinadas pela história, as quais servirão de "matéria-prima" para uma ação livre e, portanto, criativa e (re)inventada pela pessoa em situação. Então, uma pessoa caracteriza-se, antes de tudo, pela superação de uma situação, por aquilo que consegue fazer do que foi feito dela (Moura, 2017; Bocca, 2021).

Psicanálise existencial e o método progressivo-regressivo: como aplicá-los na clínica psicológica?

> *A psicanálise existencial parte do "princípio de que o homem é uma totalidade e não uma coleção [...] não há um só gosto, um só tique, um só gesto humano que não seja revelador".*
> (Sartre, 1943/2005)

> *"[...] é necessário recorrer à biografia, isto é, aos fatos coletados pelos contemporâneos e verificados pelos historiadores".*
> (Sartre, 1960/2002)

Quando investigamos a história de alguém em psicoterapia, por meio do programa metodológico sartriano, ou seja, pela *psicanálise existencial* e pelo *método progressivo-regressivo* – pretendemos, com isso, compreender: 1) como aquela pessoa/cliente *escolheu* fazer o caminho de acontecimentos existenciais que configuram a sua vida; 2) quais foram e são as *sínteses* feitas diante das situações existenciais e circunstanciais, ou seja, como aquela pessoa/cliente imprimiu e continua imprimindo sua "marca" neste processo.

Parafraseando Sartre (1971/2013), podemos dizer que quando investigamos a *biografia* de alguém, estamos afirmando que essa pessoa/cliente "nunca é um indivíduo", o melhor seria "chamá-lo de universal singular" (Sartre, 2013, p. 7). Um singular cuja condição é de liberdade situada em um contexto maior que é o universal. Um singular que se edifica humano nas relações estabelecidas com outros humanos e com as coisas, sempre em um movimento dialético, de interiorização do exterior e exteriorização do interior, um fazer-se em curso.

Com efeito, se a *psicanálise existencial* é um *método* de investigação da biografia de uma pessoa, o qual se destina "[...] a elucidar, com uma forma rigorosamente objetiva, a escolha subjetiva pela qual cada pessoa se faz pessoa, ou seja, faz-se anunciar a si mesma aquilo que ela é [...]" (Sartre, 2005, p. 702-703), sempre em *situação* e em *relação,* então, por esse método teremos condições objetivas de investigar, descrever e compreender: a) as *escolhas* que nossos(as) clientes fazem, na condição de sujeitos singulares/universais, pelo exercício de liberdade; b) o *projeto de ser* de cada um c) a *história familiar* e o *contexto sociomaterial e cultural,* em outros termos, o universal. Tendo como fundo de sustentação a noção de que a pessoa se faz e é feita *no* e *por* esse conjunto de fatores. Ora, as investigações psicanalíticas visam reconstituir a vida de uma pessoa desde o nascimento ou até mesmo antes dele (dados da história pregressa ao seu nascimento).

Atualmente, afirma Sartre:

> [...] só a psicanálise permite estudar a fundo o processo pelo qual uma criança, no escuro, às apalpadelas, vai tentar representar, sem o compreender, a personagem social que os adultos lhe impõem, é ela sozinha que nos mostrará se tal personagem sufoca no desempenho de seu papel, se procura evadir-se dele ou se o assimila inteiramente. Somente ela permite reencontrar o homem inteiro no adulto, isto é, não só suas determinações presentes, mas também o peso de sua história (Sartre, 2002, p. 57).

Sartre destaca a **infância** como sendo o momento crucial da história de uma pessoa, diz ele: "[...] é a infância que modela preconceitos insuperáveis, é ela que leva a sentir profundamente, nas violências do adestramento e no desvario do animal adestrado, a pertinência ao meio *como um acontecimento singular*" (Sartre, 2002, p. 57). O filósofo assevera que a *psicanálise existencial* auxilia a compreensão da história do sujeito, descobrindo muito mais do que dados estáticos, mas também o sentido, a orientação da história (Sartre, 1943/2005), alcance esse que Henri Lefebvre desenvolve em seu procedimento *regressivo-progressivo* no qual Sartre se inspirou (Bocca, 2021).

Sendo o *método progressivo-regressivo* uma ampliação da *psicanálise existencial*, o uso dele nos possibilita a compreensão das condições mediante o reconhecimento de um sujeito **singular/universal** que se constitui e é constituído nas relações, em um movimento dialético, um fazer-se em curso. Nosso método, diz Sartre: "[...] é heurístico, ensina-nos algo de novo porque é, a uma só vez, regressivo e progressivo". Com esse *duplo movimento*, conseguiremos como psicoterapeutas investigar e encontrar o lugar da pessoa/cliente em seu contexto universal. Pelos dados de sua história conseguiremos "[...] restituir as estruturas da sociedade [...], seus conflitos, suas contradições profundas e o movimento de conjunto que estas determinam" (Sartre, 2002, p. 103). E como essa investigação é possível? Sartre responde: utilizando "todos os documentos objetivos que possam encontrar: cartas, testemunhos, diários íntimos, informações "sociais" de todo tipo" (Sartre, 2005, p. 697).

Sartre aponta, ainda, para a versatilidade de seu método em dispor de dois momentos/movimentos distintos: 1) *Regressivo* e 2) *Progressivo*. Esse ""vaivém" [...] determinará, progressivamente, a biografia, aprofundando a época, e a época aprofundando a biografia (Sartre, 2002, p. 104), num contínuo movimento dialético. Trata-se de um movimento entre o universal e o singular. É um método que objetiva a totalização-em-curso, sempre tendo como pauta a compreensão da singularidade, da diferença, das contradições. Portanto, "definiremos" – afirma o filósofo – "o método de abordagem existencialista como um *método regressivo-progressivo e analítico-sintético*" (Sartre, 2002, p. 112). Assim, a análise tem como ponto de partida o entendimento descritivo e comparativo da historicidade singular-universal de cada pessoa.

Com base no exposto, faz-se necessário compreender como ocorre o movimento de "vaivém" ao longo do tratamento psicoterápico. Movimento este que também deve ser feito pelo(a) psicoterapeuta. Logo, exige do(a) psicólogo(a) que este realize a compreensão "a um só tempo pelas duas pontas" (Sartre, 2013, p. 7). Partindo da pessoa singular para encaminhar-se à exterioridade, ao universal e retorna ao singular a fim de desvelar suas livres escolhas e seu projeto de ser, configurando assim o movimento dialético (Sartre, 2002).

Assim, o(a) psicoterapeuta deve:

1) Pela "análise regressiva" (Sartre, 2013, p. 18) – levantar fenomenologicamente as "queixas narradas" (Melo; Torres, 2017), à medida que tiver mais dados da história poderá verificar a queixa em direção à biografia da pessoa. O movimento regressivo possibilitará ao profissional a identificação da gênese do modelo de ser, que o cliente apreendeu e que, por vezes, ainda o reproduz (Bocca, 2021). É o momento em que o profissional poderá analisar objetivamente o *singular*,

tendo como propósito apreender o "diferencial" "[...] na perspectiva da biografia" (Sartre, 2002, p. 107). O que exatamente precisamos identificar? Precisamos levantar as condições objetivas, nas quais foi constituída a condição antropológica do sujeito (desde o nascimento e mesmo antes dele), passando pela *infância* (Sartre, 2013).

Sartre afirma:

> A partir de uma infância vivida obscuramente, podemos reconstituir as verdadeiras características das famílias [...] através das estruturas que comandam o grupo familiar singular, enriquecemos e concretizamos os caracteres sempre gerais da classe considerada, apreendemos "coletivos" desconhecidos [...] **o conjunto dessas tentativas, a regressão e o vaivém,** revelam-nos o que designarei por **profundidade do vivido** (Sartre, 2002, p. 110) (grifos meus).

Ao investigarmos a *dimensão antropológica,* mergulhamos na "profundidade do vivido" de nosso cliente, e a partir dela teremos condições de conhecer e compreender como aquela pessoa/cliente em sua condição existencial – corpo-consciência – se constituiu. Portanto, a *dimensão antropológica* refere-se à forma como se deu a *relação* da pessoa com a *época* (em que nasceu; que ocorreu a infância; a juventude; dados políticos e históricos do período); a relação com os arredores, com os outros, com os lugares, com o cotidiano, com a *cultura* (as crenças, a religião, os saberes vigentes); a *sociedade* (economia e (des)valor); a *estrutura familiar* (nível social); os *fatos da infância*, ou seja, as condições gerais em que a vida aconteceu. É necessário interrogar a história (Schneider, 2006; Bocca, 2021) para poder saber como as condições antropológicas concretas afetaram diretamente aquela pessoa.

É, pois, no contexto da vida singular que encontramos o geral, em outros termos, é na infância e por meio da família (independentemente do modelo e da composição), como primeiro grupo social, que a criança descobre a existência do social e da história. Com isso, conseguiremos localizar as condições de possibilidades concretas para os fenômenos acontecerem, descrevendo as várias situações, as escolhas e o projeto. Assim, só conseguiremos montar o "quebra-cabeça" que consiste na história do(a) cliente se compreendermos as condições antropológicas. Ao contextualizarmos o passado familiar, compreenderemos como nosso(a) cliente fez suas elaborações quando criança. Pois, "[...] é nas relações humanas que ele é atingido desde a primeira infância" (Sartre, 2013, p. 19). Conseguiremos esclarecer em momento oportuno (ao longo da sessão de psicoterapia) as diferenças de como uma criança elabora os episódios vividos (tendendo à absolutização das verdades – gênese do saber de ser) e a forma como um adulto o faz.

Assim, pelas condições antropológicas, compreenderemos como o(a) cliente foi e ainda é afetado(a) diretamente como "corpo-consciência". As condições passadas da infância compreendem os principais elementos quando a personalidade se desenvolve. Compreendendo o contexto de seu passado familiar, o cliente poderá entender onde está preso, em qual saber de ser absolutizou a verdade, impedindo-o de apropriar-se no aqui-e-agora de novas possibilidades em direção a um futuro (Schneider, 2011; Bocca, 2021).

Além da dimensão antropológica, precisamos compreender a *dimensão sociológica* (Schneider, 2006), a qual se caracteriza pelo tecimento das relações afetivas e sociais. É o movimento de mediações estabelecidas entre uma pessoa e os outros. A dimensão *sociológica* ultrapassa as relações meramente sociais. São relações que comprometerão e implicarão a pessoa em seu saber de ser. Fazem parte desta dimensão todas as relações imediatas que são importantes e significativas na vida de uma pessoa. Estas exercerão importante impacto na forma como a pessoa escolherá agir temporalmente. Sartre (1960/2002) enfatiza a importância do grupo familiar como rede de tecimento primordial na mediação sociológica de uma pessoa.

É nesse movimento dialético que surgirá a *dimensão social,* a qual nos desvela a identidade de uma pessoa, seus papéis/perfis (por exemplo: ser pai, mãe, filha(o), profissional, namorada(o), entre outros). Essa é uma condição humana, qual seja: viabilizar-se nos diferentes perfis/papéis do Ego, mediado por diferentes pessoas, pela materialidade, pela situação sempre em direção a um futuro – ser concreto, temporal, histórico e dialético (Bocca, 2021). Com isso, o(a) cliente irá objetivar o subjetivo (seus desejos, necessidades, seu projeto) e subjetivar o objetivo (seus perfis, papéis, sua identidade) por meio do exercício de sua liberdade de escolha. Melhor explicando: diante de um acontecimento, de uma ocorrência, a pessoa atribuirá um significado a ela (a partir de seu projeto, de suas vivências de sua experimentação de ser, da execução de seus perfis). Em outro momento, diante de outras ocorrências, outros significados serão dados e, assim, nessa "soma"/"-junção" de significados, a pessoa vai absolutizando o seu saber de ser. Logo, a verdade, que em sua gênese é sempre subjetiva, passa a ser absolutizada. Eis aqui a origem do saber de ser. Essas muitas ocorrências experimentadas formarão uma identidade (objetiva), social (exemplo: sou inseguro, sou fracassado, sou uma farsa).

Compreender e localizar como aconteceu o desenvolvimento daquela personalidade, compreendendo como que aquele sujeito singular/universal se relacionou com as coisas e com as pessoas, em cada um de seus perfis (dimensão social) é também nosso papel enquanto psicoterapeutas. Ao profissional, cabe, compreender em qual *saber de ser* as escolhas do cliente estavam pautadas. Nesse momento da análise compreensiva, o foco é a questão da temporalidade. Importante compreender se o cliente absolutizou as experiências passadas como verdades ou se optou por temporalizar-se, atribuindo ao futuro um campo aberto de possíveis. Assim, ambos os movimentos (de regressão e de compreensão da síntese pela progressão) permitirão uma análise-compreensiva do projeto de ser do cliente (Bocca, 2019; 2021).

Interessa mencionar que é na infância que a camada de significações tende a absolutizar-se em verdades. Ora, uma criança pela exata condição de não ter experiências consideráveis de vida, bem como, porque suas condições (cognitivas, sociais e emocionais) de análise crítica ainda são precárias, acabam sendo cúmplices de seu saber de ser, que, por vez, é inviabilizador do projeto de ser. Logo, a gênese do saber de ser é na infância. A criança tende a uma confirmação "não-tética" (não posicional, não crítica, logo impessoal) de sua imagem, de seu saber de ser (Schneider, 2011; Castro & Ehrlich, 2016; Bocca, 2021).

Vale ressaltar que a *dimensão psicológica,* nesta perspectiva teórico-metodológica, não é *a priori.* A personalidade de uma pessoa se faz mediada *nas* e *pelas* relações sociológicas em uma rede de tecimentos. Rede essa que está sempre situada em um contexto antropológico. Logo, a *dimensão psicológica* é construída, edificada e implicada a partir do vivido em situação (Sartre, 2013). Para tanto, só compreenderemos em processo psicoterápico a *dimensão psicológica* de nossos clientes se inventariarmos primeiramente as dimensões antropológica e sociológica como sendo constitutivas da personalidade (Schneider, 2006).

Pela "síntese progressiva" (Sartre, 2013, p. 49) – o(a) psicoterapeuta deve levantar e compreender as *sínteses* feitas pelo cliente ao longo de sua história. Importa compreender o que o(a) cliente faz daquilo que fizeram dele(a), sua singularização, como ele(a) se apropriou do campo sociomaterial, ou seja, das dimensões antropológica, social e sociológica; tanto das condições concretas passadas, quanto das condições concretas atuais. Tais sínteses devem ser compreendidas por meio das mediações que o cliente estabeleceu com outras pessoas e com a materialidade. Aqui se faz necessária a retomada da *noção de projeto de ser.* É, pois, por meio do esclarecimento do projeto que se permite a unificação, a totalização da biografia da pessoa analisada. "Trata-se de reencontrar o movimento de enriquecimento totalizador que engendra cada momento a partir do momento anterior" (Sartre, 2002, p. 111); só assim chegará ao cerne da síntese.

Com esse movimento de "*vaivém*" que o método nos possibilita, vamos ao longo do processo psicoterápico ampliar nossa compreensão e a do cliente acerca da relação que ele estabelece com o universal/mundo. Com esse duplo movimento, intencionamos superar radicalmente a visão determinista (de algumas psicologias) a qual preconiza a ideia de um eu *a priori,* que se estabelece em um mundo interior totalizado (ideia do subjetivismo), ou ainda, a visão nexo causal que é simplificada (ideia do objetivismo) das teorias clássicas deterministas. O "vaivém" do método possibilita que o psicoterapeuta identifique as dimensões existenciais, as quais são determinantes e não deterministas na constituição da personalidade de uma pessoa. Em concordância com Schneider (2006), as dimensões antropológica e sociológica são terrenos constitutivos essenciais para a edificação da dimensão psicológica.

Em suma, com o segundo movimento, o(a) psicoterapeuta compreenderá e ao mesmo tempo esclarecerá ao cliente, como ele, ao longo de sua vida, elaborou reflexivamente e como se apropriou do contexto que compunha seu antropológico, configurando, dessa forma, o seu *saber de ser.* Aqui, é de fundamental importância identificar quais foram as saídas criadas pelo cliente às problemáticas que compuseram sua história, isto é, compreender como ele dialetizou com o campo histórico sociomaterial, considerando-se, inclusive, como a família (in)viabilizou sua existência (Bocca, 2021).

Grafitando na prática psicoterápica

> *Numa folha qualquer eu desenho um sol amarelo,*
> *e com cinco ou seis retas é fácil fazer um castelo [...]*
> *corro o lápis em torno da mão e me dou uma luva*
> *e se faço chover com dois riscos tenho um guarda-chuva [...]*
> *se um pinguinho de tinta cai num pedacinho azul do papel,*
> *num instante imagino uma linda gaivota a voar no céu [...]*
> (TOQUINHO)

Objetivando ampliar o conhecimento acerca do movimento existencial de meus clientes, bem como instrumentalizá-los teoricamente para que acessem o *método* sartriano, alcançando uma melhor compreensão das próprias questões trabalhadas durante as sessões de psicoterapia, utilizo no curso daquelas, um instrumento da linguagem visual que vai além da verbal, ou do "silêncio produtivo" (ERTHAL, 2004), consistente de representações gráficas, – esquemas e **desenhos** que maximizam a abordagem das questões teóricas, emocionais e outras trabalhadas durante o processo psicoterápico.

O uso de tal estratégia nada tem de novo. Em 1480, quando Sandro Botticelli ilustrou em pergaminho, a *Divina Comédia*, de Dante Alighieri, o fez para ampliar a reflexão sobre o tema sem, contudo, parametrizar os cantos, de forma que os desenhos são convites para que o leitor se converta em intérprete.

Nessa mesma direção vai cada desenho que grafito nas sessões: o fim é levar o cliente a mais um espaço para suas próprias reflexões. O desenho é vivo, não se apresenta pronto e perfeito, é uma *noção* e não um conceito antes, é um esboço, um projeto gráfico, um convite para a interação, o cliente nesta esteira, completa a proposta, cria, (re)inventa o caminho, muitas vezes, completamente diverso daquele que esbocei. Pois, o cliente, tal qual o desenho "reclama por sua autonomia", apesar

> [...] de sua natureza transitória, o desenho, uma língua tão antiga e tão permanente, atravessa todas as fronteiras geográficas e temporais, escapando da polêmica entre o que é novo e o que é velho. Fonte original de criação e invenção de toda

> sorte, o desenho é exercício da inteligência humana [...] seja no significado mágico que o desenho assumiu para o homem das cavernas, seja no início da era industrial, seja na sua aplicação mais elaborada para o desenho industrial e a arquitetura, seja na função de comunicação que o desenho exerce na ilustração, na história em quadrinhos, o desenho reclama sua autonomia e sua capacidade de abrangência como um meio de **comunicação, expressão** e **conhecimento** (Derdyk, 1989, p. 24-29) (grifos meus).

Os esquemas ou desenhos durante a sessão de psicoterapia constituem técnica auxiliar de execução interativa, que amplia minha comunicação com meus/minhas clientes, bem como maximiza minha percepção, logo, minha compreensão no que concerne à questão singular e universal, à história datada e investigada, aos dados da biografia, às questões da temporalidade, da rede de tecimento afetivo e social, do saber de ser, do projeto de ser e dos impasses emocionais. Neste contexto, a grafitagem revela-se como uma espécie de retomada do trabalhado, em que convido o cliente a atuar na *síntese* da sua sessão. Sigo com isso, o movimento proposto por Sartre, de "vaivém" rumo à biografia, às questões debatidas e elaboradas em sessão. E ainda, um convite para que o cliente "grafite" outros/novos caminhos existenciais.

Na sequência, apresento alguns dos esquemas e desenhos que trabalho com meus clientes.

Desenho 1 – Ilustra a questão da *Temporalidade*

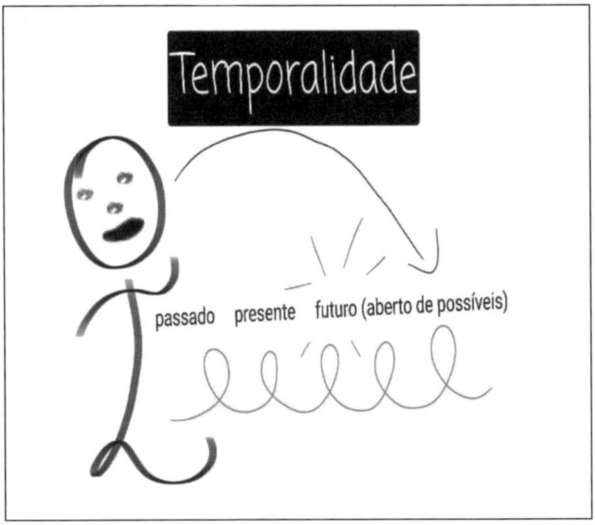

Na tese sartriana há uma "síntese original" entre *passado*, *presente* e *futuro*. Logo, durante o processo psicoterapêutico, faz-se necessário investigar e compreender o cliente em sua relação originária com os três elementos da temporalidade. A investigação precisa ser feita em movimento espiral (Bocca, 2021). O passado é o que é, determinação (conceito). O futuro, por sua vez, revela-se como abertura (noção), como um "campo de possíveis". O futuro tem-de-ser na medida em que pode não sê-lo (Sartre, 1943/2005). Os elementos passado e futuro estão imbricados no "presente". O presente é um não-ser, "é presença a ..." (Sartre, 2005, p. 174).

Desenho 2 – Ilustra a importância das *queixas* "narrada e verificada" (Melo; Torres, 2017) durante o processo de descrição fenomenológica

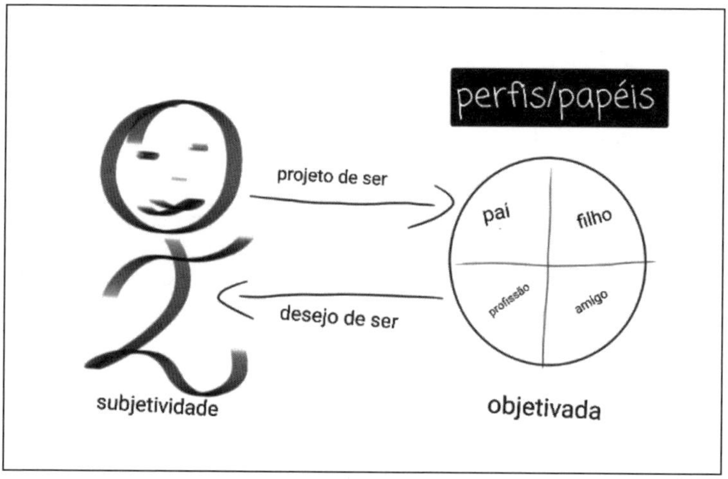

O cliente manifesta a *queixa* em ato pela emoção, pelas dúvidas, pelos medos e outros. Estes são revelados ao psicoterapeuta. Logo, não há nada oculto, não há nada por detrás da aparência. A queixa "[...] é simplesmente a condição de todo desvelar: é ser-para-desvelar, e não ser desvelado" (Sartre, 2005, p. 19-20). Schneider (2002), afirma que podemos reconhecer que o cliente em psicoterapia se revela por *perfis* (papéis). Dessa maneira, cada um dos perfis o remete aos demais, isso assim sendo porque cada perfil já é, por si só, um ser transcendente (Bocca, 2021).

Desenho 3 – Ilustra o movimento dialético (de interiorização do exterior e exteriorização do interior) da condição humana, mediante o reconhecimento de que uma pessoa/cliente é sempre *singular/universal*. Constitui-se e é constituído nas *relações* (dimensões antropológica e sociológica)

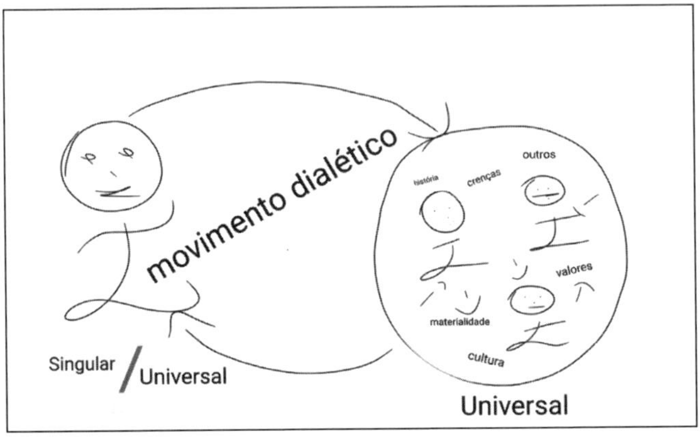

Desenho 4 – Ilustra a importância de ser compreendido em processo psicoterápico a gênese do *saber de ser*

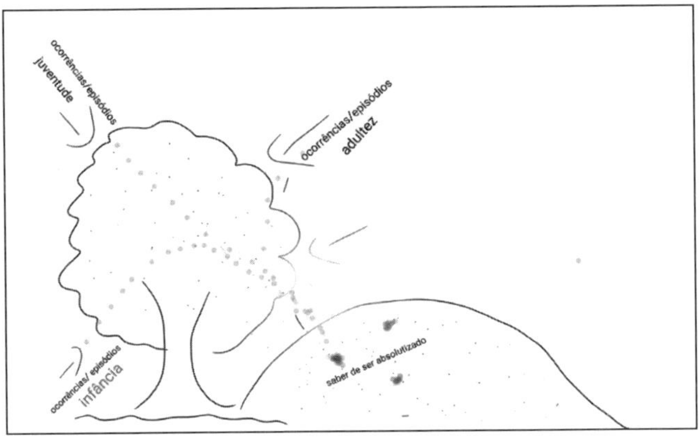

Ao regressarmos na história da pessoa/cliente, retomamos à situação, ao ocorrido, aos episódios e à forma como foram elaborados – seu *saber de ser*. Em Sartre, partimos da ideia de que, a partir da condição de liberdade, nosso cliente pode retomar seu ser-em-si (passado) e transcendê-lo, fazendo um caminho diferente, abrindo um futuro de possíveis.

Algumas Considerações

Pela *psicanálise existencial* e pelo *método progressivo-regressivo* podemos oferecer à Psicologia clínica subsídios para a compreensão da *edificação* de uma pessoa/cliente. Parafraseando Sartre (1971/2013, p. 8), "Agora, é preciso começar. Como? Pelo quê? Pouco importa [...] o essencial é partir de um problema". Inventariando-o pelo vivido (*vécu*), pelas experiências. Tais experiências devem ser compreendidas pela *análise-sintética* capaz de elucidar questões da singularidade temporal mediadas com a universalidade.

Tal compreensão ainda estará pautada na condição de liberdade situada, das escolhas e pelo projeto de ser, sempre mediados pelo contexto sociomaterial circundante. Esse inventário é realizado em prol da busca dos elementos situacionais que inviabilizaram o projeto de ser da pessoa/cliente.

Dessa forma, atuaremos (na condição de psicoterapeutas) no sentido de auxiliar o cliente a refletir sobre os acontecimentos que *fizeram* e *fazem* parte da edificação de sua própria história. O cliente passa, então, a conhecer seu projeto de ser e poderá, com isso, aumentar o domínio de suas escolhas (situadas). Compreenderá, ainda, que é necessário esforço individual para fazer algo novo, mais satisfatório e significativo do que foi feito até então no curso sociomaterial de sua história de vida (Cannon, 1991; Bocca, 2021).

Referências

BOCCA, M. C. *A Transcendência vivida em sua temporalidade*: Sartre e a experiência psicopatológica. 370 f. Tese (Doutorado em Filosofia). Universidade do Oeste do Paraná, Toledo, 2019.

BOCCA, M. C. *Psicanálise existencial e o método progressivo-regressivo*: experiência psicopatológica em Jean-Paul Sartre. Curitiba: Appris, 2021.

BOËCHAT, N. C. *História e escassez em Jean-Paul Sartre*. São Paulo : EDUC, 2011.

CANNON, B. *Sartre and psychoanalysis*: an existentialist challenge to clinical metatheory. Kansas, EUA: University Press of Kansas,1991.

CASTRO, F. G.; EHRLICH, I. F. *Introdução à psicanálise existencial*: existencialismo, fenomenologia e projeto de ser. Curitiba: Juruá, 2016.

DERDYK, E. *Formas de pensar o desenho*: desenvolvimento do grafismo infantil. São Paulo: Scipione, 1989.

ERTHAL, T.C.S. *Treinamento em psicoterapia vivencial*. Campinas: Livro Pleno, 2004.

LEFEBVRE, H. La Notion de Totalité dans les Sciences Sociales, publicado em 1955, In: Cahiers Internationaux de Sociologie. *Nouvelle*, série, Vol. 18 (Janvier-Juin 1955), pp. 55-77.

MELLO, J. T. S.; TORRES, E. R. T. *Modelos metodológicos de psicoterapia existencialista*. Certidão de Registro ou Averbação: Registro 736239. Livro: 1.425. Folha 477. Rio de Janeiro, 2017.

MOURA, C. E. de. *Psicanálise existencial, existencialismo e história*: a dimensão sócio-material e a autenticidade no processo da construção de si. Curitiba: CRV, 2017.

SARTRE, J. P. *Crítica da razão dialética*: precedido por questões de método. Tradução de Guilherme João de Freitas Teixeira. Rio de Janeiro: DP&A, 2002.

SARTRE, J. P. *Esboço para uma teoria das emoções*. Tradução de Paulo Neves. Porto Alegre, RS: L&PM, 2011.

SARTRE, J. P. *Freud além da alma*: roteiro para um filme. Tradução de Jorge Laclette. Rio de Janeiro: Nova Fronteira, 1986.

SARTRE, J. P. *O idiota da família*. Volume 1. Tradução de Júlia da Rosa Simões. Porto Alegre, RS: L&PM, 2013.

SARTRE, J. P. *O Ser e o nada*: ensaio de ontologia fenomenológica. Tradução de Paulo Perdigão. 13. Ed. Petrópolis, RJ: Vozes, [2005].

SARTRE, J. P. *Situations X*: politique et autobiographie. Paris: Gallimard, 1976.

SCHNEIDER, D. R. *Liberdade e dinâmica psicológica em Sartre*. Natureza humana 8 (2), p. 283-314, jul-dez/2006. Disponível em: <http://pepsic.bvsalud.org/pdf/nh/v8n2/v8n2a02.pdf>. Acesso em: 12 out. 2021.

SCHNEIDER, D. R. *Novas perspectivas para a psicologia clínica* – um estudo a partir da obra "Saint Genet: comédien et martyr" de Jean-Paul Sartre. Tese (Doutorado em Psicologia), Pontifícia Universidade Católica de São Paulo, São Paulo, 2002.

SCHNEIDER, D. R. *Sartre e a psicologia clínica*. Florianópolis: Editora da UFSC, 2011.

TOQUINHO. *Aquarela*. Ariola, 1983. Disponível em: <https://www.vagalume.com.br/toquinho/aquarela-original.html>. Acesso em: 15 out. 2021.

POESIA

No Limiar da Liberdade

Moisés Coppe

Em múltiplos dias, eu me sinto estranho!

Complexo é sentir dores na alma, fragmentações dos sentimentos e emoções que não se organizam no pensamento.

A consciência tumultuada deixa o corpo inerte.

Sinto-me inadequado para tomar qualquer decisão precipitada.

Vejo-me no arcabouço da minha liberdade nada liberta.

Desobrigo-me de controlar minha vida, mesmo de me jogar seminu num abismo silencioso.

Tento sossegar a minha alma, pois tudo é tecido em confusão.

Meus cabelos se anelam. Entendem o mosto de inquietação.

Alguns fios ganham a coloração dos algodões, espalhados numa várzea, convidativos ao tear.

Os olhos vermelhos denunciam os tempos eivados de choro.

Busco um violão. Desejo dedilhar as cordas já gastas pelo tempo.

A memória puxa as canções que aninham o coração numa baladinha cheia de cheiros e sabores.

O passado se torna presente e ausências são evocadas.

Fantasmas esquecidos gritam e clamam por mim. Já não os quero por perto, tampouco convidá-los a se assentarem a uma mesa comum.

O vinho, cujos aromas se vertem em minha angústia, somente será sorvido pelas pessoas com as quais eu lido na intimidade da alma.

É bom quando se vive de uma maneira pela qual não há nada a se esconder ou quando se tem tudo a esconder, tais como tesouros escondidos numa ilha perdida no meio do Oceano Índico.

Enxoto os fantasmas e a minha náusea. Quero gente de carne e ossos, mesmo que me tragam seus sentimentos.

Misturaremos nossas agonias contingenciais num cálice de barro totalmente informe.

As dores na alma continuam. Eu me debato com os dragões imaginários.

Meus dragões me assombram e, por demais, me assombram... .Eu os quero aninhados em meus braços. Os asquerosos me incomodam, mas fazem parte de mim.

Beijo-os com o nojo peculiar a quem ainda vive a busca da identidade em-si no projeto de contradições para-si. O chão sob os pés.

Subo ao telhado. Do alto, vejo mais longe, embora enclausurado num vale!

Pássaros voam como pensamentos.

Quero a companhia de quem me quer como companhia.

O pão é bolorento, mas a partilha é gratuidade do cosmos, divino estender das mãos em direção às mãos trêmulas da outra, agora já mais próxima.

Só! Pulo do telhado pra fugir da agonia. Nada fica resolvido!

Eu também nada quero resolver!

Tudo aberto e as flores abertas, enfrentando a chuva torrencial.

Algumas tombarão, mas a beleza ainda será acolhida pelo olhar sensibilizado

A vida aí está, e nada será alterado.

É preciso aceitar o que foi, o que é, o que será... limiar da liberdade.

O planeta continua a girar, mesmo que eu dê sinal para ele parar.

Sou passageiro nessa embarcação sustentada nesse não-lugar chamado universo...

CAPÍTULO 8

Entre Quatro Paredes e as possibilidades clínicas a partir de Sartre

Carolina Mendes Campos (IPA-RJ)

Costumo dizer que não existe uma clínica sartriana, mas clínicas sartrianas no plural, uma vez que nosso fazer clínico é pautado num ato criativo de adaptação dos postulados teóricos de Sartre para o campo prático da Psicologia. No entanto, acredito que nosso fazer clínico caminha em direção à unificação, naquilo que representa o cerne da crítica sartriana à Psicologia Clássica, a saber, sua metodologia de Psicanálise Existencial.

A Psicanálise Existencial estabelece o entendimento do homem como projeto, ou seja, uma vez que o homem é concebido como falta de ser, ele será um projeto em constante construção. Dessa forma, compreender essa existência que se faz projeto é perseguir o rastro das escolhas que revelam o que o homem é. Partindo da ideia de que a pessoa é uma totalidade, cada uma de suas escolhas, das maiores às menores, devem ser consideradas como expressão integral do sujeito, revelando um sentido transcendente. A Psicanálise Existencial pretende revelar o projeto fundamental realizando uma comparação entre as diversas escolhas que a pessoa faz de si, a fim de apreender o fio condutor que as unifica, uma vez que, nas palavras do próprio Sartre "em cada uma delas acha-se a pessoa em sua inteireza" (Sartre, 2001, p. 690).

Para perseguir a compreensão da expressão projetiva da liberdade, devemos atentar para a dimensão relacional da existência, suas interações, repercussões e conflitos. E para tal, a fenomenologia do olhar e a dimensão de ser-para-outro se fazem, a meu ver, centrais na investigação que visa revelar a expressão singular de cada realidade humana. Sendo assim, proponho, aqui, apresentar as personagens da peça *Entre Quatro Paredes* como exemplos das possibilidades clínicas desse rico manancial metodológico sartriano.

Garcin, Inês e Estelle, três existências entrecruzadas, trancadas numa sala, sem janelas, sem interruptores, onde vai ser sempre dia, onde os olhos vão estar sempre abertos. O triângulo fala das relações desafiadoras, pontiagudas. Quando duas pontas se unem, a terceira se sente excluída. Assim, será a saga triangular de *Entre Quatro Paredes*. Estelle e Ines são mulheres bem diferentes. A primeira é fútil e superficial, vive uma vida de aparências, sendo extremamente ligada ao estético. Já a segunda, é mais simples, porém dura e seca em suas relações. Ambas cometeram crimes e levaram pessoas à morte com suas atitudes. Garcin também foge da sombra de seus crimes. Na esfera pessoal, é mulherengo e abusivo com sua esposa; na esfera profissional, não se posiciona, é covarde em suas escolhas e prefere fugir. Os três não se conheceram em vida e agora, no inferno sartriano, são obrigados a conviver num ciclo sem fim.

Os três estão mortos e confinados. Idt (1972) relembra que o tema da claustrofobia e do confinamento são recorrentes em Sartre, o enclausuramento é a regra, a abertura é a exceção. É importante observar que o fato das personagens de Sartre estarem mortas é uma espécie de provocação. Como esclarece Jeanson (1987), o triângulo de *Entre Quatro Paredes* fala dos mortos vivos, isto é, existências que renegam em vida a própria liberdade, vivem como se suas vidas fossem "dadas", fechadas, encerradas em suas possibilidades. A morte transforma a vida em destino, como diz Malraux na famosa frase citada por Sartre, mas também certa maneira de viver a vida a transforma em vida morta, vida dada. Inês, Estelle e Garcin tentam se segurar em imagens preestabelecidas e, para isso, criam uma interdependência do olhar do outro para assegurar suas paralisias: Estelle precisa do olhar de Garcin para manter sua imagem de bela e desejável. Garcin precisa do olhar de Inês para se justificar de sua covardia, e Inês precisa do olhar amedrontado dos outros dois para manter seu lugar de manipuladora.

A sala em que os três estão presos é simples, apenas três canapés, uma lareira e uma estátua de bronze. Mas Sartre não constrói esse cenário à toa. A lareira é um elemento de ironia, como aponta Sanches Neto (2007), na medida em que a sala é extremamente quente.

A estátua de bronze pode ser entendida como uma dupla referência: primeiramente uma afronta à covardia de Garcin, por ser um símbolo do herói. A estátua é também uma indicação do tema central da peça, a saber, o olhar. Como analisa Idt (1972), a estátua humana tem olhos, porém são olhos de pedra, olhos "brancos". A estátua possui olhos, mas não possui *o olhar.*

O olhar é o elemento central da trama, pois é justamente o olhar do outro que Inês, Estelle e Garcin buscam, ao mesmo tempo em que é através do olhar que eles experimentam o desmoronar dos muros de suas relações e a infernal condição de serem vistos. Essa dualidade do olhar é expressa de forma magistral nas páginas de *O Ser e o Nada*. Sartre afirma que o ser-visto pelo outro se desvela como uma relação difícil, porém indispensável, pois somente estamos em condição de estabelecer uma apreensão objetiva sobre nós, na medida em que esse tipo de autoconhecimento advém do outro. Se o outro é fundamental para a nossa autodescoberta, mais ainda, o outro íntimo, que nos vê de perto, em nossa nudez, é capaz de possibilitar reveladoras perspectivas:

> O outro é indispensável à minha existência tanto quanto, aliás, ao conhecimento que tenho de mim mesmo. Nessas condições, a descoberta da minha intimidade desvenda-me, simultaneamente, a existência do outro como uma liberdade colocada na minha frente [...] Desse modo, descobrimos imediatamente um mundo a que chamaremos de intersubjetividade e é nesse mundo que o homem decide o que ele é e o que são os outros (Sartre, 1987, p. 16).

Ao mesmo tempo em que nos disponibilizamos, em que nos desnudamos diante do outro, também nos tornamos vulneráveis diante dele. Vale lembrar que a nudez é o símbolo bíblico da vergonha, quando Adão e Eva sofrem a queda original, e a vergonha, para Sartre (2001), é a confissão de que nos reconhecemos a partir do olhar do outro. Como esclarece Noudelmann (1993): "diante de sua nudez, o homem se experimenta desamparado face ao outro, ele perde sua inocência e se torna responsável por si" (p. 83, *tradução nossa*). Desta forma, quando nos despimos diante do outro, na intimidade, estamos ainda mais suscetíveis a nos sentirmos envergonhados de nossa condição, uma vez que estamos menos providos das habituais proteções e ficamos mais expostos à vulnerabilidade do encontro com esse outro que nos olha tão de perto.

E é precisamente a este processo dual e avassalador do olhar que estão expostas as personagens de *Entre Quatro Paredes*. Confinados e condenados a permanecerem juntos de portas fechadas eles começam a falar de si. Suas confissões os desnudam e logo cada um sabe exatamente quem o outro é. Garcin exclama que em breve vão estar nus feito minhocas. Para Sanches Neto, a minhoca tem a pele transparente e deixa ver seu interior, ou seja, a metáfora utilizada por Garcin representa a nudez máxima. Como nos lembra Sartre (2001), Acteon precisava afastar os ramos das árvores para ver melhor a deusa Diana no banho, já no triângulo de *Entre Quatro Paredes* tudo está exposto, não precisa afastar nada para ver, a nudez de minhoca deixa todas as possibilidades abertas. Assim, com seus crimes expostos, cada um deles revezará o papel de carrasco e de vítima.

Neste momento, vou tratar de cada uma das personagens sartrianas e tentar demonstrar como que a fenomenologia do outro e as atitudes concretas descritas em *O Ser e o Nada* servem de pistas para compreendermos a livre unificação que Estelle, Inês e Garcin fazem de si.

Estelle que é pura exterioridade, diz que quando não se vê no espelho precisa apalpar para saber se existe. Por este motivo, ela protagoniza ao lado de Inês uma das mais célebres cenas do teatro sartriano. Em um dado momento, ela quer passar batom, e diante da ausência do espelho, Inês oferece seus olhos para que ela se veja. Inês, seduzida por sua beleza, a elogia, porém, Estelle está fissurada por Garcin e busca nele a confirmação de sua imagem. Quer saber se ele a acha bonita usando o batom. Inês, que se fez espelho para Estelle, fica furiosa com a rejeição e exclama que o batom borrou. Estelle perturbada pergunta sobre a mancha vermelha. Inês, então, zomba dela, deixando-a na dúvida a respeito de sua imagem: "e se o espelho começasse a mentir, hein? Ou então se eu fechasse os meus olhos, se eu não te olhasse mais, o que seria da sua beleza?" (Sartre, 2007, p. 72).

Essa cena sintetiza a ideia sartriana do conflito: conflito não é exatamente uma discordância ou uma briga, mas a assunção da alteridade, e o peso do olhar do outro sobre nós. Quando Sartre (2001) afirma que toda relação é conflito, ele está, aos meus olhos, apontando para essa constante possibilidade de me sentir assobrado pelo peso do olhar do outro sobre mim: "sou possuído pelo outro; o olhar do outro modela meu corpo em sua nudez, causa seu nascer, o esculpe, o produz como é, o vê como jamais o verei. O outro detém um segredo: o segredo do que sou. Faz-me ser e, por isso mesmo, possui-me" (Sartre, 2001, p. 454).

Este ponto é bastante importante e precisamos nos deter um pouco mais nele. Existe em Sartre uma análise profunda do olhar e da alteridade pautada no objeto que me torno para o outro. Isto porque, retomando as bases da ontologia sartriana, falta ser ao para-si e o modo de realizar essa falta é desejar ser em-si-para-si, ou seja, é desejar ser Deus. Ao mesmo tempo, Sartre salienta também o sentido concreto do desejo: "o desejo não é definido somente em relação ao em-si-causa-de-si. É também relativo a um existente em bruto e concreto que denominamos comumente como objeto do desejo" (Sartre, 2001, p. 704).

Assim sendo, o homem sartriano é aquilo que prefere; suas escolhas, seus objetos do desejo revelam aquilo que ele faz de si, revela seu projeto. Deslizo rumo ao mundo, "desejo-mundo", a fim de completar o para-si que sou. Desejo ter ou possuir um objeto. Desejo fazer um livro, uma obra de arte. Desejo ser de boa, desejo que me achem culta. Sartre nos ensina que estes desejos tão cotidianos e comuns carregam em si uma espécie de desejo "maior", desejo de fazer algo ser MEU neste mundo de condição tão frouxa e vaga.

O pronome possessivo MEU exprime aqui a ideia de que minha relação de desejo com o objeto está para além da posse: "não basta somente que exista tal quadro que tenho em mente; é preciso também que exista por mim". (Sartre, 2001, p. 705). Fazê-lo meu como uma emanação perpetuamente renovada. Ao mesmo tempo, ele deve se distinguir de mim, para que seja simultaneamente meu e não eu.

Além dessa relação com o objeto do desejo, outra forma de lidar com essa falta de ser da realidade humana se dá por meio do encontro com o outro e com a condição de ser visto por ele. Sartre (2001) fala do olhar como posse; sou possuído pelo outro. Reivindico esse ser que sou; quero recuperá-lo. Sou projeto de recuperação de meu ser feito objeto no olhar do outro. O olhar me objetiva, especializa-me e me temporaliza. Essa objetividade dada pelo olhar do outro aparece a mim como sendo eu, sem ser de fato. "Assim, o outro é para mim, antes de tudo, o ser para o qual sou objeto, ou seja, o ser pelo qual adquiro minha objetividade" (Sartre, 2001, p. 347). Quero alcançar essa objetividade, este lado de fora. Mas ao mesmo tempo em que quero alcançar, me sinto limitado e petrificado por essa objetividade para-outrem. Por este motivo, Sartre descreve que tomo atitudes diante do objeto que me torno através do olhar do outro.

Estelle em vida se pautava nas relações materiais e na posse para tentar reter sua existência. Vaidosa e estética, ela sustentava uma vida infeliz com seu marido, mantendo um padrão de vida e de consumo elevado. Já no inferno, sem recursos materiais, ela passa a projetar essa posse de maneira diferente, não mais através dos objetos materiais, mas sim pelo objeto que é para o outro e pelo objeto que o outro se torna diante de si.

Estelle se apega a Garcin, quer ser desejada por ele, pois assim se sentirá viva novamente. Segundo Sartre (2001), o desejo sexual revela o meu corpo e o corpo do outro, além disso, revela o corpo do outro numa condição especial, a saber, corpo como carne. Corpo como carne é essa relação de superfície onde tento agarrar, reter entre os dedos essa carne empastada. Essa descrição sartriana de *O Ser e o Nada* se aplica à atitude de Estella diante de Garcin. Ela deseja tomá-lo para si, e protagoniza uma cena sexualizada com ele ao final da peça: "você não tem o queixo de um covarde, nem a boca de um covarde, nem a voz de um covarde, nem mesmo seus cabelos são de um covarde. É por causa da tua boca, da tua voz, dos teus cabelos que eu gosto de você" (Sartre, 2007 p. 113). Inês também fala algo neste sentido sobre Estella: "ela precisa de um homem, pode crer, de um braço de homem segurando a sua cintura, de um cheiro de homem, de um desejo de homem nos olhos de um homem" (Sartre, 2007, p. 114).

Inês é bastante reflexiva e crítica, ela deixa clara sua personalidade forte desde o início da trama e percebe rapidamente a armadilha em que estão presos. Ela alerta que cada um deles será o carrasco dos outros dois. Desde o início, ela claramente não gosta de Garcin e age com ele de forma ríspida. Já Estelle, desperta seu interesse, mas ao perceber que a moça prefere Garcin, passa a agir de forma agressiva com ela também. Por isso, acredito que Inês se aproxima mais da atitude concreta do sadismo.

Para Sartre (2001), enquanto no desejo sexual, busco me fazer carne para desvelar o outro enquanto carne, no sadismo não há reciprocidade, somente desejo a carne do outro, sem que seja colocada a minha em troca. O sádico quer a carne do outro pela dor, quer aprisionar o outro nesta condição. Inês, a meu ver, coloca-se nesta postura sádica diante de Estelle e de Garcin, pois quer fazer deles objetos para o seu olhar: "façam o que quiserem [...] mas não esqueçam que estou aqui, de olho em vocês" (Sartre, 2007, p. 104). Em outro momento, diz: "tira as mãos de mim. Detesto que me toquem" (Sartre, 2007, p. 94). Neste trecho, vemos que Inês declara não se emprestar para o outro, como dito. E, por fim, ela mesma confessa: "Eu sou má: isso quer dizer que eu preciso do sofrimento dos outros pra existir" (Sartre, 2007, p. 82).

Além do sadismo, Inês também se assemelha à atitude do ódio, descrita por Sartre (2001). Nesta atitude, igualmente, o que está em questão é fazer do outro somente objeto. Faço-me oposição absoluta ao outro, quero destruí-lo. Essa atitude de ódio é mais claramente direcionada a Garcin que desde o início da trama incomoda Inês até mesmo em seus tiques como o jeito de mexer a boca da primeira cena.

Por fim, temos Garcin, o primeiro a chegar à sala. Inicialmente, ele tenta se esquivar, não quer falar com as moças e permanece sentado com a cabeça abaixada. A marca da vida de Garcin foi a contradição, sua máscara social era a de um herói, mas suas ações denunciam a sua covardia. No inferno, ele tenta encontrar em uma de suas companheiras o reflexo de seu suposto heroísmo para se justificar e expurgar suas culpas. Primeiramente, com Estelle, Garcin tenta se redimir por meio do amor.

O amor é para Sartre um modo especial de apropriação já que é da liberdade do outro enquanto tal que queremos nos apoderar. O amor deseja capturar a consciência do outro: "assim, o amante não deseja possuir o amado como se possui uma coisa; exige um tipo especial de apropriação. Quer possuir uma liberdade enquanto liberdade" (Sartre, 2001, p. 458). Possuir o outro como liberdade por meio do amor é um projeto de experimentar a própria existência com mais sentido. Se alguém me amar, se eu for o fundamento da vida de alguém, minha existência estará justificada pela existência deste outro. É isso que Garcin parece tentar quando diz a Estelle:

> Pois bem, escuta: você vai me fazer um favor. Não, não se afaste. Eu sei, parece esquisito pra você que lhe peçam ajuda, você não está acostumada. Mas se você quisesse, se fizesse um esforço, a gente podia se amar de verdade. Olha, são mil a repetir que sou um covarde. Mas o que são mil? Se houvesse uma alma, uma única alma, para afirmar, com todas as forças, que eu não fugi, que eu não posso ter fugido, que eu tenho coragem, que eu sou digno, acho... acho que estaria a salvo! Você pode acreditar em mim? Eu iria gostar de você mais do que de mim mesmo (Sartre, 2007, p. 112).

Essa tentativa fracassa. Estelle é superficial demais, não satisfaz Garcin. Por isso, ele precisa de Inês, que é, como ele diz, da mesma laia. Ela sabe de sua covardia, e, sendo assim, é ela que ele precisa convencer. Em um dado momento, a porta se abre e ninguém sai da sala. Segundo Noudelmann (1993), quando a porta do inferno se abre ninguém vai embora, pois não há fuga da condição de liberdade, nenhuma escapatória ontológica é possível. A liberdade é vivida no interior, diante e com os outros. Garcin fica, pois precisa se justificar diante de Inês. Ele diz: "é você que eu preciso convencer: você é da minha laia. Você achou que eu ia embora? Eu não podia te deixar aqui, triunfante, com todos esses pensamentos na cabeça; todos esses pensamentos que me dizem respeito" (Sartre, 2007, p. 120).

No desenrolar dessa cena, Garcin não consegue o que deseja, pelo contrário, Inês se insufla de ódio e repete: "covarde, covarde, covarde [...] é a mim que você precisa convencer" (Sartre, 2007, p. 122). Diante dessa provocação, Garcin exclama a célebre frase de *Entre Quatro Paredes*: "Então, é isto o inferno. Eu não poderia acreditar... Vocês se lembram: enxofre, fornalhas, grelhas... Ah! Que piada. Não precisa de nada disso: o inferno são os Outros" (Sartre, 2007, p. 125).

"O inferno são os outros", isso significa dizer que nossas relações estão marcadas por este desafio do olhar. No caso de Garcin e Inês, o inferno está claro. Porém, mesmo que o olhar do outro me objetive em algo bom, ainda assim, posso me sentir assombrado pelo que o outro faz de mim, pois mesmo tentando me aproximar dessa imagem dada pelo espelho do olhar, não alcanço jamais esse ser que sou para outrem. Esse fantasma sem ossos, que sou eu, não é para mim, é para-outro. Sendo assim, ficarei perpetuamente tentando alcançar minha objetividade dada pelo lado de fora sem conseguir alcançar. Essa *impossibilidade* é a essência do inferno.

Considero este ponto crucial para a clínica psicológica. Em nossos consultórios, o que vemos e ouvimos diariamente são histórias de pessoas que se buscam e se perdem no espelho do olhar de suas relações privilegiadas. E assim como as personagens de Sartre, tomamos atitudes concretas em relação a essa objetividade dada pelo lado de fora: amamos, desejamos, odiamos. Tentamos assimilar, tentamos reter, tentamos objetivar o outro para que ele seja menos ameaçador. Enfim, o outro infernal não deve ser visto de forma negativa ou pessimista, na verdade é justamente ele que nos dá movimento, dinâmica. É pelo fato do outro ser outro que ele me desafia e esse desafio é o ritmo mesmo de nossas vidas. Seguindo a intuição sartriana, se as relações fossem harmoniosamente plenas, nós iriamos nos ignorar, ou nem existir. A minha existência e a do outro só fazem sentido por serem indeterminadas, e a indeterminação é a raiz do meu desencontro com o outro. Somos diferentes, temos pontos de vistas diferentes sobre o mundo, vemo-nos pelo lado de fora. Somos um para o outro o *grande* espelho.

Por este motivo, considero o tema do outro uma das contribuições mais profundas de Sartre à clínica psicológica, posto que nos permite compreender os movimentos existenciais por meio dos quais a pessoa revela aquilo que escolhe fazer de si em relação. Além disso, como não somos uma abordagem clínica diretiva e normativa, acredito que Sartre nos ensina a pensar as relações do jeito que elas são possíveis, ou seja, com seus desencontros e conflitos. Compreender e aceitar essa condição de alteridade é um grande passo para viver melhor as relações, e este é um aprendizado rico que devemos transmitir em nossos processos terapêuticos.

Ademais, como diz Sartre (2007), pela boca de Garcin no final da peça: "continuemos..."; continuemos em nossas sagas existenciais, em busca do fundamento que nos falta, continuemos a nos esticar para alcançar esses reflexos "prontos" que o olhar do outro nos fornece, continuemos a não conseguir, continuemos... este é o nosso jeito de desfrutar das dores e das delícias de nossas existências.

Referências

IDT, G. *Le Mur de Jean-Paul Sartre*: techniques et contexte d´une provocation. Paris: Larousse, 1972.

JEANSON, F. *Sartre*. Rio de Janeiro: Jose Olympio, 1987.

NOUDELMANN, F. *Huis Clos et Les Mouches de Jean-Paul Sartre*. Paris: Gallimard, 1993.

SANCHES-NETO, M. O inferno segundo Sartre. In. *Entre quatro paredes*. Rio de Janeiro: Civilização Brasileira, 2007.

SARTRE, J-P. *Entre quatro paredes*. Rio de Janeiro: Civilização Brasileira, 2007.

SARTRE, J-P. O Existencialismo é um humanismo. In. *Os Pensadores*. Nova Cultura: São Paulo, 1987.

SARTRE, J-P. *O Ser e o Nada*: ensaio de ontologia fenomenológica. Petrópolis: Vozes, 2001.

CAPÍTULO 9

Os componentes centrais da psicoterapia existencialista

Daniela Ribeiro Schneider[1]
Adria de Lima Sousa[1]
Charlene Fernanda Thurow[1]
Milene Strelow[1]

Introdução

As pesquisas na área de avaliação das psicoterapias têm aumentado consideravelmente nas últimas décadas. Muitos modelos teóricos investiram em pesquisas para comprovar a eficácia de suas metodologias ou técnicas específicas, contudo, os resultados de comparações e estudos de metanálises demonstram, até o momento, que as evidências mais significativas não estão, de fato, focadas nos modelos teórico/metodológicos, mas sim, na forte interdependência e influência mútua entre os chamados fatores comuns e os fatores específicos. Ou seja, diferentes psicoterapias são igualmente eficazes, sendo necessário discutir alguns aspectos singulares nas contribuições entre os diferentes modelos teóricos (Brum et al., 2012; Wampold & Imel, 2015).

Os fatores comuns são aqueles presentes em diferentes modelos teóricos e que têm impacto na melhora psicoterapêutica, tais como as características do psicoterapeuta, as características do paciente[2] e o

[1] Núcleo de Pesquisas em Clínica da Atenção Psicossocial (PSICLIN). Programa de Pós-graduação em Psicologia, Universidade Federal de Santa Catarina (UFSC).

[2] Optamos por utilizar o termo paciente neste capítulo. Há muitas discussões sobre este termo e seus conceitos, com múltiplos argumentos para cada lado: cliente, usuário, paciente, consulente. A opção por paciente relaciona-se com a concepção sobre a

estabelecimento de uma boa aliança terapêutica. Já os fatores específicos se referem aos procedimentos, às técnicas e às estratégias clínicas utilizadas pelos próprios modelos teóricos, visando promover resultados terapêuticos por eles almejados (Sousa, 2017a, 2017b). A tese defendida por Castonguay e Beutler (2006) é de que os fatores específicos e os fatores comuns operam conjuntamente, estão em constante relação, são interdependentes e variam ao longo de uma mesma sessão ou ao longo do processo psicoterapêutico.

Entretanto, é importante destacar que para que uma psicoterapia seja considerada efetiva alguns aspectos precisam estar bem definidos, entre eles a sua base teórica e a produção de suas evidências (Cordioli & Grevet, 2018). Por isso, é fundamental identificar como se dão os fatores comuns das psicoterapias na especificidade de cada abordagem analisada[3]. Ao mesmo tempo, é desafiador delinear como os fatores específicos se organizam e definem a contribuição ímpar daquela metodologia clínica. Para tanto, faz-se necessário destacar os aspectos centrais da abordagem psicoterapêutica em foco.

Os componentes centrais (*core components*) de uma intervenção são os aspectos que definem seu delineamento teórico e metodológico e seu modelo lógico (D'Tôlis, 2018). Eles são, portanto, os aspectos mais essenciais e indispensáveis de uma prática clínica ou de um processo de intervenção, assim considerados por serem a base para a definição de sua identidade e dos processos para alcançarem os resultados almejados com os pacientes ou com a população alvo. Compreender e aderir aos princípios da prática subjacente a cada componente central pode permitir flexibilidade na forma de realização clínica (os processos e as estratégias da intervenção) sem sacrificar a função associada a estes componentes. Sendo assim, conhecer os componentes centrais de uma

situação de sofrimento psíquico, que geralmente é experimentada por aqueles que procuram a psicoterapia, entendendo que o mergulho no vivido é uma experiência irrefletida, não posicional, que traz a dimensão passional dessa experiência marcada pelo *pathos* (Martins, 1999). De maneira alguma, significa uma relação hierarquizada e de posição de passividade no fazer clínico, pois o paciente na clínica existencialista é ativo e chamado a ser corresponsável ao longo de todo o processo psicoterapêutico.

3 Os mesmos autores do atual capítulo buscaram travar a discussão sobre os fatores comuns na especificidade da psicoterapia existencialista em outro livro. Ver a referência em SCHNEIDER et al., s/d.

intervenção torna-se uma importante tarefa para responder questões relacionadas à produção de evidências sobre a prática clínica, sua replicabilidade e a possibilidade de adaptações a diferentes populações, espaços de intervenção, modalidades clínicas e diversidades culturais (Fixsen et al., 2005).

De certa forma, poderíamos dizer que estes componentes centrais definem a essência de uma intervenção, sua identidade e sua especificidade em relação a outras abordagens. Sendo assim, destacá-los torna-se uma importante tarefa para conhecer mais profundamente uma proposta psicoterapêutica e poder pensar as condições para o desenvolvimento de avaliações de processo e de resultados dessas práticas, constituindo a base de sua racionalidade clínica.

A Psicanálise, por exemplo, tem seus princípios teóricos e metodológicos bastante analisados e discutidos em vários artigos e livros, entre os quais podemos citar Calazans Matos e colaboradores (2008), que definem que os conceitos de inconsciente, repetição, transferência e pulsão são os aspectos centrais da clínica psicanalítica. Sendo assim, diferentes abordagens, por terem estes conceitos como núcleos teóricos centrais, são caracterizadas dentro do guarda-chuva psicanalítico. Da mesma forma, a Terapia Cognitivo Comportamental (TCC) tem seus componentes centrais perscrutados por muitos estudiosos, em vários artigos e livros. Segundo Knapp e Beck (2008), as abordagens atuais em TCC compartilham três proposições fundamentais: "a primeira é o papel mediacional da cognição, o qual afirma que há sempre um processamento cognitivo e uma avaliação de eventos internos e externos que podem afetar a resposta a esses eventos; a segunda defende que a atividade cognitiva pode ser monitorada, avaliada e medida; e a terceira, que a mudança de comportamento pode ser mediada por essas avaliações cognitivas e, desta forma, ser uma evidência indireta de mudança cognitiva" (p. 556). Neste artigo, os autores discutem aspectos diferenciais da TCC, amparados justamente naquilo que é considerado seus *core elements,* como podemos ver na afirmativa de que "qualquer forma de terapia que não inclua a proposição do modelo mediacional como componente importante do plano de tratamento não está incluída no escopo da TCC, e o termo 'cognitivo-comportamental' não pode ser aplicado" (Knapp e Beck, 2008, p. 554).

A psicoterapia existencialista, por suas raízes ancoradas nas filosofias fenomenológicas e existencialistas, na psicopatologia fenomenológica e na antropologia dialética materialista e histórica, certamente mantém uma distância epistêmica das duas abordagens anteriormente citadas na construção de seus princípios clínicos. Com isso, a discussão do que são os resultados terapêuticos esperados e, portanto, a definição de suas evidências, que possibilitaria a construção de processos avaliativos, estabelece-se numa outra lógica do que as postuladas pelos modelos clínicos mencionados.

Nesse sentido, considera-se importante enfrentar o desafio de delinear os componentes centrais da psicoterapia existencialista, chegando a descrever aspectos que desdobram destes componentes na concretude do fazer psicoterapêutico. O objetivo deste capítulo passa, portanto, por refletir e descrever estes princípios elementares da clínica, por meio da discussão das dimensões mais relevantes em seu horizonte teórico e em suas implicações metodológicas, visando a uma melhor definição do processo identitário da psicoterapia existencialista. Por fim, indicar algumas formulações que contribuam para a avaliação do processo psicoterapêutico nesta abordagem.

Reflexões sobre os componentes centrais da psicoterapia existencialista: descrição de alguns de seus "fatores específicos"

As elaborações descritas a seguir foram produzidas por um grupo reflexivo com psicólogas, pesquisadoras e psicoterapeutas que se sustentam na teoria existencialista sartriana, pertencentes ao Núcleo de Pesquisas em Clínica da Atenção Psicossocial (PSICLIN) da Universidade Federal de Santa Catarina (UFSC). Foram desenvolvidos no bojo do projeto de pesquisa *Estudos sobre Psicoterapia e Psicopatologia Existencialista*, do Grupo de Pesquisas Clínica da Atenção Psicossocial, álcool e outras drogas do CNPq, coordenado pelo PSICLIN.

A partir da discussão sobre a metodologia psicoterapêutica existencialista, tomando como base a proposta do método fenomenológico retrabalhado pelo existencialista Jean-Paul Sartre (1997), da psicanálise existencial (Sartre, 2006; 1997), do método progressivo-regressivo (Sartre, 2002a) e de sua aplicabilidade a partir do método biográfico sartriano (Sartre, 2002b; 2013; 2015a), foram discutidos aspectos considerados centrais ou essenciais (*core components*) desta abordagem, que lhe conferem sua especificidade e sua riqueza clínica.

Os componentes centrais da psicoterapia existencialista, conforme sugerido pelas autoras, estão destacados na Figura 1. Apesar dos componentes estarem dispostos em certa ordem, salienta-se que o processo metodológico e os procedimentos clínicos não são necessariamente lineares e nem sempre seguem a ordem ali sugerida.

Figura 1 – Componentes Centrais da Psicoterapia Existencialista

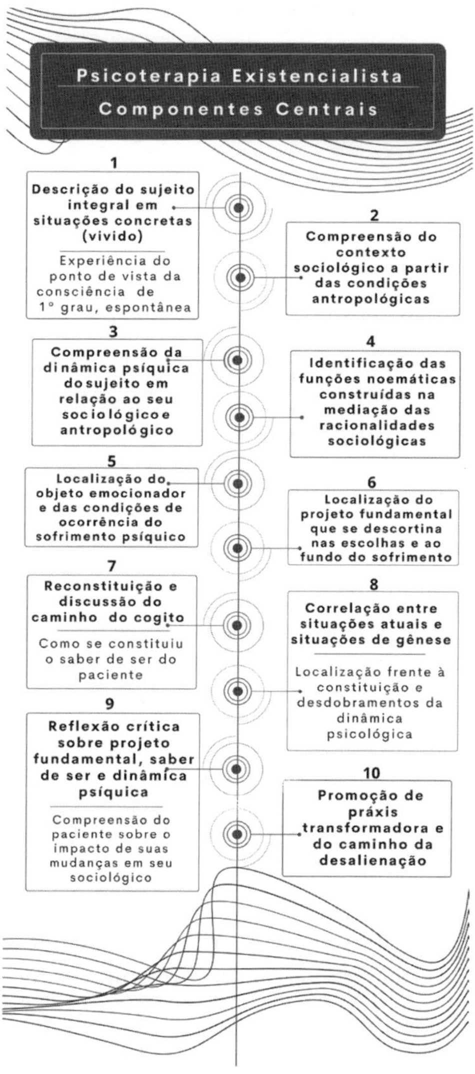

Para Sartre, "nenhuma determinação é impressa em um ser vivo sem que ele a possa ultrapassar com a sua maneira de vivê-la" (Sartre, 2013, p. 665). Assim, os pressupostos existencialistas trazem o sujeito como um vir-a-ser, que sempre pode fazer algo do que fizeram dele (Sartre, 2002b), ao enfatizar a responsabilidade do sujeito frente à forma como irá lidar com as situações que lhe ocorrem. Aqui se coloca o sentido clínico fundamental, pois sempre é possível as pessoas produzirem mudanças em suas vidas, por mais que estejam emaranhadas em uma trama de determinação familiar, comunitária, cultural, socioeconômica que as transcendem. Essa é a tônica que perpassa todo o processo psicoterápico, do princípio ao fim.

Como ponto de partida, a fim de apreender o sujeito em seu ser, deve-se realizar:

1) A descrição do sujeito integral em situações concretas (vivido)

Inicia-se, assim, com a exigência da psicoterapia existencialista de se colocar como uma clínica de situações concretas (Alvim & Castro, 2015; Englebert, 2017). Uma clínica de situações é aquela que apreende a pessoa a partir do contexto em que se encontra no presente, na intensidade de suas vivências, que expressa o seu processo de interiorização da exterioridade.

Esta ação implica inventariar a dimensão do vivido, enquanto experiência concreta do paciente, profundamente mergulhado em sua cotidianidade, experiência essa espontânea e irrefletida, ou seja, tomada enquanto consciência de 1º grau (Sartre, 2015b). Tendo como foco mediar mudanças na dinâmica de ser, o filósofo existencialista explica a importância da tarefa de "reconstituir o momento completo em que apareceu essa consciência irrefletida" (Sartre, 2015b, p. 27), viabilizada pela descrição detalhada de situações vividas pelo sujeito, tomada na concretude de sua ocorrência.

O vivido (*vécu*) é expresso por Sartre (2013; 2015a) como a via de compreensão de si mesmo, sem que isso indique, necessariamente, ser da ordem do conhecimento ou ser uma consciência tética. O vivido é, portanto, embebido nas certezas de ser do sujeito. Corresponde ao que o existencialista vai traduzir como o "indizível" das experiências emocionais e psicopatológicas, ou seja, aquela vivência que não se consegue traduzir em palavras e escapa constantemente ao controle de quem a sofre, mas que está ali, presente, fazendo que o sujeito saiba sendo quem ele é, expressando o seu cogito (Sartre, 2015a). Dessa forma, a função clínica passa por tornar comunicável, compreensível, aquilo que é experimentado pelo paciente como incomunicável, incompreensível (Schneider et al., 2021a).

Trata-se, como discute a fenomenologia, de realizar uma psicopatologia da primeira pessoa, como passo inicial de qualquer diagnóstico e intervenção clínica, buscando desvelar o sujeito em sua integralidade, ao tomar o pré-reflexivo como ponto de partida, pois permite o mergulho nas experiências psicopatológicas. Logo em seguida, faz-se necessário chegar às experiências de segunda pessoa, ou seja, à narrativa da pessoa sobre si mesma e sobre o mundo que o cerca, justamente por ser este que conforma a estrutura de escolhas e o seu campo de possíveis. As experiências de impasse psicológico do paciente são compreendidas no embate entre a má-fé e a alienação, que na dialética progressiva-regressiva, implica no entendimento da dimensão singular da má-fé, experiência subjetiva profundamente sofrida, diretamente influenciada pelas condições infraestruturais de certo contexto sociocultural, ao produzir as condições alienantes desse sofrimento (Castro, 2017, Schneider et al., 2021a).

Essa compreensão extrapola a lógica explicativa ou interpretativa, feita do exterior por um olhar de terceiro; ela deve ser realizada, na verdade, por dentro da experiência vivida do paciente, seguindo seu movimento dialético em direção à sua objetivação no mundo (Jaspers, 1973). Sendo assim, a clínica existencialista deve viabilizar a experiência da liberdade do paciente em sua plenitude, ou seja, mergulhá-lo em suas escolhas, ocorridas sempre em estruturas de escolhas dadas pelo sociológico e antropológico que o rodeia. Dessa forma, mediar o processo de desalienação do sujeito nas eleições que vai realizando em seus caminhos existenciais e a retomada das rédeas de seu projeto (Schneider et al., 2021a), como veremos adiante, coloca-se como uma importante meta terapêutica.

Por isso, mesmo a clínica existencialista requer um olhar ampliado, que consiga apreender o sujeito integral: primeiramente, não reduzindo o paciente ao seu patológico, seus sinais e sintomas, por compreendê-lo como um processo de totalização sempre em curso (Sartre, 2002a), no qual a dinâmica existencial e o vivido se colocam como núcleos fundantes dos processos de sofrimento. Ao mesmo tempo, precisa localizar as estruturas da exterioridade da experiência vivida, pois, como afirma Sartre (2002a, p. 78): "as condições materiais de sua existência circunscrevem o campo de suas possibilidades (...). Assim, o campo dos possíveis é o alvo em direção ao qual o agente supera sua situação objetiva. E esse campo, por sua vez, depende estreitamente da realidade social e histórica".

Estabelece-se, assim, a dialética objetividade/subjetividade como fundamento desta clínica, que tem como um dos seus suportes o método progressivo-regressivo. Sendo assim, deve considerar como dimensões compreensivas tanto a situação experimentada do ponto de vista singular quanto seu entrelaçamento com as múltiplas estruturas dos coletivos de pertença: grupo familiar, amigos, amores, relações de trabalho, relações comunitárias (Schneider et al., 2021b). Estes coletivos reproduzem nas microrrelações aquilo que são os valores impostos pelo processo civilizatório de seu tempo.

Sendo assim, na psicoterapia existencialista:

2) O contexto sociológico deve ser compreendido a partir das condições antropológicas

Dessa forma, todo ato humano, por mais simples que seja, é significativo, dotado de sentido, ao remeter à vivência singular dessa cadeia de mediações coletivas, concebendo o sujeito com um universal-singular (Sartre, 2002a). Como nos afirma Sartre (2002a, p. 86): "o método existencialista (...) não terá outro meio senão o 'vaivém': determinará progressivamente a biografia (por exemplo), aprofundando a época, e a época, aprofundando a biografia".

Com isso, todas as escolhas cotidianas de uma pessoa, desde a escolha das roupas, dos utensílios que lhe são significativos, da relação com a comida, das pessoas com quem se vincula, até a escolha de uma profissão, do engajamento em crenças e/ou projetos políticos, são escolhas que definem o ser da pessoa, mas, ao mesmo tempo, expressam os valores de seu momento histórico (Castro & Ehrlich, 2016; Schneider, 2011). Portanto, o paciente não é tomado pela Psicologia

Existencialista enquanto "indivíduo" isolado, ele sempre está tecido com suas relações sociológicas e inseridos em contextos socioculturais específicos. Sartre (2013) explicita em suas biografias o fato de que uma pessoa "nunca é um indivíduo; seria melhor chamá-lo de universal-singular: totalizado e, por isso mesmo, universalizado por sua época, ele a retotaliza ao reproduzir-se nela como singularidade" (Sartre, 2013, p. 7). Portanto, é preciso estar atento ao contexto das escolhas de um sujeito, que deságuam na constituição do seu projeto de ser, na medida em que este processo dialético constitui-se nesta universalidade-singular, na justa medida em que a pessoa se move, escolhe e se escolhe em estruturas de escolha que a ultrapassa.

O psicológico que se constitui a partir desse processo de personalização – objeto a ser desvelado por esta clínica e que vai permitir compreender a dinâmica psíquica do sujeito – é sempre "segundo ontologicamente", ou seja, resultante de um constante processo subjetivo de apropriação da objetividade. A dinâmica implica um movimento inercial, no qual o modo do sujeito se lançar frente ao mundo acaba por ganhar transcendência frente à própria compreensão de si, e sua experiência é vivenciada como se estivesse amarrada a um "destino" (Sartre, 2002b). No entanto, são as condições antropológicas (materiais, sociais), bem como seus reflexos nas relações sociológicas (familiares, relações de mediação) que vão dar os contornos do processo de constituição da dinâmica psíquica (Sartre, 2002b; Schneider, 2006). Sendo assim, esta clínica precisa realizar:

3) A compreensão da dinâmica psíquica, que revela a relação do sujeito com o seu sociológico e antropológico

A personalização ocorre num processo dialético de interiorização/exteriorização. O psicológico será um transcendente, não um imanente, ou seja, vai se dar de forma objetiva por meio dos atos, estados e ações do sujeito. A forma como ele se afeta neste mundo, as coisas que o atraem ou o afastam, os valores que defende, os raciocínios que estabelece para explicar seus comportamentos e modos de ser, vão ofertando "notícias" de como se constituiu em seu ser, qual foi este horizonte de racionalidade e de afetabilidade no qual esteve inserido desde tenra infância – a partir de suas condições antropológicas e sociológicas. Este campo de possibilidades de ser é dado por estas estruturas de escolha e apropriado ativamente pelo sujeito. Não se trata de uma relação causalista, entretanto, é imprescindível compreender estas forças que se constituirão como forças sociológicas, dentro de seu grupo de pertença, que o alcançarão e perante as quais precisará se posicionar – alienando-se nelas, apropriando-se ou refutando-as (Schneider, 2006).

O paciente, entretanto, chega à psicoterapia, na maior parte das vezes, engolido por um redemoinho de emoções inviabilizantes, que o fazem experimentar-se como que aprisionado em seu próprio ser e aparentemente alijado de sua liberdade. Eis aqui colocado o desafio da clínica existencialista, a de explorar por dentro da experiência do sujeito esta contradição entre estar condenado a ser livre e estar arremetido à situações de pura alienação de si (Schneider, 2006).

Em virtude da disposição ontológica do ser humano, que tem como ponto de partida a própria realidade noemática-noética (objeto--sujeito), cuja condição é a relação coextensiva entre o ser e o nada, a constituição do sujeito se dá pela dialética objetividade-subjetividade (Sartre, 1997). Dessa forma, a compreensão do psíquico se coloca como sendo a afetabilidade reativa à objetividade circundante, seja aquela advinda do enfrentamento da materialidade como prático--inerte, que nos impõe caminhos de viabilizações ou obstáculos, ou ainda do enfrentamento da sociabilidade que nos media positiva ou negativamente (Sartre, 2002a; Schneider, 2011). Essa afetabilidade ou emocionalidade decorre do fato de atribuirmos sentido aos objetos e aos outros que nos cercam, conforme as situações vividas por nós, que ganham, então, função em nosso ser.

Esta questão tem um desdobramento clínico importante:

4) A necessidade da identificação das funções noemáticas, construídas na mediação das racionalidades sociológicas

Portanto, essa tensão objeto-sujeito é relevante no fazer da clínica existencialista na medida em que todas as situações concretas que o paciente vive estão imersas em um contexto antropológico e sociológico. Na perspectiva existencialista sartriana, a emoção precisa ser compreendida como ato de compromisso com o mundo, que envolve a totalidade do sujeito enquanto corpo-consciência, sendo importante a busca das conexões noemáticas entre as várias situações vividas.

Dessa forma, mesmo que uma pessoa esteja sofrendo um medo generalizado, ainda assim, é o mundo, com suas características específicas, que a estão atemorizando. Esta relação é própria a todas as emoções: a alegria é relacionada a alguma situação vivida, a raiva é de alguém, a paixão é por alguém ou por alguma causa, a vergonha é dentro de dado contexto e, assim por diante (Schneider, 2011). Portanto, a emoção enquanto ato espontâneo, consciência irrefletida, remete aos significados atribuídos pela pessoa às suas relações com o mundo, ao estar antecipando um futuro (projeto de ser), que passa a ser potencializado conforme os sentidos tomados por esta função noemática (Sartre, 2006).

Enquanto perspectiva clínica faz-se necessário, então, realizar:

5) A localização do objeto emocionador e das condições de ocorrência do sofrimento psíquico

Isto porque, na experiência empírica, espontânea, o sujeito tem a tendência de experimentar-se como que tomado subitamente pela emoção (o famoso "do nada" ou "de repente" declarados pelo paciente), ainda que tecnicamente se saiba que a condição de afetar-se é sempre processual e contextualizada. Como nos mostra o princípio da intencionalidade de Husserl, não é possível a ocorrência de uma consciência sem objeto (Sartre, 1997). Então, temos aqui que destacar as vivências emocionais dos pacientes, quando mergulhados em suas experiências psicossociais e de sofrimento psíquico, em que há uma dificuldade de localizar as condições de possibilidade de ocorrência dessas experiências, dada a condição irrefletida dessas vivências, que aumenta a insegurança ontológica. Sendo assim, o ato clínico de localização do objeto emocionador e das condições de afetabilidade, as quais se expressam inicialmente por sinais e sintomas psicopatológicos, é altamente terapêutico, pois tira a pessoa de sua posição passiva frente ao sofrimento, de sua experiência de estar tomada por forças que a transcendem, para devolver-lhe a viabilidade de reflexão crítica, de localização de sua estrutura de escolha e da condição de ser sujeito de seus atos, levando à possibilidade de ressignificação dos objetos e das relações vividas como opressoras.

Ao fundo da constituição da dinâmica psíquica e da afetabilidade do sujeito está a relação com o *projeto fundamental ou projeto de ser*. Esta é a questão crucial que está em jogo no processo de sofrimento psíquico. O projeto fundamental, como designação daquilo que é o fundamento primeiro da constituição do sujeito, é a livre unificação (do em-si-para-si, corpo/consciência, passado/presente) em direção a um devir, sendo a expressão integral do sujeito em cada ato e escolha que toma (Sartre, 1997), inclusive nas escolhas alienadas que estão ao fundo do seu processo de sofrimento. Na proposta da psicanálise existencial, é fundamental decifrar o projeto de ser.

Sendo assim, um dos passos fundamentais da psicoterapia existencialista é justamente a:

6) Localização do projeto fundamental que se descortina nas escolhas e ao fundo do sofrimento

O projeto revela o fim vislumbrado como sendo o próprio ser do sujeito, na medida em que se concretiza como sendo *desejo de ser*, ao se dirigir ao campo dos possíveis, movendo a pessoa em direção às suas escolhas, constituindo-se em práxis cotidiana. O desejo de ser é, assim, o "combustível" da dinâmica psicológica (Schneider, 2011; Schneider et al., 2021b). Desta forma, ao fundo do sofrimento psíquico, o que se vislumbra é o embate da pessoa com os impasses de seu projeto e desejo de ser. Portanto, trata-se, clinicamente, de saber decifrar os comportamentos e modos de ser nas distintas situações, interrogar as escolhas, buscar o nexo entre estas, para chegar ao que Sartre chama de irredutível, ou seja, ao projeto fundamental, que se revela em cada uma das escolhas e atos da pessoa, em seu sentido constituinte (Schneider et al., 2021b). Como afirmam Castro e Ehrlich (2016, p. 90):

> O fato da eleição de um projeto de ser estar fundamentada em uma liberdade ontológica, própria de nosso existir, não significa que seja realizada ao bel prazer nem tampouco que seja sinônimo de uma satisfação ou realização pessoal. A eleição original que funda um projeto de ser e a partir da qual nosso ser totaliza-se constantemente é a saída, uma alternativa, um possível desejado, encontrado no interior de determinada

> situação concreta. Embora consciente de si mesma, esta saída é realizada por alguém imerso em uma contingência social e histórica, como resposta à faticidade e às determinações do real.

Nesse sentido, alguém pode escolher caminhos que se colocam contra ele próprio, que podem se estabelecer na má-fé, na resignação, no mal estar ou na fuga de situações. Ainda assim, mesmo que no desespero e na alienação, é ainda o sujeito que escolhe (Sartre, 1997). São estes processos de alienação de si que acontecem, por exemplo, com o complexo de inferioridade, como nos mostra Sartre (1997), pois ainda que a pessoa lute contra ele, foi ela própria que o elegeu, desde a origem, realizando-se por meio de seus comportamentos, de suas atitudes e ações. Aqui está a fonte de muito sofrimento, pois o sujeito depara-se com a responsabilidade sobre o seu ser, mesmo que nele não se reconheça. Sendo assim, por mais reduzido que esteja o campo de possíveis de uma pessoa, este futuro sempre se descortina em seu horizonte, o que quer dizer que ter um projeto de ser é condição ontológica do sujeito, sendo impossível não ter projeto, por mais que este possa estar interrompido, inviabilizado, dividido (Schneider, 2011). Mesmo em circunstâncias mais extremas, escolher-se em um futuro sempre acaba por se impor como condição à pessoa (Castro & Ehrlich, 2016; Sartre, 1997).

Nesta direção, escolher modos de ser que vão contra o próprio sujeito, que o levam ao sofrimento, não significa que o sujeito queira a humilhação, o fracasso, o sofrimento, mas sim, que pela pressão experimentada em suas experiências objetivas, não encontra outros caminhos do que este "destino", vivido como que imposto a ele, ainda que concretamente por ele escolhido (Sartre, 2002b).

> Trata-se de sofrer as adversidades desta possibilidade de ser no mundo, trata-se de penar com as significações inferiores dadas às minhas ações e experiências face aos demais, trata-se ainda de suportar o olhar dos outros naquilo que eles realmente ou potencialmente apresentam de juízo inferiorizante a meu respeito (Castro & Ehrlich, 2016, p. 92-3).

Eis, então, que se apresenta o paradoxo entre a liberdade e o saber de ser.

O *cogito* ou *saber de ser* se dá como compreensão do sujeito sobre si ao se constatar frente ao mundo, como sujeito de suas escolhas e de seu ser. A depender das situações percorridas na trajetória existencial, das mediações sociológicas, da base material, da racionalidade do contexto antropológico, o sujeito vai elaborando uma perspectiva sobre seus atos, comportamentos, sobre quem ele é no conjunto de suas relações. No sofrimento psíquico, este saber de ser, especialmente quando perde sua dialetização e se absolutiza ou condensa em suas experiências passadas, torna-se central na constituição da dinâmica psíquica e na dificuldade de movimentar-se no enfrentamento do mundo. Por vezes, esse saber é um tanto recorrente e tem-se a sensação de que ele é fixo, imutável, sem a flexibilidade do transitar pelas adversidades da vida.

Retornando à metodologia psicoterapêutica, é preciso desvelar o cogito. Por isso mesmo, na clínica existencialista deve-se realizar:

7) A reconstituição e discussão do caminho do cogito

Para que o paciente possa se localizar de seu movimento no mundo. A base dialética da psicoterapia existencialista e seu método são históricos. Com isto, a dinâmica temporal – o futuro fazendo-se passado, o passado embebendo o campo de possibilidades futuras e se concretizando em condições da vivência atual (Sartre, 2002a) –, define o fluxo que a clínica deve seguir. Portanto, uma vez compreendido o sofrimento atual e a relação com o projeto de ser nela implicado busca-se sua gênese, ao resgatar a trajetória existencial do paciente, visando reconhecer nesta história a construção de seus sentidos de futuro e a estrutura de suas escolhas, tomando o método progressivo-regressivo em interação com a psicanálise existencial como ponto de partida.

O princípio da psicanálise existencial consiste "na assertiva de que o sujeito é uma totalidade e não uma coleção; em consequência, ele se exprime inteiro na mais insignificante e mais superficial das condutas – em outras palavras: não há um só gosto, um só tique, um único gesto humano que não seja revelador" (Sartre, 1997, p. 696). Essa totalidade reveladora-revelada é o projeto de ser, que possibilita a qualquer sujeito se reconhecer em sua livre unificação no mundo. Mas, ao mesmo tempo, ela é a inteligibilidade que a pessoa constrói sobre si mesma. Por isso, o cogito é "a forma como o sujeito compreende a si mesmo, forja sua certeza de ser e está na base de sua forma de se lançar no mundo" (Schneider, Strelow, Levy, 2017).

Em geral, esse caminho é constituído por uma série de situações diferentes entre si, mas que tiveram em comum a força noemática das experiências vividas, com repetições de exigências e pressões advindas das circunstâncias materiais, culturais e de pessoas, constituindo a base antropológica e sociológica. Da mesma forma, as escolhas singulares e os modos do sujeito se lançar nestas experiências, que o levam a intuir-se como sendo este ou aquele sujeito.

Os episódios de gênese podem ser considerados, assim, as primeiras situações em que o paciente se recorda de estar em determinada estrutura de escolha e tomando determinadas escolhas e posições, que o levam a se saber sendo de determinado modo de ser. Chega o momento em que a quantidade vira qualidade, ou seja, ocorreu um processo de totalização ou de fechamento do cogito, quando em uma dada situação o sujeito experimenta-se remetido a uma certeza de ser este ou aquele tipo de pessoa.

Visitemos o "Saint Genet: Ator e Mártir" para compreender como se forja o cogito:

> O instante do despertar: o menino sonâmbulo abre os olhos e vê que está roubando. Revelam-lhe que ele *é* um ladrão e ele admite a culpa, esmagado por um sofisma que não pode refutar: roubou, logo, é ladrão. Nada mais evidente. Atônito, Genet considera o seu ato, revira-o por todos os lados. Não há dúvida: é um roubo. (...) Esse presente de uma clareza meridiana confere ao passado a sua significação. (...) Uma ação impensada, concebida e executada na intimidade secreta e silenciosa, onde ele muitas vezes se refugia, acaba de passar para a objetividade. Genet fica sabendo o que ele é, objetivamente. É essa *passagem* que vai determinar a sua vida inteira (Sartre, 2002b, p. 29-30).

A certeza de *ser* o ladrão, sentença imposta pelos outros a partir das ações espontâneas de Genet ainda menino, é incorporada por ele como sendo a certeza sobre o seu ser (cogito), levando-o a intuir-se como que prisioneiro de um "destino": "Decidi ser o que o crime fez de mim" (Sartre, 2002b, p. 61). Este é o seu saber de ser, que pouco a pouco se condensa em forma de certeza. "Para Genet, a verdade será o pensamento intimidante, cerimonioso, oficial dos adultos, dos juízes, dos tiras, das pessoas honestas (...). A sua certeza de si, solitária, contestada, silenciada, cresce nele como uma erva daninha em um jardim abandonado" (Sartre, 2002b, p. 46-7).

Como afirma Sartre (2002b), o cogito de Genet totalizou-se entre os dez e os quinze anos, tendo sido muitas vezes recomeçado. "O paradoxo de toda conversão é que ela se estende por anos e se condensa em um instante" (p. 62). O episódio de fechamento de cogito é extremamente simbólico, pois ele instala um marco na vida do sujeito, em que esse faz algo daquilo que fizeram dele, apesar de assumir para si a certeza colocada, implicando uma escolha alienada.

Não devemos confundir o cogito de Genet com seu projeto de ser, que Sartre revela na biografia, em seus detalhes, como sendo o "projeto de ser causa de si mesmo", ao escolher livremente se fazer na passividade, já que "se fazer objeto para os outros" é o movimento originário de Genet em suas relações cotidianas (Sartre, 2002b, p. 79). Essa escolha fundamental se revelará em miríades de outras escolhas: a sua homossexualidade, a sua extrema solidão, a mendicância, a traição, entre outras.

A visualização e discussão sobre essa cadeia de situações compreendidas dentro do panorama das relações sociológicas que determinam nossa condição de possibilidade de interpretação da realidade é de extrema importância para que, não só o psicoterapeuta existencialista compreenda a complexidade do caso, mas principalmente, o paciente se enxergue em seu movimento vivo.

Desta forma, um passo clínico significativo é desenvolver:

8) A correlação entre situações atuais e de gênese

Objetivando-se, ao reconstruir o processo de formação do cogito do paciente, mediar o reconhecimento de sua história e de seus impactos em sua dinâmica atual de ser (Castro & Ehrlich, 2016; Schneider, 2011). O movimento de ir e vir entre situações de gênese e atuais tem como objetivo a visualização, por parte do paciente, da correlação entre a experiência de ser em situações do passado e a função que estas exercem nas situações atuais, constituindo as forças psicossociais em sua dinâmica de ser.

Com esta estratégia clínica, visa-se possibilitar o reconhecimento da potência noemática das experiências anteriores, da localização das afetações psicofísicas nas suas relações com o projeto de ser e a condição de manejo das relações concretas com os outros e com o contexto antropológico. Busca-se, com isto, uma ressignificação da trajetória existencial, com vistas a uma abertura de novas escolhas no presente, novas formas de lidar e de experimentar-se frente às situações, ao buscar romper com a certeza do cogito inviabilizado.

Quando se fala em uma dinâmica psíquica ou mesmo em subjetividade, muitas vezes o existencialismo é acusado de subjetivismo. Simone de Beauvoir faz uma interessante defesa do existencialismo como sendo justamente o contrário de um subjetivismo.

> O eu não existe; eu existo como sujeito autêntico num brotar renovado sem cessar que se opõe à realidade fixa das coisas; lanço-me sem auxílio, sem guia, num mundo em que não estou de antemão instalado: sou livre, os meus projetos não são definidos por interesses preexistentes; eles mesmos determinam os seus fins (Beauvoir, 2008, p. 33).

Assim, para compreender a dinâmica psicológica do sujeito, é preciso investigar detalhadamente o conjunto de aspectos envolvidos no contexto antropológico e sociológico (Schneider, 2011). Nesse sentido, a clínica existencialista oferece possibilidade de mediar para que o sujeito aproprie-se criticamente de seu próprio ser, tomando-o em suas próprias mãos, ao modificar suas certezas de ser, suas relações concretas e a própria dinâmica psicológica.

Por isso mesmo, como etapa importante para o fechamento do processo clínico, faz-se necessário mediar:

9) A reflexão crítica sobre projeto fundamental, saber de ser e dinâmica psíquica

"Reflexão crítica é uma reflexão abrangente, questionadora e autônoma. Consiste em fazer com que um indivíduo vá além do que ele lê ou ouve, buscando diferentes perspectivas para analisar um mesmo fato" (https://www.significados.com.br). Assim sendo, a reflexão crítica define-se por não aceitar como "óbvias e evidentes as coisas, as ideias, os fatos, as situações, os valores, os comportamentos de nossa existência cotidiana; jamais aceitá-los sem antes havê-los investigado e compreendido como um todo" (Ibid.). Em Sartre, nas suas obras *o Ser e o Nada* e a *Transcendência do Ego* (1997, 2015b), este conceito se aproxima das discussões sobre a reflexão pura ou purificadora, a qual ele argumenta que vai aprofundar mais adiante, na sua obra sobre a moral, mas acaba por não concluí-la.

A consciência purificadora é aquela operação de segundo grau, que se volta sobre as experiências anteriores, sobre o refletido. Segundo o existencialismo, é preciso "distinguir aqui a reflexão pura da reflexão impura ou constituinte: porque é a reflexão impura que constitui a sucessão dos fatos psíquicos, ou psiquê. E o que se dá primeiramente na vida cotidiana é a reflexão impura ou constituinte, embora inclua a reflexão pura como sua estrutura original. Mas esta só pode ser alcançada como resultado de uma modificação que opera sobre si em forma de catarse (Sartre, 1997, p. 218). E o que significa catarse? Segundo ainda o mesmo *site* citado acima,

> o termo provém do grego *kátharsis* e é utilizado para designar o estado de libertação psíquica que o ser humano vivencia quando consegue superar algum trauma como medo, opressão ou outra perturbação psíquica (https://www.significados.com.br).

Na conferência de Araraquara, o existencialista afirma que é preciso reintegrar o cogito na dialética. "Isto faz com que, metodologicamente, compreender situe-se no nível em que a interiorização do movimento repousa sobre si mesma para tomar consciência de si ou, se quiserem, no nível do cogito" (Sartre, 1987, p. 87). Portanto, esta reflexão crítica, purificadora, passa pelo processo de compreensão, tomado por dentro da experiência de ser do paciente, levando-o a se dialetizar em suas certezas de ser.

Transcorridas todas as etapas do processo psicoterapêutico descritas, o paciente ganha condição de realizar uma reflexão crítica, purificadora, catártica sobre sua história e dinâmica de ser, totalizando-se em um movimento de compreensão do processo de interiorização-exteriorização. Faz-se necessário, portanto, posicionar-se criticamente sobre sua própria história, com destaque para a retomada de seu projeto de ser. Da mesma forma, é importante colocar-se à frente de seu saber de ser, buscando compreender o processo de constituição deste cogito, suas razões externas e motivos subjetivos, ao flexibilizar as certezas de ser, retomando o movimento dialético na relação com os outros e com o mundo.

Mas é preciso estar atento, pois as intervenções da clínica existencialista não objetivam mediar somente mudanças individuais, mas promover modificações de suas relações com o seu sociológico, seja de forma indireta, com o paciente se fortalecendo em suas escolhas, estratégias existenciais e modos de ser, para poder ele próprio modificar-se nas relações e, ao fazer isto, modificá-las em sua concretude; ou de modo direto, quando devido às condições psicopatológicas e vulnerabilidades psicossociais do paciente, as pessoas significativas são incluídas nas intervenções do processo psicoterapêutico, para que a mudança na compreensão destas sobre a situação do paciente e sua disponibilidade para a mudança das relações interpessoais passem a mediar processos de mudança no modo de ser do paciente, assim como, da dinâmica deste sociológico. Este último modo é o mais comum em psicoterapia com crianças e adolescentes, assim como com pacientes psicóticos, entretanto, não se restringe a estes. Pode-se afirmar que a psicoterapia existencialista tem como meta o fortalecimento dos vínculos reais do paciente e a promoção de transformações no seu contexto sociológico. Desta forma, faz-se necessário que o paciente compreenda o impacto que suas mudanças produzem em seu sociológico, de maneira mais imediata e, a longo prazo, em seu contexto sociocultural, antropológico. Chegamos, assim, à dimensão política desta clínica.

A Meta da Psicoterapia Existencialista – à guisa de uma conclusão

O objetivo final da psicoterapia existencialista é a mediação para a transformação da dinâmica de ser do paciente. O processo clínico existencialista almeja que o sujeito tome a "sua história em suas mãos" (no sentido de compreendê-la e não se sentir condenado por ela), construa uma visão viabilizadora de si mesmo, fortalecendo uma vida pautada em relações recíprocas. Busca, assim, que o paciente experimente-se livre e potente para buscar seus desejos e tome as "rédeas de seu projeto de ser".

Dessa forma, a totalização final do processo psicoterapêutico existencialista passa pela:

10) Promoção da práxis transformadora e do caminho da desalienação

A alienação em Sartre (1997) significa que o ser do sujeito foge do controle de si, pois também está em poder dos outros. Sendo assim, o sujeito experimenta de súbito a fuga do mundo para fora de si e a alienação de seu ser. Sartre vai refletir na Conferência de Araraquara que "alienação e liberdade não são, em absoluto, conceitos contraditórios. Muito pelo contrário: se não fosses livre como poderia transformar-te em escravo? Não se escraviza um pedregulho ou uma máquina: só se escraviza e se aliena a um homem que, primeiramente, é livre" (Sartre, 1987, p. 39). Esta é uma noção crucial na clínica: a dialetização da relação com o mundo, ganhando flexibilidade no exercício de sua liberdade, vai possibilitar traçar os caminhos de desalienação, ou seja, de maior controle sobre seu próprio destino.

Esse processo de desalienação passa exatamente pelo paciente compreender – a partir da descrição do vivido – o quê o leva a afetar-se, como se afeta, porque essa determinada objetividade adquiriu função, como foi possível a construção dessas afetações (de atração / de repulsão, dentro de um horizonte antropológico e sociológico), a forma como se apropriou ativamente de suas certezas de ser (mesmo que de maneira alienada) e como a partir disso foi se escolhendo frente à realidade e suas relações (num projeto e desejo de ser). Na medida em que o paciente vai se localizando frente a essas determinações que lhe foram impostas, desde os grupos microssociais (como a família, outros grupos de pertença) até às estruturas macrossociais (horizonte sócio-histórico-cultural) e de seu movimento em relação a essas estruturas, passa a ser necessário fazer escolhas que façam sentido com o seu projeto de ser (seja ele redescoberto, redimensionado, reconstruído). Como se posicionará em termos de valores, vínculos e compromissos ontológicos? O que será preciso abandonar, reconhecer que não é seu, não é o que lhe mobiliza? É o momento de transmutar-se do projeto de ser imposto para o projeto de ser efetivamente escolhido por ele.

Sendo assim, para a psicoterapia existencialista, por compreender que somos seres em situação, numa dialética constante sujeito-mundo, não basta o paciente simplesmente compreender o que lhe ocorre, mas também é preciso transformar-se, ir ao mundo, ir à ação, às suas relações, redefinindo o seu projeto de ser e o seu modo de agir. Por isso, tal transformação também deve ser política, com impacto na totalidade das suas relações, nas suas escolhas, com os grupos com os quais vai escolher se tecer/pertencer, em que "lutas" deseja se engajar (seja em nível individual, seja em nível coletivo). Portanto, a totalização do processo terapêutico pode ser compreendida como a construção de uma posição política sobre a vida, no sentido de assumir sua condição de sujeito proativo, de cidadão em um dado contexto sociocultural, que compreende que ao escolher para si escolhe também pelos outros (Sartre, 2014).

O paciente vai passando, desta forma, para um processo de menor alienação e de maior viabilidade de sua trajetória psicossocial (Carvalho Teixeira, 2017; 2021; Schneider, 2011). Como diz Sartre, não existe uma desalienação absoluta, pois nosso ser sempre nos escapará, em função da condição de estarmos em um mundo com os outros, com posições tão diversas e de sermos sempre tragados pelo prático-inerte de um conjunto cultural e de uma dada época histórica (Sartre, 2002a). Mas sempre poderemos minimizar o poder alienante de um grupo social e de uma sociedade.

Sendo assim, esse impacto sociologizante da psicoterapia é primordialmente de ordem microssocial, mas ele é igualmente importante na política da vida. Quanto mais posição crítica for possível para o sujeito desenvolver em relação a si mesmo a sua história, mais condições de possibilidade há para a promoção da desalienação social e, assim, para um engajamento com a coletividade, a fim de firmar compromissos com aquilo que é territorial, comunitário, sociocultural e, portanto, com ações que dizem respeito ao existir em um mundo complexo, frente a uma sociedade marcada por questões éticas, econômicas, políticas, culturais (Carvalho Teixeira, 2017; 2021; Schneider, 2011).

O próprio psicoterapeuta existencialista deve construir seu compromisso ontológico, ao buscar o letramento a respeito das estruturas de dominação às quais estamos expostos, buscar leituras diversas, informações variadas, escutar outras narrativas, outras realidades, conhecer outras cosmovisões, a fim de diminuir ou minimizar esse encurtamento de possibilidades existenciais que são impostas e que causam sofrimento (seja em nível singular, seja em nível coletivo, de nossa sociedade como um todo) (Ávila, 2020).

Carvalho Teixeira (2017) provoca inquietações em seu artigo *Ser psicoterapeuta existencialista é fazer política*, quando discute que o psicoterapeuta não é alguém descolado do mundo: desenvolve-se situado no "contexto antropológico, temporal e histórico, que envolve os aspectos ideológicos, econômicos, sociais e culturais que caracterizam a contemporaneidade" (p. 237). Diante disto, que tipo de clínica o psicoterapeuta é desafiado a realizar? Uma que foque apenas no sujeito, chamando a responsabilidade sobre suas mudanças, numa perspectiva de um *self* individualizante, que privilegia a lógica neoliberal, reforçando o modelo meritocrático e seus ciclos opressivos? Ou uma clínica ampliada e crítica, que traga um sujeito situado para o palco terapêutico, mediando-o na retomada das rédeas de sua vida, como sujeito de escolhas, pleno de cidadania e localizado em seus contextos de vida real, posicionando-se frente às situações opressivas, ao mundo competitivo, às violências, dialetizando-se entre o singular e o coletivo?

A psicoterapia existencialista é uma passagem, portanto, entre um momento de maior alienação para um de menor. Sendo assim, o paciente da clínica existencialista deve sair da psicoterapia com a condição de escolher seus posicionamentos (individual e coletivamente) na realidade que lhe cerca, ao desenvolver atitudes mais comprometidas consigo mesmo e com o outro, baseadas em respeito e ética. É importante esclarecer que não se trata de escolher os valores do psicoterapeuta, mas sim, definir claramente os seus próprios valores, tomando decisões a partir deles e lutando por sua realização. O psicoterapeuta media e respeita escolhas diversas. Para tanto, o psicoterapeuta existencialista precisa escolher deliberadamente esse engajamento, que faz de seu trabalho um ato político (Carvalho Teixeira, 2017).

Sendo assim, a clínica deve possibilitar "(...) ao paciente condições de redimensionar sua vida e seu projeto de ser, ao tomar a sua história e o seu ser em suas mãos. Esse é o principal objetivo de "cura" em um processo psicoterapêutico à luz das concepções sartrianas: possibilitar as mudanças que se fazem necessárias, quando o paciente passa a assumir a responsabilidade de seu ser e se torna sujeito de sua história" (Schneider, 2011, p. 278).

Considerações Finais

Buscou-se aqui descrever aqueles que consideramos os componentes centrais (*core components*) de uma psicoterapia existencialista. Com base nesta proposição, pode-se iniciar o delineamento de indicadores para a avaliação de processo e de resultados deste fazer clínico. Suas evidências são certamente complexas, pois não se trata de, simplesmente, controlar sinais e sintomas dos pacientes. Trata-se de um processo que busca localizar a pessoa para além do seu diagnóstico ou queixa, ao compreender a dinâmica do paciente em uma lógica de integralidade, contextualizada sobre processos psicofísicos, micro e macroestruturais. Nesse processo, faz-se necessário que tanto o paciente quanto o psicoterapeuta estejam engajados em busca de uma mudança, pois não se trata de uma clínica na qual a pessoa busca apenas desenvolver autoconhecimento. Vislumbramos aqui os desafios e a grandiosidade da visão da clínica existencialista, que passa por mediar a transformação do ser do sujeito, dialetizando-se com os outros significativos que lhe cercam e com a comunidade sociocultural em que está inserido.

Outros psicoterapeutas existencialistas podem querer agregar elementos que aqui não destacamos, questionar alguns dos componentes que aqui indicamos como essenciais. Estamos abertas ao diálogo e às reflexões enriquecedoras com os colegas existencialistas. Cabe a nós, psicoterapeutas existencialistas, colocar-se em educação permanente, realizar estudos e produzir referências que destaquem os seus componentes centrais e como estes auxiliam na qualificação deste processo psicoterápico.

Cumprimentamos todos os que se dedicam a construir esta prática psicoterápica, cumprindo com o papel de "Freud" desta Psicanálise Existencial, como clamado por Sartre ao final de seu capítulo dedicada a este método (Sartre, 1997). Que a clínica existencialista continue mudando vidas e contribuindo com a transformação social.

Referências

ÁVILA, A. T. Pele colonial, máscaras fenomenológicas. *IV Congresso Luso Brasileiro de Práticas Clínicas Fenomenológico-Existenciais* (Online). Disponível em: <www.ifen.com.br>. Acesso em: 16 jan. 2022

ALVIM, M. B.; CASTRO, F. G. *Clínica de situações contemporâneas: Fenomenologia e interdisciplinaridade*. Curitiba: Juruá, 2015.

BEAUVOIR, S. *O existencialismo e a sabedoria das nações*. Lisboa: Esfera do Caos, 2008.

BRUM, E. H. M. D et al. Evolução dos modelos de pesquisa em psicoterapia. *Estudos de Psicologia* (Campinas), *29*(2), 259-269, 2012.

CALAZANS Matos, R. P. et al. Articulações entre conceitos fundamentais da psicanálise, sua clínica e a pesquisa na universidade. *Interação em Psicologia*, Curitiba. Disponível em: <https://revistas.ufpr.br/psicologia/article/view/7853>. Acesso em: 12 out. 2021. http://dx.doi.org/10.5380/psi.v12i1.7853.

CARVALHO Teixeira, J. A. Ser terapeuta existencialista é fazer política. In: CASTRO, F. G.; SCHNEIDER, D. R.; BORIS, G. D. J. B. (Orgs.) J.-P. *Sartre e os desafios à psicologia contemporânea*. Rio de Janeiro: Via Verita, 2017. p. 237-243.

CARVALHO Teixeira, J. A. Psicoterapia Existencialista Sartreana. In: Rodrigues, V. A. (2021). *Psicologia Fenomenológica*. Lisboa: ISPA, 2021. p. 213-236.

CASTONGUAY, L. G.; Beutler, L. E. (Eds.). *Principles of therapeutic change that work*. Oxford Series in Clinical Psyc, 2006.

CASTRO, F. D. O sofrimento psíquico compreendido na tensão dialética entre má-fé e alienação. In: CASTRO, F. G.; SCHNEIDER, D. R.; BORIS, G. D. J. B. (Orgs.). *J.-P. Sartre e os desafios à psicologia contemporânea*. Rio de Janeiro: Via Verita, 2017. p. 237-243.

CASTRO, F. D.; EHRLICH, I. F. *Introdução à Psicanálise Existencial*: existencialismo, fenomenologia e projeto de ser. Juruá Editora, 2016.

CORDIOLI, A. V.; GREVET, E. H. *Psicoterapias*: Abordagens Atuais. Artmed Editora, 2018.

D'TÔLIS, P. O. *Avaliação da Adaptação Cultural do Programa Elos – Construindo Coletivos*. Dissertação do Programa de Pós-graduação em Psicologia da Universidade Federal de Santa Catarina. Florianópolis, 2018.

ENGLEBERT, J. (2017). Sartre na psicologia clínica: emoção, situação e ultrapassamento. In: CASTRO, F. G.; SCHNEIDER, D. R.; BORIS, G. D. J. B. (Eds.). *J.-P. Sartre e os desafios à psicologia contemporânea*. Rio de Janeiro, Brazil: Via Veritas, 2017. p. 73-109.

FIXSEN, D. L. et al. *Implementation Research: A Synthesis of the Literature*. Tampa, FL: University of South Florida, Louis de la Parte Florida Mental Health Institute, The National Implementation Research Network (FMHI Publication #231), 2005. Disponível em: <http://ctndisseminationlibrary.org/PDF/nirnmonograph.pdf>. Acesso em: 16 jan. 2022.

JARDIM, A. P.; GOMES, W. B. Psicoterapia e personalidade: impacto da interação entre terapeuta e paciente na avaliação de resultados. *Gerais: Revista Interinstitucional de Psicologia, 2*(1), 02-11, 2009.

JASPERS, K. *Psicopatologia Geral*. Rio de Janeiro: Livraria Atheneu, 1973.

KNAPP, Paulo; BECK, Aaron T. Fundamentos, modelos conceituais, aplicações e pesquisa da terapia cognitiva. *Brazilian Journal of Psychiatry* [online], v. 30, suppl 2, p. s54-s64, 2008. Disponível em: <https://doi.org/10.1590/S1516-44462008000600002>. Acesso em: 12 out. 2021.

LASKA, K. M.; GURMAN, A. S.; WAMPOLD, B. E. Expanding the lens of evidence-based practice in psychotherapy: A common factors perspective.*Psychotherapy*, 51(4), 467, 2014.

NORCROSS, J. C. (2010). The therapeutic relationship. In: *The heart and soul of change*: Delivering what works in therapy. 2nd ed. (p. 113-141). American Psychological Association.

PEIXOTO, E. M et al. Caso Vera: intervenções do psicoterapeuta e aliança terapêutica. *Temas em Psicologia, 24*(4), 1205-1215, 2016.

PEUKER, A. C. W. B et al. Avaliação de processo e resultado em psicoterapias: uma revisão. *Psicologia em estudo*. Maringá. Vol. 14, n. 3 (jul/set 2009), p. 439-445, 2009.

PIETA, M. A. M.; GOMES, W. B. Impacto da relação terapêutica na efetividade do tratamento: o que dizem as metanálises? *Contextos Clínicos, 10*(1), 130-143, 2017.

SARTRE, J. P. *Sartre no Brasil*: A Conferência de Araraquara. São Paulo: Paz e Terra, 1987.

SARTRE, J. P. *O Ser e O Nada*: Ensaio de ontologia fenomenológica. Petrópolis, RJ: Vozes: 1997.

SARTRE, J. P. *Crítica da Razão Dialética*: precedido por Questão de Método. Tradução de Guilherme João de Freitas Teixeira. Rio de Janeiro: DP&A, 2002a.

SARTRE, J. P. *Saint Genet*: ator e mártir. Petrópolis: Vozes, 2002b.

SARTRE, J. P. *Esboço de uma teoria das emoções*. Porto Alegre: L&PM Editores, 2006.

SARTRE, J. P. *O Idiota da Família*: Gustave Flaubert de 1821 a 1857. Vol. 1. Porto Alegre: L&PM, 2013.

SARTRE, J. P. *O Existencialismo é um Humanismo*. Tradução de J. B. Kreuch. Petrópolis: Vozes, 2014.

SARTRE, J. P. *O Idiota da Família*: Gustave Flaubert de 1821 a 1857. *Vol. 3*. Porto Alegre: L&PM, 2015a.

SARTRE, J. P. *A Transcendência do Ego*. 4 ed. Petrópolis: Vozes, 2015b.

SCHNEIDER, D. R. Liberdade e dinâmica psicológica em Sartre. *Natureza Humana,* 8(2), 283-314, 2006. Disponível em: <https://www.researchgate.net/publication/317466623_Liberdade_e_dinamica_psicologica_em_Sartre>. Acesso em: 16 jan. 2022.

SCHNEIDER, D. R. *Sartre e a Psicologia Clínica*. Florianópolis: UFSC, 2011. Disponível em: <https://repositorio.ufsc.br/bitstream/handle/123456789/187669/Sartre%20e%20a%20psicologia%20cl%C3%ADnica%20e-book.pdf?sequence=1>. Acesso em: 16 jan. 2022.

SCHNEIDER, D. R., STRELOW, M.; LEVY, V. L. D. S. (2017). Um olhar existencialista sobre o uso problemático de drogas. In: CASTRO, F. G.; SCHNEIDER, D. R.; BORIS, G. D. J. B. (Org.). *J.-P. Sartre e os desafios à psicologia contemporânea*. Rio de Janeiro, Brazil: Via Veritas, 2017.

SCHNEIDER, D. R. et al. Existential Clinical Psychology and the Problems Related to Drug Use. In: ANDRADE, A.L.M. et al (Eds). *Psychology of Substance Abuse*. Springer, Cham, 2021a. https://doi.org/10.1007/978-3-030-62106-3_11

SCHNEIDER, D. R. et al. "Projeto de Ser" como Fundamento Epistemológico para Práticas em Saúde Coletiva. *Revista Subjetividades*, 21 (Especial 1): e9442, 2021b. https://doi.org/10.5020/23590777.rs.v21iEsp1.e9442

SCHNEIDER, D. R., et al. A Teoria dos Fatores Comuns na Psicoterapia Existencialista: Elementos Iniciais para uma Avaliação de Processo. In: SCHNEIDER, D. R.; STRELOW, M.; GRIGOLO, T.; PRETTO, Z. (s/d). *Psicoterapia existencialista*: princípios metodológicos. (No prelo).

SIGNIFICADOS. Disponível em: <https://www.significados.com.br>. Acesso em: 16 jan. 2022.

SOUSA, D. *Investigação Científica em Psicoterapia e Prática Psicoterapêutica.* Lisboa: Fim de século, 2017a.

SOUSA, D. Existential Psychotherapy: The Genetic-Phenomenological Approach. In: *Existential Psychotherapy.* Palgrave Macmillan, New York, 2017b. p. 129-183.

WAMPOLD, B. E.; IMEL, Z. E. *The great psychotherapy debate:* The evidence for what makes psychotherapy work. 2nd ed. Routledge/Taylor & Francis Group, 2015.

CAPÍTULO 10

"Viver ou narrar [?]": reflexões iniciais sobre os estudos de caso a partir das biografias escritas por Jean-Paul Sartre

Rodolfo Rodrigues de Souza

O célebre personagem do romance *A Náusea*, do intelectual francês Jean-Paul Sartre, Antoine Roquentin, a certo ponto da narrativa, reflete sobre a possibilidade de algo como a aventura na realidade humana. Em um sábado, vai para a sala de leitura, onde retoma as ideias que perseguiam no dia anterior. Eis o que registra em seu diário:

> Voltei às minhas reflexões de ontem. Estava inteiramente frio: era-me indiferente que não houvesse aventuras. Simplesmente estava curioso em saber se *não poderia* haver.
>
> Eis o que pensei: para que o mais banal dos acontecimentos se torne uma aventura, é preciso e basta que nos ponhamos a *narrá-lo*. É isso que ilude as pessoas: um homem é sempre um narrador de histórias, vive rodeado por suas histórias e pelas histórias dos outros, vê tudo o que lhe acontece através delas; e procura viver sua vida como se a narrasse.
>
> Mas é preciso escolher: viver ou narrar. (Sartre, 2011, p. 59).

O fazer psicoterápico, em suas mais diversas vertentes, é recheado de narrativas. Há aquelas que os clientes nos trazem em cada encontro, aquelas que construímos enquanto os ouvimos, e ainda, aquelas que, certas vezes, construímos com finalidades didáticas e de produção teórica: os estudos de caso ou a análise de situações clínicas[1].

[1] Unificarei estas nomenclaturas sob a rubrica de estudos de caso.

De acordo com Benedito Nunes (1988, p. 34), narrar é "desenrolar a experiência humana do tempo", esforço que envolve sempre a imaginação, que transmuta os acontecimentos para encaixá-los numa organização que é a própria narração. Sartre, por exemplo, ao escrever sobre si mesmo na obra *As palavras* (Sartre, 2018, p. 46), registra: "O que acabo de escrever é falso. Verdadeiro. Nem verdadeiro nem falso, como tudo o que se escreve sobre os loucos, sobre os homens.".

Este texto busca apontar para algumas reflexões iniciais sobre a relação entre narrativa e experiência vivida. Especificamente, procura colocar em tensão as políticas de escrita (Franco, 2016) que perfazem os tais registros didáticos/teóricos dos processos psicoterápicos na perspectiva fenomenológico-existencial, em especial aquela que estabelece um diálogo com as ideias de Sartre. Para isto, não tomarei aqui por base a análise de estudos de caso escritos no campo psicológico, mas sim, alguns pensamentos a partir das biografias escritas pelo filósofo e em noções presentes em sua discussão sobre a psicanálise existencial.

A relevância de tal debate surgiu para mim em certas experiências em sala de aula e em supervisão de estagiários e de profissionais, bem como por intermédio das reflexões que vêm sendo empreendidas pela professora Ariane Patrícia Ewald, em eventos realizados durante a pandemia de COVID-19, sobre a escrita diarística.

Como verdadeiras aventuras narrativas, os estudos de caso na perspectiva fenomenológica-existencial, percebo, muitas vezes, que produzem falas e compreensões que me intrigam. "Eu quero conseguir pensar tão rápido quanto essa psicóloga! Ela já entende tudo quando está atuando!"; "Nunca vou ser capaz de compreender um cliente com essa riqueza de detalhes"; "Minha memória é tão ruim que não me imagino conseguindo olhar para meus atendimentos desta maneira"; "Então, fazer terapia é ajudar o cliente a saber porque ele está vivendo como vive?; "Qual é a origem daquilo que ele está vivendo, só que agora usando as palavras do próprio cliente e não mais os conceitos das teorias psicológicas?". Estas são algumas destas incompreensões que tenho escutado ao longo do caminho como professor e supervisor na perspectiva. Tais falas me colocam diante do impasse sobre o uso ou não desses recursos como uma via profícua para a aprendizagem do fazer clínico em fenomenologia-existencial. Supostos reveladores de um fazer, quebrando o segredo da alcova[2], essas narrativas conseguem manter uma afinação com o vivido do/no encontro terapeuta-cliente?

Como sabemos, Jean-Paul Sartre não foi um psicólogo. Certamente, teve um projeto para a Psicologia, mas suas obras são produto de um "intelectual profético" que seria "capaz de dar um ponto de vista a respeito de tudo" (Dosse, 2021, p. 15). Assim, são diversos os modos de realização de seu projeto como pensador: teatro, cinema, ensaios, literatura, escritos técnicos e, inclusive, canções. Neste esforço, estabelece algumas biografias, análises existenciais de figuras que lhe eram de interesse e que nos legam a possibilidade de refletir sobre como poderia ser, na prática, algo como a psicanálise existencial esboçada do final de *O Ser e o Nada* (Sartre, 2007)[3].

Uma delas, talvez a mais célebre e que o perseguiu por toda a vida, restando como obra inacabada, *O Idiota da Família*, estabelece uma análise do grande literato francês Gustave Flaubert. Em uma entrevista que concede ao jornal *Le Monde*, em 14 de maio de 1971, intitulada *Sobre o Idiota da Família*, Sartre afirma que a ideia de construção dessa obra partiu, sobretudo, do convite de Roger Garaudy, um marxista, para que fizessem a análise conjunta de uma mesma pessoa. Garaudy o faria a partir dos métodos marxistas, e Sartre, do existencialismo. Aquele considerava que o existencialismo seria a perspectiva subjetiva, ao passo que o marxismo traria o olhar objetivo. Diz Sartre que, naqueles idos de 1954, "[e]m três meses, eu havia preenchido uma dezena de cadernos: era de uma só vez um processo rápido e superficial, mas eu já me valia de métodos psicanalíticos e marxistas" (Sartre, 1976, p. 92)[4].

[2] Um segredo que, como discute a filósofa e psicóloga belga Vinciane Despret (2011), supostamente tem por finalidade proteger o cliente, mas que, muitas vezes, protege o terapeuta. Um exemplo recente da prática do segredo como protegendo mais os terapeutas do que os clientes é a defesa do atual presidente do Conselho Federal de Medicina, Mauro Ribeiro, de que a autonomia e o sigilo médicos inviabilizam qualquer responsabilização de profissionais da área diante da escolha pelo uso do chamado "kit preventivo" contra a COVID-19 (JOVEM PAN, 2021).

[3] Sobre a psicanálise existencial como um método para a compreensão do humano, conferir SOUZA, 2020, em que, além de uma discussão sobre o tema, o leitor pode encontrar outras referências para a exploração do tema.

[4] Todas as citações de obras referenciadas no original, como esta de Sartre, são frutos de livre tradução. Opto por não transcrever o texto original para conferir maior fluidez à leitura.

Este projeto, porém, será abandonado por volta de 1955, mesmo após o incentivo do psicanalista Jean-Bertrand Pontalis para que Sartre tornasse aquele estudo um livro sobre Flaubert. Esta intenção é retomada em meados dos anos 1960 e tem dois objetivos primeiros: "[de] mostrar um método e de mostrar um homem" (Sartre, 1976, p. 93). Este esforço, Sartre realiza por meio de uma obra que é, a um só tempo, romance e verdade, afinal, vejamos o que ele responde na referida entrevista:

> Eu gostaria que lessem meu estudo como um romance, posto que é a história, na verdade, de uma aprendizagem que conduz ao fracasso de toda uma vida. Eu gostaria que o lêssemos pensando que é, ao mesmo tempo, a verdade, que é um romance *verdadeiro*. No conjunto desta obra, é Flaubert tal como eu o imagino, mas, havendo ali os métodos que me parecem rigorosos, eu penso que, ao mesmo tempo, há ali Flaubert tal qual ele é, tal qual ele foi. Nesse estudo, eu precisei da imaginação a todo momento. (Sartre, 1976, p. 94)

O entrevistador pergunta se trata-se de imaginação ou de uma inteligência capaz de estabelecer relação entre os fatos, ao que Sartre responde:

> Sabe?, para mim, inteligência, imaginação, sensibilidade são todas uma só e mesma coisa que eu poderia designar pelo nome de *vivido*. Eu sou obrigado a imaginar: se eu tomo, por exemplo, uma carta de 1838 e uma outra de 1852, estes são documentos que não foram jamais postos em relação, nem pelo próprio Flaubert nem por seus correspondentes nem pelos críticos. Naquele tempo, essa relação não existira. Se eu o faço, é que eu imagino. E uma vez que eu imaginei, isso pode me trazer uma relação verdadeira (Sartre, 1976, p. 95).

Entretanto, penso, narrar, imaginar, estabelecer as relações possíveis entre os fatos é uma alternativa aberta por aquilo que Sartre inicia a biografia de Flaubert afirmando: "podemos entrar em um morto da maneira que quisermos." (Sartre, 2013, p. 8). Mas e em relação a um vivo? Seria possível entrar em um vivo da maneira que quisermos?

Dentre os vivos, Sartre biografou o literato e dramaturgo francês Jean Genet. Diante do convite da editora Gallimard para que fizesse um prefácio para as obras completas deste, Sartre acaba realizando um empreendimento maior e produzindo uma psicanálise existencial de Genet, valendo-se dos escritos deste como via de acesso ao autor. O resultado de tal processo é a obra *Saint Genet: ator e mártir* (Sartre, 2002). Tendo estabelecido um esforço similar àquele empreendido em *O Idiota da Família*, o que o pensador realiza em sua obra é um extenso retrato de seu biografado. Este retrato, embora não se valha dos "grandes ídolos explicativos de nossa época – hereditariedade, educação, meio, constituição fisiológica" (Sartre, 2007, p. 685), acaba por estabelecer certa explicação da experiência vivida de Genet.

Tal explicação se baseia em uma lógica compreensiva, que já não se norteia por uma "simbólica universal", característica da lógica interpretativa. No escrito de Sartre, há um cuidado por tomar a vida de Genet a partir de referenciais do próprio dramaturgo e não de quem o analisa. Para Sartre, o "psicanalista [existencial], a cada vez, [tem] de reinventar uma simbólica, em função do caso particular sob consideração" (Sartre, 2007, p. 701). Sobre esta "simbólica singular", por assim dizer, o próprio Sartre ainda nos lembra de que ela está sempre em jogo, de tal modo que

> a psicanálise existencial deverá ser inteiramente flexível e adaptável às menores mudanças observáveis no sujeito: trata-se de compreender aqui o *indivíduo* e, muitas vezes, até mesmo o instantâneo. O método que serviu a um sujeito, por essa razão, não poderá ser empregado em outro sujeito ou no mesmo sujeito em uma época posterior (Sartre, 2007, p. 701).

Entretanto, pergunto-me, como manter este movimento vivo em uma política de escrita? (Franco, 2016). Sendo o texto uma totalização narrativa, não estaria produzindo o engessamento de uma compreensão sobre a vida de um cliente e sobre o que pode ser o processo psicoterápico? E, deste modo, não recairia no mesmo tipo de aprisionamento teorizante que criticamos os terapeutas afinados com a fenomenologia-existencial, em outras perspectivas?

Um sinal disso é que o resultado do empreendimento de Sartre diante de Genet é catastrófico para este. Assim como o olhar dos adultos, "*poder constituinte* que o transformou [a criança Genet] em *natureza constituída*", aprisionando o infante Genet tal qual uma "borboleta espetada num pedaço de cortiça" (SARTRE, 2002, p. 61), Sartre enreda seu contemporâneo em uma narrativa sobre a vida deste. O que fica em jogo é mais o que é vivido por Sartre-leitor-de-Genet do que por Genet ele mesmo, ou ainda, do que aquilo que poderia aparecer no encontro/relação entre ambos. Sartre analista não se coloca em jogo com seu analisando: é este que será aprisionado por um olhar totalizante sem ter sequer a possibilidade de defesa.

É o que descobrimos quando lemos sobre os efeitos desta obra. O historiador Luiz Nazário – prefaciador da tradução brasileira de *Saint Genet* – afirma que "Genet foi curado pela psicanálise existencial de Sartre, e de tal modo que ele não encontrou mais razão em continuar escrevendo para purgar neuroses [agora] resolvidas." (SARTRE, 2002, p. 11). Ao mesmo tempo, apresenta-nos uma longa citação de Genet, que nos narra a violência do empreendimento de Sartre: "[Ao ler o livro de Sartre senti] uma espécie de desgosto – porque me vi nu e desnudado por alguém que não era eu. [...] Por Sartre, eu fui desnudado sem complacência." (SARTRE, 2002, p. 11). Penso que a política de escrita que encontro, sozinho ou com meus alunos e supervisionandos, nos estudos de caso, reitera esse lugar, uma vez que não consegue dar conta de manter a abertura do viver dentro do narrar.

Diante do escrito de Genet, lembro-me do filme *Equus* (SIDNEY LUMET, 1977), em que, tendo conseguido construir um fio narrativo que explicava porque o jovem havia cometido o crime que dispara a história, o psiquiatra se pergunta se ele deveria realmente tirar o jovem daquela ilusão que sustentava sua vida. O problema, penso, não é a possibilidade de acompanhar uma pessoa na trajetória de se desfazer de uma ilusão, mas sim, o verbo *tirar*, que aponta para uma ação empreendida sobre alguém, no caso do terapeuta sobre o cliente.

Antes de passar às considerações para um desfecho deste texto, uma ressalva é importante. O próprio Sartre, nas reflexões de *O Ser e o Nada*, lembra-nos de que o olhar de outrem é sempre objetificante. Deste modo, o que a psicanálise existencial estabelece é uma leitura sobre o projeto existencial daquele que é analisado, leitura esta sempre captada por outrem, o analista. O ser que o analista desvela é o ser-Para-outrem, uma vez que o projeto tal qual ele é para o próprio analisando jamais aparece: "esse projeto-Para-si não pode ser senão desfrutado; há incompatibilidade entre a existência Para-si e a existência objetiva."

(SARTRE, 2007, p. 699). Entretanto, há possibilidades diferentes de apresentação desta compreensão totalizante do projeto do analisando. Uma parece ser a via produzida por *Saint Genet*, ao passo que outra é aquela aberta por aquilo que Sartre comenta logo em seguida: ajudar o sujeito a ver esse ser-Para-outrem passa por devolver o que se percebe como algo que pode "iluminar a reflexão, e esta pode converter-se em um desfrutar que será quase-saber" (SARTRE, 2007, p. 699).

No encontro psicoterápico, a compreensão que se estabelece a partir do narrar do cliente nunca deve ser uma totalização plena. Ela é aquilo que pode abrir o espaço para um "iluminar a reflexão" deste, colocando-se em jogo com o próprio cliente. Não é isso, porém, que Sartre parece ter alcançado em seu *Saint Genet*, se considerarmos a reação do biografado. Não duvido, contudo, que seja isso que conseguimos colocar em prática em nossos espaços de prática, mas as falas dos alunos e supervisionandos que citei anteriormente parecem apontar para efeitos das escritas sobre os atendimentos psicoterápicos que são mais afeitas àqueles obtidos pela biografia de Sartre. Apontam para um engessamento sobre o cliente – totalmente compreendido e explicado – e sobre o fazer clínico.

Na transposição do método e do procedimento de Sartre para a realização de estudos de caso, parece-me que recaímos na proposta de "um treinamento geralmente bem intencionado [em uma] transmissão ritualista de uma soma de receitas" (AUGRAS, 1981, p. 8), que dizem o que é o fazer clínico e como se devem encaminhar questões que aparecem no encontro entre terapeuta-cliente. Afinal, se por um lado este tipo de literatura parece nos dar acesso aos recônditos da alcova, colocando-nos diante da realidade sigilosa de um encontro psicoterápico, é preciso recordar a todo instante que a organização ali apresentada é uma dentre outras narrativas possíveis daquele encontro. Narrar não é viver.

A questão se torna, então, encontrar outros modos de narrar que aproximem o narrado do fluxo vivido no encontro psicoterápico. Este é um assunto que tem me interessado e que, por ora, opto por sinalizar como um caminho reflexivo que precisa ser empreendido. A já referida obra da psicóloga Luciana Franco (2016), em que discute políticas de escrita no trabalho de pesquisa, traz algumas luzes para esse processo. A autora opta por colocar seu texto em jogo entre aqueles que participam de seu dispositivo de pesquisa. Desloca, assim, sua produção de um "escrever sobre" para um "escrever com". Penso que uma escrita assim construída pode ser mais representativa do processo vivo e criativo que acontece no espaço da psicoterapia e dos mais diversos atendimentos psicológicos que querem efetivamente fenomenológico-existenciais, deslocando a centralidade do processo da figura do terapeuta para uma busca por narrar aquilo que emerge no próprio encontro.

Outras políticas de escrita dos estudos de caso passam também pela possibilidade de fazer frente ao anonimato, como nos escreve a já referida pensadora Vinciane Despret (2011, p. 16):

> A questão do anonimato, o que eu chamo "o efeito sem nome" tenta então hoje um limite surpreendentemente interessante. Pois, vemos, não se trata somente de proteger o paciente para que ele não seja reconhecido por outros, mas finalmente de proteger os segredos do terapeuta em relação a seu cliente.

O enfrentamento deste efeito e a reflexão sobre a política de escrita exige um ultrapassamento das questões endereçadas por Sartre em *O que é a literatura?* (Sartre, 2008). Afinal, não bastará responder o que é escrever um estudo de caso, para que escrevê-los e para quem o fazemos. A questão do como escrevemos e, sobretudo, COM quem o fazemos é fundamental para a retomada do vivido, noção tão central em qualquer reflexão existencial. Talvez, encarando a política de escrita que os estudos de caso encenam, possamos repensar as políticas de clínica que estes textos engendram.

Referências

AUGRAS, Monique. *O Ser da Compreensão.* Petrópolis, RJ: Vozes, 1981.

DESPRET, Vinciane. Leitura etnopsicológica do segredo. *Fractal*, v. 23, n. 1. Niterói, 2011. p. 5-28.

DOSSE, François. *A saga dos intelectuais franceses,* v. 1: à prova da história (1944-1968). São Paulo: Estação Liberdade, 2021.

FRANCO, Luciana de Oliveira Pires. *Por uma política da narratividade*: pensando a escrita no trabalho de pesquisa. Niterói, RJ: EdUFF, 2016.

JOVEM PAN. Politizam um tratamento e atacam médicos de forma covarde, diz presidente do Conselho Federal de Medicina. *Jovem Pan*, São Paulo, 13/10/2021. Os Pingos nos I's. Disponível em: <https://jovempan.com.br/programas/os-pingos-nos-is/politizam-um-tratamento-e-atacam-medicos-de-forma-covarde-diz-presidente-do-conselho-federal-de-medicina.html>.Acesso em: 16 out. 2021.

NUNES, Benedito. Narrativa histórica e narrativa ficcional. In.: NEVES, Luiz Felipe Baêta (Org.). *Narrativa*: ficção e história. Rio de Janeiro: Imago, 1988.

SARTRE, Jean-Paul. *A Náusea*. Rio de Janeiro: Nova Fronteira, 2011.

SARTRE, Jean-Paul. *As Palavras*. Rio de Janeiro: Nova Fronteira, 2018.

SARTRE, Jean-Paul. *O Idiota da Família*, v.1. Porto Alegre: L&PM, 2013.

SARTRE, Jean-Paul. *O Ser e o Nada*: ensaio de ontologia fenomenológica. Petrópolis, RJ: Vozes, 2007.

SARTRE, Jean-Paul. *Qu'est-ce que la littérature?* Paris: Gallimard, 2008.

SARTRE, Jean-Paul. *Situations X*: politique et autobiographie. Paris: Gallimard, 1976.

SOUZA, Rodolfo Rodrigues de. Um Caminho com Sartre: Apropriações de seus Métodos para uma Clínica Fenomenológica-Existencial. *Estudos e Pesquisas em Psicologia*, v. 20, n. spe. Rio de Janeiro, 2020. p. 1293-1309.

POESIA

A Doce turbulência do amor...

Valdemar Augusto Angerami

Isabella

Quem quer paz não pode buscar o amor...
Amor é inquietação, paixão, pulsão, jamais paz e sossego...
É o amor que nos faz pulsar vida...
É o amor que nos traz a insegurança...
Temor de que o amor não seja correspondido...
Medo de se perder diante da racionalidade...
Sempre é preferível a incerteza do amor...
Amor ao invés do quietismo, da resignação...
Amor diante da acomodação e do conforto da estabilidade irreal...
Estabilidade de aparências... De frustração, de enganos...
Amor sempre, ainda que isso custe a paz...
Diante da calmaria, a turbulência do amor...
Amor que tira a concentração, que rouba a tranquilidade...
Amor que pulsa na turbulência da alma...
E no desassossego do coração.... Amor sempre...
Dizer eu te adoro, te amo, te adoro...
Dizer da falta de compasso com tudo que nos cerca...
De que o amor nos envolve e se faz a necessidade maior da vida...

Serra da Cantareira, numa manhã azul de Outono...

CAPÍTULO 11

Considerações em torno da clínica fenomenológico-existencial de Inspiração sartriana: uma proposta não moralizante

Carolina Freire de Araújo Dhein[1]

A partir do título *Considerações em Torno da Clínica Fenomenológico-Existencial de Inspiração Sartriana: Uma Proposta Não Moralizante*, procuramos sustentar a possibilidade de articulação do pensamento filosófico de Sartre – especialmente desenvolvido em *O ser e o nada* – com a clínica psicológica, para além de uma posição assumida como ideal a ser alcançada no contexto clínico. Desse modo, referimo-nos à expressão *moralizante* como a essa posição que já se antepõe aos encaminhamentos clínicos devendo ser alcançada.

No presente capítulo, trataremos da problematização da má-fé como sendo essa posição previamente posicionada a ser superada, a partir do risco de apropriação por parte da Psicologia em considerar a

[1] Doutora em Psicologia pela Universidade do Estado do Rio de Janeiro. Mestre em Psicologia pela mesma universidade. Pós-graduada em Psicologia Clínica pelo IFEN (Instituto de Psicologia Fenomenológica-Existencial do Rio de Janeiro). Graduada em Psicologia pela PUC-Rio. Atua como professora de Pós-graduação no Instituto de Psicologia Fenomenológica-Existencial do Rio de Janeiro (IFEN-RJ) e no Núcleo de Clínica Ampliada Fenomenológica- Existencial (NECAFE), ministrando disciplinas dedicadas ao pensamento de Jean-Paul Sartre em seus fundamentos filosóficos e sua articulação com a clínica psicológica. Organizadora e responsável por diversos grupos de estudos aprofundados no pensamento filosófico de Jean-Paul Sartre pelo IFEN-RJ. Autora do livro *A Clínica Psicológica em diálogo com Sartre.* (Edições Ifen). Pesquisadora. Psicoterapeuta. Supervisora clínica na perspectiva fenomenológica-existencial, com ênfase no pensamento de Jean-Paul Sartre. *E-mail*: carolinadhein@hotmail.com

má-fé como um *desvio existencial*, um *erro* a ser reparado em favor do alcance de uma autenticidade, considerada ideal.

A clínica que se articula com o pensamento de Sartre é considerada, dentro do escopo das psicologias clínicas, fazendo parte da chamada perspectiva fenomenológica-existencial. No interior dessa perspectiva, conjugam-se a contribuição da fenomenologia de Edmund Husserl, com as filosofias da existência, sumariamente representadas pelas vozes de pensadores como Sartre, Heidegger, Merleau-Ponty, dentre outros.

De modo geral, podemos afirmar, de acordo com a perspectiva fenomenológica-existencial, que a clínica nela inspirada articula o gesto fenomenológico de suspensão da atitude natural, ou seja, o afastamento de qualquer teoria, julgamento moral ou explicação prévia acerca do fenômeno visado, com a concepção de existência como indeterminação ou, se preferirmos, como liberdade. Tal concepção parte da existência em seu caráter intencional, o que possibilita que sua compreensão não parta de uma natureza fixada previamente, mas sim, como uma constante temporalização lançada ao mundo e, por isso, historicamente articulada. Com isso, podemos afirmar que a clínica fenomenológica-existencial procura edificar-se para além de posicionamentos morais prescritivos, ao mesmo tempo que trata da descrição da experiência do analisando tal como ela se mostra em sua articulação singular de sentido.

Especificamente se tratando da articulação do pensamento filosófico de Sartre, já encontramos contribuições expressivas no âmbito da clínica psicológica. Esse campo fecundo se dá primeiramente pelo interesse do próprio Sartre às descrições da vida concreta, afastada das lentes deterministas que reduziam a existência a dados primordiais como o psíquico, o biológico, o comportamental ou o social. Esse grande interesse o levou a um diálogo constante e crítico com a Psicologia, perpassando grande parte de seus estudos. Inicialmente, dirigiu-se às problematizações de temas como o ego, o imaginário, as emoções, para depois empreender sua própria proposta para a constituição de uma clínica psicológica com base em seu pensamento – a psicanálise existencial – exercida pelo filósofo na forma de biografias existenciais. Nessas biografias, muito mais do que recobrar acontecimentos históricos da vida de escritores e poetas, Sartre procura, de modo inaugural, conjugar uma compreensão fenomenológica, histórica e ao mesmo tempo psicanalítica[2], sem recair numa redução determinística de cada uma dessas visadas.

Diante disso, poderíamos lançar o seguinte questionamento: se estamos tratando de um campo de articulação fecunda, inaugurada pelo próprio Sartre e já expresso em trabalhos de autores dedicados em dar continuidade a proposta deste filósofo, o que insiste, ainda hoje, em nos convocar a refletir sobre a articulação entre a filosofia sartriana e a clínica psicológica? Para responder a esse questionamento, precisamos inicialmente considerar como se caracteriza hoje, hegemonicamente, o campo da psicologia clínica ao modo como encaminha sua tarefa de compreensão e tratamento dos sofrimentos existenciais. Acreditamos que em seu campo de constituição, ainda que diversa e heterogênea, a clínica psicológica pode ser compreendida como o campo da psicologia que se debruça ao tratamento dos sofrimentos psíquicos a partir de um determinado posicionamento da subjetividade humana. A partir de uma demarcação prévia da subjetividade humana, a clínica pode ser caracterizada a partir de encaminhamentos prescritivos sobre aquilo que já compreende como sendo o que *deve* ser superado em prol de um estado *ideal* a ser alcançado. A propósito desse posicionamento prévio sobre os encaminhamentos acerca das questões direcionadas à clínica, esta se mostra moralizante, uma vez que parece constituir-se amparada em aspectos que se antepõem à experiência clínica e, com isso, consequentemente, assumem uma postura prescritiva daquilo que deve ser alcançado.

Posto isso, partiremos de uma revisão narrativa da literatura para refletirmos como a noção de má-fé, concebida por Sartre (2001), como uma conduta de fuga da condição originária da liberdade pode

[2] Importante ressaltar que a relação de Sartre com a psicanálise foi permeada por constantes aproximações e distanciamentos. Sartre foi um grande leitor da psicanálise de Freud, o que o levou ver nessa escola de pensamento a possibilidade de rompimento com a Psicologia empírica – na qual parte de determinações universais para a compreensão do âmbito singular – para poder pensar a questão do sentido das experiências humanas em suas relações com a família, o campo econômico-social e mundo de forma mais ampla. Entretanto, Sartre assumiu posições críticas e muitas vezes duras contra a noção de inconsciente e à concepção de aparelho psíquico formuladas por Freud, a partir das quais heranças da mecânica e da biologia se fizeram fortemente presentes, recaindo assim, em novos determinismos.

assumir uma posição moral desviante ao mesmo tempo que pode ser também considerada como uma conduta própria à existência humana, já que a existência mesma se caracteriza como uma indeterminação que a lança em um movimento temporal incessante de articulação ao mundo e, por isso, não se reserva a ideais resolutivos. Para apoiar essa discussão, chamaremos ao diálogo o estudo empreendido por Norberto (2014), quando sustenta em suas reflexões o caráter de ambuiguidade da existência humana, a partir do qual não se reserva uma moral a priori. Em seguida, trataremos de pensar como essa problematização, ao passar ao plano da clínica psicológica de base fenomenológica-existencial, pode comprometer seus fundamentos fenomenológicos, uma vez que a má-fé, tomada como desvio, pode facilmente favorecer uma clínica moralizante, quando esta já parte de um alcance previamente posicionado como ideal. Por fim, discutiremos uma proposta outra para a clínica de inspiração sartriana, capaz de resguardar o caráter tensional da existência, assumindo, com isso, uma postura fenomenológica de acompanhar as narrativas clínicas no aguardo da possibilidade de rearticulações existenciais, sem com isso assumirmos um posicionamento prescritivo.

Portanto, pensamos que o pensamento filosófico de Sartre, fértil a múltiplos modos de apropriações clínicas, convida-nos à reformulação de diversos impasses tratados pela clínica psicológica tradicional. No entanto, algumas problematizações merecem ser ainda pensadas, de modo a não recairmos no mesmo lugar do qual gostaríamos de nos afastar: uma práxis clínica enviesada por prescrições normativas.

Considerações em torno da noção de má-fé e autenticidade na ontologia fenomenológica de Sartre

Para tratarmos especialmente da conjugação do binômio má-fé/autenticidade, precisamos, inicialmente, tecer algumas linhas introdutórias acerca da noção de existência humana, tal como compreendida por Sartre (2001) em seu ensaio de ontologia fenomenológica – *O ser e o nada*.

Em sua obra magna, Sartre parte da noção de intencionalidade da consciência, inaugurada por Husserl (2014), para pensar não somente o modo de ser da consciência, mas sim o próprio modo de ser da existência humana. Com isso, a noção de intencionalidade – que pode ser traduzida pela conhecida expressão de que toda consciência é sempre consciência de um objeto transcendente – assume, no interior do pensamento sartriano, sua radicalidade. Para Sartre, o existente é consciência de ponta a ponta, de tal modo que a noção de intencionalidade se equivale à própria existência humana.

Existir, portanto, é estar dirigido ao mundo, lançado neste, em um constante devir temporal. A consequência disso é que o próprio movimento intencional, tal como assumido em *O ser e o nada,* possibilita uma formulação de existência que não encontra substratos identitários ou, se preferirmos, uma essência prévia. É desse modo, então, que Sartre define o existente humano como um ser que sustenta seu nada de ser. Um ser que só pode ser, sendo, ou se quisermos usar a máxima sartriana: o homem está condenado a ser livre. A liberdade aqui não pode, portanto, ser compreendida como uma característica adicionada à existência, de modo que possamos ganhá-la ou perdê-la. Também não se confunde com o arbítrio caprichoso da deliberação. Trata-se da radicalidade da condição humana, que sendo ela nadificação em seu ser, encontra-se condenada à tarefa de perseguir seu ser, eternamente à distância de si.

A liberdade que se faz em ato de perseguição de ser, para Sartre (2001), corresponde ao movimento de devir da existência que, por transcender-se, desdobra-se em temporalização. Assim, a existência humana na concepção sartriana pode ser compreendida como eterno projeto de constituição de si – que aqui também podemos chamar de projeto fundamental. Projeto esse fracassado pela própria condição originária da indeterminação existencial que somos. Tal projeto define-se, então, como o norte iluminador de cada gesto humano e pode ser compreendido como sendo o modo como nos fazemos existir em nossa condição de liberdade.

Entretanto, a radicalidade da noção de liberdade desdobra-se ainda sobre outro fenômeno amplamente discutido por Sartre: a má-fé. A noção de má-fé é descrita em *O ser e o nada* ainda no princípio da obra, na sessão dedicada à origem do nada. Não à toa, podemos perceber que a noção de má-fé está diretamente ligada à condição da nadidade existencial, já que dela se segue nas descrições da obra. Sartre afirma que sendo a existência liberdade e que essa liberdade mesma se equivale à sustentação negatividade de ser, podemos, inclusive, pela própria radicalidade dessa negação, negarmos a nós mesmos como liberdade. Isso por si só já nos permitiria afirmar que a má-fé é um fenômeno próprio à existência humana, um risco permanente como nos disse Sartre. Mas essa compreensão ainda não se mostra suficiente para fundamentar a presente discussão.

As condutas de má-fé são descritas por Sartre em exemplificações emblemáticas como a amante que não pode mostrar-se interessada ao amado; o campeão da sinceridade que procura equivaler-se afirmativamente àquilo que acredita ser si mesmo, ou ainda o clássico garçom do café, que com seus gestos estereotipados, brinca de ser aquilo que somente na e pela dramatização o define. Com essas personagens, Sartre chama atenção ao mesmo tempo para a impossibilidade de identificação plena consigo mesmo e para esse movimento, próprio à condição ontológica da existência, em perseguir seu ser. Desse modo, tal como afirma Norberto (2014, p. 206): "a má-fé não é o negativo da liberdade, nem ao menos o fracasso da indeterminação humana: a má-fé só é possível graças à liberdade que *sou*".

Com essa afirmação, destacamos junto a este autor a importância em considerar os atos de má-fé como expressões próprias à experiência humana, sem com isso assumir uma feição opositora à liberdade. Ao contrário, conforme descrevemos, a má-fé chega a constituir um risco, por se caracterizar justamente pela tentativa de a existência humana constituir seu *ser*, ou melhor, dizendo, fundamentar a si mesma. "Provocativamente, é possível dizer que a má-fé é autenticamente uma expressão da liberdade, uma justa maneira de ser da condição humana" (Norberto, 2014, p. 207).

Por outro lado, se podemos afirmar com Castro (2016) que em *O ser e o nada* Sartre (2001) trata, sobretudo, das expressões de má-fé ao sublimar a existência como projeto fracassado de perseguição de ser, a superação da má-fé, ou o que estamos aqui tratando pelo termo autenticidade, é mencionado em alguns breves e incompletos acenos, como na seguinte passagem, composta em uma nota de rodapé:

> Embora seja indiferente ser de boa ou má-fé, porque a má-fé alcança a boa-fé e desliza pela própria origem de seu projeto,

> não significa que não se possa escapar radicalmente da má-fé. Mas isso pressupõe uma reassunção do ser deteriorado por si mesmo, reassunção que denominaremos autenticidade e cuja descrição não cabe aqui (SARTRE, 2001, p. 118).

Em outro momento, já na conclusão de *O ser e o nada,* na sessão dedicada aos desdobramentos morais de sua obra, Sartre (2001) nos diz que diversas tarefas do Para-si podem ser objeto de sua psicanálise existencial, pois tais tarefas nos oferecem o sentido ético dos projetos humanos. Nesse ensejo, a psicanálise existencial é uma descrição moral. Com isso, entendemos que os projetos existenciais, por se darem numa articulação de sentido com seus contornos fáticos, perfazem-se iluminados por um valor. Tal descrição se afina ao primeiro objetivo de sua psicanálise existencial elaborado por Sartre (2001) ainda no capítulo dedicado à apresentação de sua proposta. No entanto, já na referida sessão conclusiva, Sartre (2001, p. 763) vai além e nos diz: "o resultado principal da psicanálise existencial deve ser fazer-se renunciar ao espírito de seriedade". Com isso compreendemos que tal desdobramento pode caracterizar um imperativo, que, no caso em questão, dar-se-ia pela superação do espírito de seriedade. Por espírito de seriedade, compreendemos os atos conformados aos imperativos do mundo, por meio aos quais nos fazemos obedientes àquilo que tomamos como realidade determinante.

Pelas próprias palavras de Sartre, o tema da autenticidade não foi explorado em *O ser e o nada*. A promessa futura de se dedicar aos desdobramentos morais decorrentes das teses de *O ser e o nada* não foi levada adiante. Algumas notas foram postumamente publicadas sob o título *Cahiers pour une moralle*. Borheim (2007, p. 124) nos esclarece que "Se a ética não foi escrita é porque, possivelmente, não pudesse sê-lo". Com isso, concordamos o quão embaraçoso é tratar do tema da superação da má-fé diante da tentativa de erigir uma ontologia cuja descrição recai, sobretudo, no caráter tensional da existência humana em se ver, constantemente, com a fracassada tentativa de fundamentação de si. Com isso, tem-se que os posicionamentos morais, a partir dos quais poderíamos subtrair juízos como bom/mal, certo/errado, não cabem na ontologia fenomenológica de *O ser e o nada*. Nela, os projetos humanos têm o mesmo valor ontológico.

Entretanto, diante do exposto até aqui, não estamos defendendo que a ontologia fenomenológica de Sartre se caracterize como amoral ou afastada de um apelo ético, ao contrário. Se a existência humana se constitui como tarefa de constituição de si mesma, tarefa essa cumprida pela sua condição de indeterminação, a existência sempre se dará a partir de um modo de ser ou, se preferirmos, que seu ser sempre estará em questão para si. Desse modo, originariamente, a existência humana já é ela mesma ética, na medida em que já responde por seu modo de ser em articulação de sentido àquilo que lhe contorna. A problemática que aqui reiteramos é que pensar na superação da má-fé requer, nas palavras de Sartre (2001, p. 118) "a reassunção do ser deteriorado por si mesmo". Entendemos com isso a assunção do próprio caráter de negatividade da existência humana, ou seja, a assunção de sua condição de liberdade. Porém, essa assunção, embora possível em sua lógica, recai no embaraço ontológico do próprio devir de perseguir a fundamentação de seu ser. Deparamos-nos, portanto, com o caráter tensional da existência, que por ter seu ser em suspenso, pode ao mesmo tempo recair na má-fé ou apropria-se de sua condição de indeterminação. Queremos defender, então, que essa tensão não comporta um alcance resolutivo.

Portanto, pensar nesse caráter tensional, no qual má-fé e autenticidade se conjugam como possibilidades existenciais, não é o mesmo que assumir um imperativo moral de que a má-fé deve ser superada em prol de uma atitude melhor – a autenticidade. Ambas, má-fé e autenticidade não estão em planos polarizados, mas são possibilidades próprias ao caráter tensional da existência humana.

> Contudo, a partir das análises expostas, a autenticidade passa a figura à margem de um projeto moral. Primeiramente seu caráter periférico advém do fato de que a impertinência de uma doutrina moral, de uma orientação prescritiva, configura-se anteriormente ao próprio recurso de uma autenticidade. Quando se apela para uma ideia de atitude autêntica, *os dados já foram lançados*. Diante da ambiguidade humana e da maneira como o *para-si* age ao escolher, o problema moral já está definido, antes mesmo de poder propor ou não uma autenticidade para a existência humana (Norberto, 2014, p. 204).

Com essa passagem, Norberto (2014) nos mostra como a existência humana já convoca uma moral mais originariamente que a atitude autêntica. Essa, mais tardia, pode sim fazer-se como possibilidade em sua reassunção da negatividade originária, no entanto, não podemos tirar daí prescrições morais. Dito de outra forma, afirmamos que a existência humana se reserva em sua tessitura ontológica às possibilidades, sempre em jogo, de má-fé ou autenticidade. Com isso, atentamos para o perigo de assumir a atitude autêntica como um alcance absoluto. Tal imperativo compromete a própria negatividade originária da existência que carrega a imanente tarefa de transcender-se rumo a seu ser. É justamente a tensão entre ser e não ser que torna possível a permeabilidade das condutas humanas, em oposição ao almejo de um ideal permanente e resolutivo a ser conquistado.

Com isso, ao tratarmos da psicanálise existencial – proposta de Sartre (2001) para pensar sobre uma clínica com base em sua ontologia – consideramos pertinente destacar o objetivo primeiro descrito por Sartre em compreender, descritiva e comparativamente, o projeto existencial do analisando que se expressa na própria experiência sensível, concreta, a partir do modo como articula os sentidos em sua existência. Entretanto, consideramos embaraçoso o objetivo desdobrado nas páginas conclusivas de *O ser e o nada,* que conforme citamos, almeja renunciar do espírito de seriedade ou o que podemos também entender por autenticidade. Essa renúncia não deve, pois, ser tomada como resolutiva, uma vez que tem como limite a própria existência, sempre em fluxo.

Com isso, pensamos nesse momento em transpor essa problematização ao campo da clínica psicológica de modo que deixemos aparecer suas dificuldades ante a tentativa de nos deslocarmos de uma lógica moralizante para os encaminhamentos clínicos. Após tal problematização, buscaremos pensar uma proposta ou outra para a articulação do pensamento de Sartre à clínica fenomenológica-existencial.

Má-fé versus autenticidade? O problema dos encaminhamentos morais na clínica psicológica

Ao passarmos da discussão dos imperativos morais tratados no campo filosófico para o campo da clínica psicológica, faz-se necessário, em primeiro lugar, atentarmos ao perigo de fazermos uma transposição apressada, sem que consideremos as especificidades de tais campos de estudo. A Psicologia em seu campo de constituição apresenta-se de forma heterogênea, composta por variadas perspectivas teóricas e por vários campos de atuação. Tratando-se especificamente do campo da clínica psicológica, encontramos uma multiplicidade de perspectivas que fundamentam os manejos clínicos. Podemos afirmar que, de modo geral, tais perspectivas partem de um posicionamento prévio acerca da subjetividade humana e decorrem suas orientações clínicas por meio do mapeamento da subjetividade com vias a alcançar determinado resultado.

De acordo com os questionamentos de Mattar (2016, p. 307), podemos compreender o quanto a tarefa da clínica psicológica pode ser considerada normativa. Vejamos:

> Afinal, para o que é chamado o psicólogo hoje? Ainda para ajustar condutas aos moldes de sucesso e segurança? (...) Para acalmar crianças, pacientes hospitalizados, funcionários insatisfeitos com os trabalhos? Para ensinar como ser extrovertido, forte, bem-sucedido, um vencedor? Para saber quem se é, como adivinho que apenas olha e já sabe tudo sobre o outro, muito mais do que o próprio? Como aquele que aconselha, aponta caminhos e fornece fórmulas de felicidade? Que corrige as falhas a fim de que o indivíduo funcione 100%? Une casais ou os separa, dependendo do que define como sendo o melhor para ambos? Decide, como um juiz *psi* com quem os filhos devem ficar, porque essa é a sua opinião como especialista que sabe mais da situação do que os próprios protagonistas? Sana dúvidas, afasta mal-estares, aponta soluções pautado no saber, independentemente da experiência, do que aparece e vem à luz no encontro clínico? Sua tarefa é saber sobre o outro e comunicar-lhe esse saber?

Dentre as perspectivas clínicas que compõem o campo da Psicologia, a clínica de inspiração sartriana costuma se inserir nas de orientação fenomenológica e existenciais. Como dissemos, tal perspectiva, ao tomar para si o exercício de conjugar as contribuições da fenomenologia de Husserl com as filosofias da existência, essa traz em seu bojo a preocupação em afastar-se das visadas deterministas e normativas acerca da existência humana, bem como erigir uma postura clínica aberta ao que se mostra em seu próprio acontecer.

Diante disso, tratando-se especificamente do embate má-fé *versus* autenticidade, podemos recuperar nosso questionamento introdutório e nos perguntar se, no campo da clínica, tratarmos dos atos de má-fé como um desvio a ser superado em prol da conquista da autenticidade, não estaríamos assumindo uma posição moral normativa, a partir da qual má-fé e autenticidade podem ser assumidas como novas categorias psicológicas?

De acordo com o pensamento filosófico de Sartre (2001), vimos que as condutas de má-fé se configuram como a própria negação da condição ontológica da liberdade, que, ao se fazer livre, pode tomar-se como não livre. As condutas de má-fé, portanto, em suas expressões concretas se mostram como tentativa de negar a liberdade que somos por meio a processos identitários, justificativas ou tentativas de determinações múltiplas. Muitas vezes, tais condutas apresentam-se nas narrativas clínicas como forma de nos vermos determinados a partir dos acontecimentos do passado e mesmo das convocações normativas do mundo. Assim, podemos arriscar afirmar que, na maior parte das vezes, os discursos clínicos parecem permeados de atos de má-fé. O clínico, apropriado do saber filosófico, fazendo deste uma nova aplicação teórica, pode, no entanto, conduzir seu manejo às desconstruções meramente lógicas de tais justificativas, no intuito de com isso buscar o alcance da autenticidade em detrimento à libertação da má-fé. Esse alcance ideal muitas vezes pode se apresentar como argumentação lógica em prol da importância da assunção da responsabilidade existencial. Vê-se aqui o risco de analista e analisando travarem uma discussão racionalizada e, portanto, explicativa, em torno da importância em assumir o caráter de liberdade da existência humana e sua imanente responsabilidade.

O perigo de considerarmos as noções de má-fé e autenticidade como polos dicotômicos é justamente tomar a primeira como um desvio existencial com base em uma posição moral prévia de que devemos, a despeito da má-fé, superá-la para alcançar a autenticidade existencial. A má-fé é vista, então, como um erro que deve ser consertado, ajustado e adaptado a um modo ideal de ser. Essa postura moralizante, de já posicionar a priori o que deve ser corrigido e o que deve ser alcançado, pode comprometer significativamente não somente os fundamentos da clínica de base fenomenológica-existencial, como também, e principalmente, turvar o próprio caráter tensional da existência humana que, em sua indeterminação, não comporta em seu fluxo identidades estáveis, seja pela má-fé, seja pela autenticidade.

Com isso, queremos dizer que a existência humana não abarca em sua condição originária configurações consolidadas. Ao falar da noção de má-fé, Sartre (2001) a trata como conduta, ou seja, como ato. A existência, sendo indeterminação, faz-se, portanto, em ato. Como ato, podemos antever o caráter desnecessário, injustificado das condutas de má-fé. Com isso, queremos afirmar que não são permanentes, absolutas. Fazem-se na cadência da existência como atos de negação da própria liberdade na articulação com o caráter fático, que também originariamente nos contorna. Do mesmo modo, quando falamos em autenticidade, não podemos considerá-la como conquista. Na existência nada pode ser conquistado no sentido de obtenção de algo. Autenticidade é ato, na exata medida que se faz na condição da indeterminação existencial.

Diante do exposto, não estamos com isso afirmando que instantes autênticos, aqueles em que, em angústia, deparamo-nos com o caráter indeterminado da vida e que nos convocam a outra apropriação, não possam acontecer em nosso percurso existencial. No entanto, é preciso nos afastar de uma visada moralizante de superação da má-fé em prol de um novo estado psíquico, a autenticidade. A clínica psicológica, muitas vezes imbuída da tarefa de alcançar um determinado resultado, pode obscurecer para si a negatividade própria da existência em seu devir performático, além de assumir uma posição contrária ao ato fenomenológico de suspensão das visadas diretivas.

O posicionamento moral, aquele que já concebe *a priori* um ideal e, portanto, conduz-se por encaminhamentos normativos, propicia um posicionamento binário, donde dicotomias, como bem e mal, normal e patológico, dentre outros, perfazem-se como balizamentos que facilmente podem passar ao campo da clínica, apropriando-se de um fazer interventivo em nome de uma norma previamente dada. No entanto, se a existência é constituída pela dimensão da intencionalidade que se desdobra em seu devir temporal, ser e nada se conjugam como tensão, não cabendo, portanto, resolução prescritiva.

Uma proposta não moralizante para a clínica de inspiração sartriana

Na presente sessão, trataremos da proposta de refletir sobre o exercício clínico para além de um ideal normativo a ser alcançado. Até o momento, procuramos sustentar o risco de recairmos em uma posição moral prévia ao transpormos para o campo clínico o ideal de superação da má-fé. Além do risco de lançarmos mão desse imperativo, recaímos ainda no risco de desconsiderarmos a existência humana em seu devir existencial, o que implica na impossibilidade de sustentarmos alcances resolutivos.

Sendo assim, consideramos pertinente que o exercício clínico fenomenológico-existencial, o qual dialoga diretamente com o pensamento de Sartre, precisa sustentar o caráter tensional da existência. Queremos dizer com isso que as condutas de má-fé e os momentos de apropriação de nossa indeterminação existencial estão sempre em jogo em nosso devir existencial. Ao dizermos isso, já nos despedimos de uma postura clínica apoiada em imperativos que conduzam o manejo do analista em sua direção.

Para apoiar tal proposta, chamaremos ao diálogo as contribuições de Feijoo (2017), quando a autora nos convida a elaborar outro modo de compreensão para o exercício clínico que aguarda e resguarda a possibilidade de transformação existencial. Tal postura, afasta-se das expectativas próprias das práticas clínicas em geral, de já posicionarem a priori *como*, *quando* e *em que* consiste tal transformação. Feijoo (2017) nos esclarece que a prática psicoterapêutica se encontra afinada às determinações técnicas que, por meio do apoio a uma teoria prévia, caracterizam-se pela aplicação de um determinado método, almejando um resultado específico. Feijoo argumenta a favor de uma clínica que prescinda de uma funcionalidade e se coloca na disposição de acompanhar a experiência tecida no encontro clínico, tal como se mostra em seu caráter sensível. Nesse percurso, de acompanhar a experiência sensível, a posição do clínico é resguardar as possibilidades de transformações na forma de um aguardar. Resguardar aqui acena para a sustentação do que é próprio à existência humana, seu caráter de abertura às possibilidades.

Inspirados pela reflexão elaborada por Feijoo (2017), consideramos que a clínica fenomenológica-existencial, em especial aqui a clínica de inspiração sartriana, pode se valer das contribuições da autora quando da proposta de acompanhar o sentido das experiências tecidas neste âmbito. Acompanhar esse, que já é por si só um gesto fenomenológico, que descreve, isto é, acompanha a experiência que ali se desvela. Ao dizermos acompanhar, queremos sustentar o espaço clínico como esse resguardo da própria travessia existencial, que se dá como tensão constante entre ser e nada.

Temos, com isso, portanto, que a saída da má-fé não pode ser provocada. Primeiramente, porque sendo a má-fé um risco permanente, em que a existência se perfaz como tarefa de constituição de si, da má-fé, não podemos sair, integralmente, do mesmo modo que não se pode sair da existência. Afirmar que a má-fé é um risco permanente significa que as condutas de má-fé se tornam, na maior parte das vezes, nosso modo privilegiado de ser, uma vez que, lançados no mundo, somos a partir de suas múltiplas convocações. No entanto, ao dissermos permanente, dizemos duradoura, mas jamais definitiva, uma vez que a existência não se reduz a definições nem prévia, nem tardiamente.

Em segundo lugar, a saída da má-fé não pode ser provocada, pois as transformações existenciais, os instantes capazes de rearticular sentido, não estão subordinados ao manejo exclusivo governante do analista. Por isso, defendemos que a clínica de inspiração sartriana pode se dar como espaço que resguarda a própria tensão existencial, tensão essa que se conjuga entre ser e nada e que, por isso mesmo, perfaz-se em abertura às possibilidades sempre presentes de rearticulações do projeto existencial que somos.

Propomos que a clínica de base sartriana resguarde em seu cerne a contribuição de Sartre (2001) à psicologia ao nos dizer que sua psicanálise se faz como exercício de compreender os sentidos tecidos na experiência que ali se desvela, ou seja, a compreensão do projeto existencial de cada analisando. E nesse acompanhar compreensivo, ele próprio resguarda as possibilidades de articulação existencial, que se faz no sustentar da própria dimensão existencial originária, onde má-fé e autenticidade estão sempre em jogo na cadência da vida. Sendo a vida, portanto, intencionalidade, explode para seu caráter de possível a ela sempre imanente. O analista, então, não exerce aqui um manejo rumo ao final de um percurso, já conhecendo de onde parte e onde precisa chegar. O analista é aquele que se retrai em seu conhecer prévio, e numa presença-ausência (Feijoo, 2011), afinado à experiência do outro, caminha com ele na própria cadência de sua existência, em meio aos sentidos articulados em seu projeto existencial.

Assim, podemos dizer que o analista não se apresenta como especialista que aplica sua técnica em prol de resultados específicos – postura normativa. O analista se retira numa presença-ausência que acompanha a mostração fenomenal do projeto existencial do analisando e aguarda junto a este a possibilidade de outra lida com aquilo que lhe contorna. O próprio acompanhar descritivo, por sua natureza, resguarda a existência na sua tensão própria e aguarda que as possibilidades se articulem no próprio percurso narrativo. Esse aguardo, portanto, não é a espera que traz como correlato uma determinada expectativa. Não falamos da expectação, pois a expectação já posiciona seu expectado. Quando o esperado é posicionado a priori, a escuta clínica fica submetida ao expectar do analista já munido a priori daquilo que almeja alcançar. O aguardar que tratamos aqui diz respeito ao próprio resguardo da existência em sua fragilidade existencial.

Assim, levando em conta a dimensão ontológica da liberdade, tal como Sartre (2001) a concebe, pensamos que não se passa da má-fé à autenticidade como um processo evolutivo da existência. Má-fé e autenticidade são possibilidades sempre em jogo, pois se constituem na condição existencial originária desta liberdade mesma. O reconhecimento dessa liberdade ou se preferirmos falar da apropriação de nosso caráter de negatividade, não é decorrente da decisão de um sujeito autônomo que representa a si mesmo reflexivamente. Consideramos que os atos que podemos chamar de autênticos se dão no irromper de instantes em que a indeterminação da existência se deixa ver por uma "evidência ofuscante", tal como Sartre (2000, p. 182) descreve em sua novela *A Náusea*. Essa atmosfera evidente, e ao mesmo tempo ofuscante, é tratada em *O ser e o nada* pela dimensão da angústia diante da vertigem frente ao abismo, que nada mais é do que a própria condição de indeterminação existencial que nos constitui. Defendemos, portanto, que uma práxis clínica se faz como o espaço de resguardo da possibilidade de evidências ofuscantes, compreendendo que as mesmas não são debitárias do fazer técnico do analista, nem mesmo da vontade autônoma do analisando. Podem dar-se em uma determinada atmosfera clínica em que sustentamos os sentidos que ali se desvelam e que nesse desvelar mesmo, podem se abrir a outras articulações possíveis.

Considerações Finais

Tratamos no presente capítulo da problematização dos encaminhamentos prévios que permeiam o campo da clínica psicológica e o modo como podem se fazer presentes, ainda que substituídos por elementos que, a princípio, transcendem uma moral normativa. Com isso, noções como liberdade, responsabilidade à autenticidade, embora, a princípio, podem parecer já afastadas de qualquer encaminhamento normativo, facilmente podem ser alocadas nesse mesmo lugar. Assim, vimos que a noção de má-fé poderia assumir uma feição desviante se posicionada como aquilo que deve ser superada em detrimento à assunção da liberdade como nosso modo próprio de ser. Tal problematização se dá, primeiramente, no próprio campo ontológico, já que o pensamento filosófico de Sartre, tal como desenvolvido em *O ser e o nada*, não abarca imperativos morais, justamente por se sustentar na negatividade existencial que, ao mesmo tempo que a lança a tarefa de fundamentação de si, fracassa nessa mesma tentativa. Desse modo, a assunção da liberdade existencial não poderia ser conquistada no sentido de uma obtenção.

Com isso, ao passarmos dessa problematização ao campo da clínica psicológica, mostramos como a superação da má-fé em prol do alcance da autenticidade pode comprometer não somente a postura fenomenológica de descrever a experiência existencial, afastada, portanto, de enviesamentos morais, como também o embaraço por assumir um alcance que carece de um caráter pleno ou absoluto, comprometendo, assim, aquilo que a própria ontologia fenomenológica de Sartre nos ensina: que a existência se dá em fluxo temporal, sustentando, portanto, um caráter tensional, na qual má-fé e autenticidade se conjugam como acontecimentos constantes da trama existencial.

Diante dos argumentos tecidos e longe de almejarmos um novo modelo teórico a ser prescrito no fazer clínico, exercitamos um caminho reflexivo em direção a uma práxis clínica que tenha como tarefa o acompanhar da experiência existencial daquele que a ela recorre. Esse acompanhar diz respeito ao objetivo primeiro da psicanálise existencial proposto por Sartre, em compreender os sentidos tecidos pelo projeto existencial de cada, analisando em seu caráter sensível, concreto.

Nesse gesto, pensamos ser necessário sustentar a tensão incontornável da existência humana, que carece de alcances resolutivos. Por meio a esse resguardo, ao caráter tensional da existência, a sustentação de rearticulações de sentidos pode se dar no próprio processo de afrouxamento daquilo que, na maior parte das vezes, tomamos como necessários, e que na fragilidade ontológica da existência, outros modos de lida, com o que nos contorna, possa se mostrar.

Referências

BORNHEIN, G. *Sartre*: Metafísica e Existencialismo. São Paulo: Perspectiva, 2007.

CASTRO, F. C. L. *A Ética de Sartre*. São Paulo: Edições Loyola, 2016.

CASTRO, F. G. *Estudos de Psicanálise Existencial*. Vol. 1. Curitiba: CRV, 2012b.

CASTRO, F. G. *Fracasso do Projeto de Ser*: Burnout, existência e paradoxos do trabalho. Rio de Janeiro: Garamond, 2012a.

CASTRO, F. G; EHRLICH, I. F. *Introdução à psicanálise existencial*: Existencialismo, Fenomenologia e projeto de ser. Curitiba: Juruá, 2016.

FEIJOO, A. M. L. C. *A Existência para além do sujeito*. A crise da subjetividade moderna e suas repercussões para a possibilidade de uma clínica psicológica com fundamentos fenomenológico-existenciais. Rio de Janeiro: Via Verita, 2011.

FEIJOO, A. M. L. C. *Existência e Psicoterapia*: da psicologia sem objeto ao saber-fazer na clínica psicológica existencial. Rio de Janeiro: IFEN, 2017.

FREITAS, S. M. P. *Sartre, psicologia de grupo e mediação grupal*. Tese de (Doutorado). Centro de Ciências Humanas, Letras e Arte da Universidade Estadual de Maringá. Maringá, 2018. Disponível em: <http://www.ppi.uem.br/arquivos-2019/PPI_2018_SYLVIA.MARA_Tese.pdf>. Acesso em: 16 jan. 2022.

HUSSEL, E. *Investigações Lógicas*. Prolegômenos à lógica pura. Tradução de Diogo Ferrer. Rio de Janeiro: Forense Universitária, 2014. (Original publicado em 1900)

NORBERTO, M. S. *O Drama da Ambuiguidade*: a questão da moral em O ser e o nada. Tese de (Doutorado). Centro de Teologia e Ciência Humanas da PUC-Rio. Pontifícia Universidade Católica do Rio de Janeiro, Rio de Janeiro, 2014. Disponível em: <https://www.maxwell.vrac.puc-rio.br/24564/24564.PDF>. Acesso em: 16 jan. 2022.

SARTRE, J, P. *O ser e o nada*: ensaio de ontologia fenomenológica. Tradução de Paulo perdigão. Petrópolis: Vozes, 2001. (Original publicado em 1943)

SARTRE, J, P. (2000). *A Náusea*. (Rita Braga, Trad.) Rio de Janeiro: Nova Fronteira. (Original publicado em 1938)

SCHNEIDER, D. R. A pós-modernidade e a produção de subjetividade: reflexões sartrianas. In: CASTRO, F. C L.; NORBERTO, M. S. (Orgs). *Sartre hoje*. V. II. Porto Alegre: Editora FI, 2017.

SCHNEIDER, D. R. O método biográfico em Sartre: Contribuições do Existencialismo para a Psicologia. *Revista Estudos e Pesquisas em Psicologia*. UERJ, RJ, ano 8, n. 2, p. 289-308, 2008. (http://www.revispsi.uerj.br/v8n2/artigos/pdf/v8n2a13.pdf)

SCHNEIDER, D. R. *Sartre e a psicologia clínica*. Florianópolis: UFSC, 2011.

CAPÍTULO 12

A psicoterapia existencialista como uma mediação para a reinvenção de biografias

Zuleica Pretto

A reflexão proposta nesse texto, diz respeito ao lugar de mediação transformadora/emancipadora que a psicoterapia existencialista inspirada na obra de Jean-Paul Sartre pode assumir junto aos sujeitos singulares e aos grupos e, com isso, expressar um modo de engajamento profissional/existencial, nos termos que propõe Sartre (1989, 1994b).

A partir do existencialismo, a mediação da psicoterapia acontece, especialmente, por meio de novas compreensões produzidas no contexto clínico acerca das experiências dos sujeitos e suas histórias, que procuram ampliar o modo como estes percebem o mundo, a si próprios, os seus impasses e as suas possibilidades de ser. Ainda, essa mediação deve ser comprometida com a luta de cada um em se fazer sujeito, participar da história e atribuir sentidos originais à sua existência (o que, muitas vezes, numa sociedade homogeneizadora e excludente, que trabalha em benefício da objetificação do subjetivo, torna-se uma tarefa árdua e geradora de sofrimento existencial).

Com o objetivo de realizar esse debate, o texto se deteve no desenvolvimento dos seguintes aspectos teóricos: uma breve síntese da trajetória intelectual de Sartre, que torna evidente a importância do engajamento e compromisso social do existencialismo; o entendimento sartriano sobre a constituição sujeito, essencialmente dialética e, por fim, a tese de que a psicoterapia se configura como uma mediação que pode propiciar a reinvenção de biografias.

Trajetória intelectual de Sartre

Jean-Paul Sartre viveu entre 1905-1980. Concentrou sua produção intelectual entre os anos de 1930 e 1980, somando quase cinquenta anos de criação. Considerado um escritor polêmico, contestador, um crítico da modernidade foi reconhecido pela pluralidade na forma como escolheu expressar suas ideias, relativas a diversos campos do saber. De acordo com a descrição de Chauí (1978), Sartre é identificado como filósofo, literário, dramaturgo, jornalista, companheiro de S. de Beauvoir (1908-1986), fenomenólogo, existencialista, percursor do existencialismo moderno, ateu, marxista, comunista, e, podemos dizer, fundador de uma psicologia original.

Para entender Sartre e sua obra, é importante conhecer como este intelectual se permitiu afetar pelo período histórico em que viveu. Questionador de valores sociais dominantes – morais, religiosos, políticos –, centrou suas críticas nas compreensões naturalizantes, generalizantes, universais a respeito dos sujeitos, pautadas em verdades absolutas e deterministas, advindas do conhecimento científico positivista e de perspectivas metafisicas.

Entre seus principais interlocutores, conforme Schneider, (2011), encontram-se o existencialismo de Kierkegaard (1813-1855) e de Heidegger (1889-1976), a fenomenologia de Husserl (1859-1938), o materialismo histórico-dialético de Marx (1818-1883) e Engels (1820-1895), a Psicologia experimental e a psicanálise freudiana. A partir dessas concepções afere aproximações e divergências, o que resulta numa obra diferencial e original, que lhe permitiu a atribuição de uma teoria psicológica, que pode ser intitulada como "psicologia existencialista".

Lembramos que até meados do sec. XX, os debates sobre o que definia conhecimento científico e o desejo de promovê-lo norteavam centralmente estudos, inclusive no campo da Psicologia. Predominava uma forma de fazer ciência, positivista ou clássica, que, preocupada em classificar, mensurar e catalogar, deu à subjetividade um lugar marginal. Segundo França (1989), Husserl, assim como Kierkegaard afirmava a dimensão da subjetividade, e apontava para a necessidade de uma ciência rigorosa do psíquico que se abstivesse de perspectivas metafísicas, o que seria obtido por meio de bases novas, sendo o conceito de consciência de Brentano (1838-1917) fundamental para viabilizar esse projeto. A consciência, entendida como intencionalidade, atividade, ação, conforme definiu Brentano, balizou o sujeito como relacional, unindo o sujeito ao mundo. Decorrente dessa concepção, Husserl estabelece um novo método, fenomenológico, deve-se "ir às coisas mesmas", tendo a descrição como mote central.

Este olhar para o particular e para o relacional advindo da fenomenologia, favoreceu o diálogo de Sartre com o materialismo histórico--dialético, que afirmava a noção de história, da dialética, das condições objetivas como produtoras da vida concreta. Tal interlocução transformou seu pensamento, dando-lhe novas ferramentas para desenvolver suas teses sobre a existência, em termos ontológicos, antropológicos, sociológicos, subjetivos e epistemológicos.

Conforme Cohen-solal (2008), a aproximação com a perspectiva marxista se deu ainda pelas vivências de sua época. Sartre participou de densos acontecimentos sociais que mudaram os rumos da história, especialmente relacionados a Segunda Guerra Mundial e suas implicações políticas e no âmbito das sociabilidades, momento histórico de muitas perguntas, poucas respostas, autoritarismo, violência e falta de perspectivas. Nesse contexto, Sartre envolveu-se diretamente em lutas pela emancipação colonial e conflitos territoriais – Guerra do Vietnã, conflitos Japão, China, Rússia, colonização na Argélia e os golpes militares na América Latina. Este contexto efervescente e dramático lhe rendeu uma visita ao Brasil, com Simone de Beauvoir, e a publicação da conferência de Araraquara, por ele proferida.

As experiências políticas abalaram Sartre profundamente e, como consequência, a sua obra, impelindo-o a transitar cada vez mais por diversos campos do saber, já que, nessa altura, tinha como proposta não só pensar o seu tempo, mas participar diretamente dele. Essa característica lhe acrescentou o título de ativista político e produziu nele um compromisso com as causas das minorias, o que ele leva a cabo com a ideia de engajamento. Tais experiências, é mister marcar, contribuíram para que afirmasse uma tese que já vinha gestando de que o psiquismo é inseparável do contexto de existência dos quais as pessoas participam e de que há uma responsabilidade em cada uma de nossas ações.

O materialismo histórico-dialético passou a ter, desse modo, uma influência fundamental em seu pensamento. Segundo as palavras de Sartre "o existencialismo é uma pedra incrustrada no marxismo" (1978b), porém, o filósofo recusa seu determinismo social e indaga pela práxis individual. De acordo com Perdigão (1995, p. 24), Sartre

> tomou o marxismo pelo avesso: começou pela consciência de cada indivíduo em sua situação própria, salientando as suas emoções, suas necessidades, seu trabalho, sua capacidade de superar o estado em que vive e atingir os fins futuros a que se propõe.

Dessas discussões fica, por conseguinte, a recusa das ideias dualistas que enfatizam a separação corpo/psique, vida cotidiana/história, geral/abstrata e do que chama de noções psicologistas/inatistas ou ambientalistas que criam margem para considerar os sujeitos como passivos da história, determinados a priori. Antes, quer pensar os sujeitos de modo concreto e histórico, afirmando o ser-no-mundo, um ser da ação e produtor da história. Sartre pergunta, portanto, pela agência do sujeito, pela margem de subjetividade de cada pessoa no quadro histórico geral, sendo o método dialético, progressivo-regressivo, central para buscar a elucidação desse processo.

O volume e profundidade desse debate aproximou Sartre cada vez mais da Psicologia, adensando uma teorização sobre o processo de subjetivação já iniciado em 1936, com a sua tese sobre a Transcendência do Ego, dando uma unidade a sua obra, como aponta Bornheim (1995), culminando em extensos estudos de biografias, como as de Saint Genet publicado em 1952 e Gustave Flaubert, em 1971. Parece, portanto, que o pensador existencialista inspirou o campo da psicologia teoricamente e metodologicamente, de modo particular, em busca da compreensão sobre como é possível alguém se tornar quem é, se singularizar?

A constituição dialética do sujeito

Como contraponto a concepções deterministas, Sartre afirmou a liberdade, conceito central em seu pensamento. A famosa frase de Sartre (1978a, p. 5) expressa bem sua concepção "a existência precede a essência". Ou seja, primeiro as pessoas existem no mundo, lançadas numa situação, agem, têm experiências psicofísicas, socioculturais, relacionam-se com outras pessoas, com a materialidade, com o tempo, para, num segundo momento, a partir do modo como se deram tais relações, produzirem a sua essência, perpetuamente inacabada, na visão do filósofo.

Ontologicamente, o sujeito é corpo e consciência. O corpo, em-si, o localiza num espaço e tempo, no seio de uma situação. A consciência, para-si, nada, dá-se em ato e, a partir do corpo, define-se como relação, isto é, só se faz visando os objetos, é intencionalidade. Não sendo substância, é antes de tudo um movimento, "uma explosão em direção a" (Sartre, 1968, p. 30). Nesse sentido, o sujeito está impossibilitado de ser simples consciência (para-si) por ser indissociável de seu corpo, e impossibilitado de ser simples corpo (em-si), por ser também consciência, que o faz ultrapassar a situação vivida, rumo ao que ainda não é, definindo-se como liberdade.

Corpo e consciência (em-si-para-si), dimensão psicofísica e subjetiva, relacionam-se com o mundo, dimensão objetiva, a partir de situações humanas/antropológicas, sendo eles próprios situacionais. As situações são datadas e localizadas e indicam o campo de possibilidades para que cada sujeito vivencie sua existência, sendo os lugares, os arredores, a materialidade, a temporalidade, o próprio corpo, os outros e a morte elementos da situação (Sartre, 2001).

Esse campo de possíveis se configura, com efeito, como um conjunto de meios ou mediações para a construção de um projeto de ser, já que fundamenta e se sustenta em racionalidades, significados e sentidos, usos, valores culturais e morais, formas de afetividade que são compartilhadas socialmente e que são marcadamente diversas em termos de etnia, raça, classe social, gênero, geração, território. A noção de projeto de ser remete diretamente à práxis dialética singular, ou seja, ao movimento singular do sujeito no mundo, que só pode existir à luz da coletividade. Nesse sentido, a situação histórica da qual cada sujeito participa impõe condições de possibilidades existenciais, já que desvela a ele certo tipo de mundo.

Os possíveis, por sua vez, são apresentados de modo particularizado a cada sujeito por meio de uma rede sociológica, pelos grupos sociais de pertencimento imediato, como família, escola, trabalho, religião, amigos, comunidade, etc. Tais possibilidades, ainda, vinculados de modo especial aos outros e à dimensão afetiva, assinalam projetos sociais e projetos de vida que, muitas vezes, são anunciados como únicos possíveis, totalitários, universais, como determinações existenciais, no seio dos quais cada sujeito imprimirá seu projeto de ser e terá maiores ou menores chances de se perceber pertencente e legitimado a partir do que escolher viver.

Sendo para-si, liberdade, o sujeito se define como avesso às determinações, o que implicará que, diante das situações vividas e dos projetos que os outros lhe apresentam, ele faça escolhas – aceitar, refutar, confrontar, inovar. A liberdade é uma condição da existência, e é nesse sentido que a frase de Sartre o sujeito é "condenado a ser livre" (1968, p. 9) deve ser compreendida. O sujeito não escolhe ser livre ou não, ele o é, por sua própria definição ontológica (para-si). Faz-se livre em situação, mediante suas ações ou escolhas, sinônimos nesse contexto.

Nessa perspectiva, cada sujeito é o que ele faz, "não é mais do que sua vida [..] do que uma série de empreendimentos" (Sartre, 1978a, p. 14). Ao agir, supera o dado, em direção a um porvir, objetiva-se no mundo e, na medida em que um conjunto de ações são efetivadas num processo temporal, subsidiam à constituição de estados e qualidades, como conceitua Sartre (1994a), adensando um modo de ser no mundo no qual o sujeito se vê e é visto pelos outros.

Para Sartre, toda ação revela um modo de apropriação do mundo, o ser se mostra em todas as suas escolhas. Vale destacar que a apropriação é "simbólica e ideal", é certa maneira do ser se escolher e, nesse sentido, tem relação direta com o desejo e o futuro. Pelas experiências materiais cada um intui as relações com o mundo (Sartre, 2001). Ou seja, os objetos escolhidos, pelos quais o sujeito sente atração ou repulsa, são reveladores de seu ser, de seu desejo, daquilo que ele atribui valor – um livro, uma prancha de surf, um passeio no shopping, um jogo eletrônico, um instrumento, um elemento da natureza. Tais escolhas apontam para horizontes existenciais diversos, que abarcarão pessoas, lugares, estilos de vida, experiências de corpo, fazendo-se mediação para o seu projeto. Dessa maneira, pelas ações, que implicam consequências, efeitos, produções, é que o sujeito, desde a infância, dá contornos ao seu projeto de ser ou à sua história pessoal e produz um desejo de ser alguém, lançando-se rumo a uma ou outra direção no campo social (Sartre, 2001).

As ações, que sempre ocorrem no seio das situações, assim, configuram o projeto, podendo gerar experimentações agradáveis e viabilizadoras, em que se antevê um horizonte existencial amplo de possibilidades. Mas é possível que o sujeito se veja compelido pelas circunstâncias, pelo desconhecimento acerca do que lhe é essencial, a agir no mundo na direção da construção de um campo de possíveis não desejado. Na segunda configuração, entretanto, frustrações, desconfortos, emoções cerceadoras e o estreitamento no seu campo de possibilidades podem se fazer presentes, como analisa Maheirie (2002).

Importante notar que tal processo é vivido predominantemente de modo alienado, e não reflexivo crítico. O primeiro caso a vivência se sustenta em consciências de primeiro grau, irrefletidas, alienadas, não posicionais do eu, são elas as percepções, imaginações, reflexões cúmplices ou espontâneas, emoções, em que há uma absorção do eu na situação vivida; e no segundo caso, há a mediação das consciências de segundo grau que, refletindo sobre as consciências espontâneas, posiciona o Eu, gerando uma nova experiência de si, sendo justamente esse fluxo de consciências um dos elementos que constitui e caracteriza o projeto.

De ambas as formas, nas duas configurações, cada um constrói o seu projeto (ou ainda, vive seu projeto), mesmo que não reconheça a sua agência nessa construção. Como ressalta Sartre, uma pessoa "caracteriza-se antes de tudo pela superação de uma situação, pelo que ele chega a fazer daquilo que se fez dele, mesmo que ele não se reconheça jamais em sua objetivação" (1978, p. 152).

Como vimos, a situação implica vários elementos que independem de sujeito singular e implicam os outros e a coletividade. Na medida em que se é livre e age, os outros também o fazem, o que ocasiona que não seja possível se reconhecer inteiramente nos acontecimentos dos quais se participa, sendo essa uma condição antropológica. Sartre (1978b, p. 151), assinala

> A nossa época faz-se sem se conhecer [mas] não é verdade que a história nos apareça totalmente como uma força estranha. Ela se faz a cada dia por nossas mãos diferente do que acreditamos fazê-la e, por um imprevisto movimento de retorno, nos faz diversos daquilo que acreditamos ser ou tornar-nos.

Vale uma problematização sobre o fato de que nem sempre o sujeito encontra na sua rede sociológica espaço de mediação para compartilhar, comunicar ou refletir sobre as suas experiências, ou para compreender o sentido das suas ações e as consequências para o seu projeto e o projeto do outro. Isso gera, por um lado, experiências de solidão, confusão, ou ainda, a dificuldade em reconhecer a si e o que lhe é essencial, podendo gerar sofrimento. Schneider (2011) discorre que no interior dos grupos, familiares, escolares, profissionais, entre outros, muitas vezes marcados por relações serializadas, hierarquizadas e institucionalizadas, há cobranças, imposições e tensões geradoras de sofrimentos. Tal atmosfera impede a troca, a participação coletiva e, com isso, a construção de um projeto comum. De modo importante, ainda, compromete as experiências de pertencimento geradoras de segurança de ser, como indica Laing (1987) que, marcadas pela afetividade, encorajam os sujeitos para as mudanças, quando se fizer necessário.

Pensando em larga escala, em especial em sociedades pouco democráticas e igualitárias, movidas pelo capitalismo, como a maior parte delas no ocidente, nem sempre é possível que questionamentos sobre o próprio ser, provenientes de reflexões críticas sobre si e sobre o mundo, façam-se presentes de forma constante. Nesse tipo de sociedade que se sustenta em relações interpessoais extremamente estratificadas, exploradoras, opressoras, marcadas pela escassez por um lado e pelo excesso por outro, parece ser providencial que o sujeito se mantenha vulnerável às escolhas dos outros, aos projetos sociais mais amplos, definidos pelos grupos dominantes, o que resulta em uma margem estreita de participação nas decisões que envolvem o contexto mais amplo.

Embora haja a obrigatoriedade de escolher, é necessário destacar que a situação dos grupos oprimidos e minoritários aloca uma série de obstáculos e adversidades específicas e desafiadoras para a constituição e a viabilização de projetos, como analisa Beauvoir (1970). No interior dos próprios grupos dominantes, igualmente, mesmo que em situação privilegiada, pode haver poucos questionamentos sobre si e sobre o mundo, já que as possibilidades são, do mesmo modo, vinculadas a esse projeto social, definido pelo "exterior", que deve ser "executado". Essa situação se agrava ao ser associada a racionalidades deterministas sobre a realidade humana, amparadas em concepções essencialistas, que defendem que cada um tem um destino a cumprir, independente da qualidade desse existir.

Nesse movimento inevitável de seu viver, destarte, é possível que o sujeito se sinta mais próximo ao projeto desejado ou, contrariamente, não se reconheça no curso dos acontecimentos, experimentando uma contradição de ser, um corte em seu projeto e a perda de sentido de sua existência.

Conforme define Schneider (2011), as contradições de ser, impasses ou complicações psicológicas, são da ordem do ser, comprometem as relações com o mundo e consigo mesmo, geram experimentações de inviabilização, se expressam e se sedimentam em densos processos emocionais, imaginários e reflexivos espontâneos, que paralisam o ser, mantendo-o aprisionado ao passado e à certeza da imutabilidade.

Todavia, como é possível haver desejo de mudanças decorrente dessas experiências inviabilizadoras? Sartre (2001, p. 538) destaca que

> não é a rigidez de uma situação ou os sofrimentos que ela impõe que constituem motivos para que se conceba outro estado de coisas, no qual tudo sairá melhor para todos; pelo contrário, é a partir do dia em que se pode conceber outro estado de coisas que uma luz nova ilumina nossas penúrias e sofrimentos e decidimos que são insuportáveis.

Diante da insuportabilidade das experiências e da clareza de que estas poderiam ser diferentes, torna-se possível uma perspectiva de mudança e, caso haja a possibilidade sociomaterial de acesso, a busca por meios especializados que favoreçam a superação de sua condição, sendo a psicoterapia um dos meios existentes.

Psicoterapia e a reinvenção de biografias

Compreender que as transformações na maneira como acontecem os processos de objetivação/subjetivação no mundo são possíveis, abre o debate para o questionamento acerca das condições necessárias para que tais transformações aconteçam. Diante do que discutimos, podemos concluir que a construção de um projeto de ser não está restrita, exclusivamente, a escolhas individuais, mas, implica a dialética sujeito-mundo, logo, alude não apenas a agência de um sujeito, mas a sua situação. Disso deriva que a vivência/construção de novas mediações que indiquem e sustentem novas escolhas e um novo campo de possíveis, desejado por alguém, é uma condição basilar para as mudanças.

O reconhecimento de que a existência acontece na história, no concreto e a experiência psicológica se funda nela, anuncia desdobramentos importantes em termos metodológicos no campo da clínica. Primeiro, de que é possível conhecer o movimento de fazer-se alguém no mundo,

> pois afinal de contas, tudo está fora, tudo, até nós mesmos. Fora no mundo. Entre os outros. Não é em sabe-se lá qual retraimento que nos descobriremos: é na estrada, na cidade, no meio da multidão, coisa, entre coisas, homens entre homens, ressalta Sartre (1968, p. 31).

E, segundo, de que é necessária uma metodologia que alcance essa complexidade dialética que o constitui.

Segundo Sartre (2001, p. 700), em se tratando de existência humana, é inexorável a renúncia de compreensões sustentadas em causações mecânicas e interpretações genéricas, já que

> o meio (social) só pode agir sobre o sujeito na medida em que este o compreende, ou seja, em que este o transforma em situação (sociológico e psicológico). Portanto, nenhuma descrição objetiva deste meio poderia nos servir. Desde a origem, o meio concebido como situação remete ao Para-si escolhedor, exatamente como o Para-si remete ao meio pelo seu ser no mundo.

Por isso, para entender um sujeito ou uma situação, deve ser elucidada sua especificidade histórica, que enraíza cada singularidade, restituindo-lhe suas funções e suas múltiplas dimensões, evitando, dessa forma, o risco de generalizações, onde todos os sujeitos devem ser iguais e atender a mesmos ditames dentro de sistemas ou modos de ser hegemônicos (Maherie e Pretto, 2007). Ou seja, no âmbito da clínica sartriana, trata-se de evidenciar as condições objetivas, o contexto antropológico, e as condições subjetivas, as experimentações, as apropriações pessoais, o reconhecimento de si, as ações, estados e qualidades constitutivas dos sujeitos, o modo como cada um dispõe o mundo e vive o curso de sua vida e de suas possibilidades.

De tal modo, o método, como orienta Sartre na definição de sua psicanálise existencial (2001) e, posteriormente, em Questão de método

(1978), precisa tirar os conceitos da experiência, dispensa *a priori* e é um vaivém do singular para o universal e vice-versa, de modo a garantir o alcance das dimensões constitutivas do humano, ontológica, antropológica, sociológica e psicológica. Isto é, "analítica e sinteticamente, a interpretação deve aglutinar-se numa totalidade significativa que olha para fora a partir da vida íntima do sujeito, enquanto situa essa vida dentro da época na qual ela transcorre" (Denzin, 1984, p. 41).

Inspirado nesses fundamentos, por consequência, o processo psicoterapêutico, norteado pelo método fenomenológico e dialético, será marcado pela descrição fenomenológica da experiência do sujeito, pelo aspecto sintético (que percorre as sínteses realizadas pelo sujeito e garante uma compreensão "por dentro" da história dele) e pelo movimento progressivo-regressivo (que busca a relação singular/universal e o movimento temporal que constitui o sujeito), como sintetiza Schneider (2011).

Sartre (2002, p. 61) assevera: "é preciso viver: não somos torrões de argila e o importante não é o que fazem de nós, mas o que nós mesmos fazemos com o que fizeram de nós". Isto é, trava-se, desde a infância, uma luta do sujeito em não se fazer objeto, sendo esta uma luta com a qual a psicoterapeuta deve se comprometer. Dessa forma, a compreensão e a intervenção psicoterapêutica podem se apoiar e se nortear nessa afirmação devastadora de Sartre, que clama pela agência e responsabilidade dos sujeitos. O que fizeram de mim e o que eu fiz com o que fizeram de mim – compreensão crítica, sustentada em novas perspectivas compreensivas sobre as escolhas dos sujeitos e sobre sua história; o que eu farei de minha história de agora em diante, coloca em perspectiva o futuro e noção de responsabilidade.

Esclarece Sartre (2001, p. 538) que, em face a novos fins desejados, para que uma mudança seja possível, deve-se operar uma dupla nadificação: "por um lado, com efeito, será preciso que posicione um estado de coisas ideal como puro nada presente; por outro, que posicione a situação atual como nada em relação a este estado de coisas". Isso significa para a consciência, continua Sartre, "a possibilidade permanente de efetuar uma ruptura com seu próprio passado, de desprender-se dele para poder considerá-lo a luz de um não-ser e conferir-lhe a significação que tem a partir de um projeto de um sentido que não tem" (2001, p. 539), sendo que esse processo jamais poderia vir de um passado, mas sim, fundamentalmente da falta, daquilo que ainda não é, sendo sempre inacabado.

Assim, além da compreensão sobre a experiência vivida do sujeito, a psicoterapia com base sartriana, por essência, acredita numa transformação, espera algo, que a pessoa perceba a dimensão de autoria de sua história e para tal acredita na função da reflexão crítica como propulsora de novas significações e práticas, que ampliem os campos de possibilidades existenciais. Como Barata e Campos (2017, p. 70) assinalam, "o momento clarificador da reflexão pura, que proporciona ao analisando não o conhecimento de seu projeto, mas, sim, a experimentação de sua própria condição, parece ser um profundo manancial psicoterapêutico".

Na mesma direção, Laing (1987, p. 19) assevera que, "a mesma coisa vista de diferentes ângulos resulta em descrições inteiramente diversas, as descrições resultam em teorias inteiramente diferentes e as teorias em totalmente diversos padrões de ação".

Lembramos que as significações são totalidades históricas sintéticas, não são isoladas, ocorrem integradas na experiência de ser. Por meio de um movimento dialético e não excludente, alteram-se e formam novas sínteses, num único ato, "cada significação transforma-se, não cessa de se transformar e sua transformação repercute sobre todas as outras" (Sartre, 1978b, p. 160).

Certas situações existenciais são apresentadas inicialmente pelos sujeitos ao compartilharem suas histórias na clínica, as quais, associadas às novas significações ali partilhadas, tencionarão dinâmicas instituídas. O conjunto de novas significações possibilitará novas ações e, com elas, a inevitável construção de novos estados e qualidades de ser, transformando o processo de totalização em curso que engendra o sujeito.

Nesse sentido, a psicoterapeuta deve reconhecer o alcance de suas ações e assumir, portanto, a sua responsabilidade como especialista do saber prático e como intelectual. Como reflete Sartre (1989. p. 20)

> nomeando a conduta de um indivíduo, nós a revelamos a ele; ele se vê. E como ao mesmo tempo a nomeamos para todos os outros, no momento em que ele se vê, sabe que está sendo visto [...] depois disso como se pode querer que ele continue agindo da mesma maneira?

Diante disso, é possível definir a psicoterapia como um espaço de mediação para a construção de novos campos de possibilidades nas histórias de vida pessoais e dos grupos, dirigida pelos desejos dos sujeitos em questão. Nesse cenário, a psicoterapeuta e a pessoa em atendimento devem ser orientadas por objetivos comuns, definidos a partir das demandas do paciente. A primeira, pautado na teoria, no método, em procedimentos metodológicos e em princípios éticos, e a segunda, no empenho e no desejo de forjar um novo futuro para si.

Ou seja, é imprescindível o engajamento dos sujeitos a fim de torná-los protagonistas de sua trajetória existencial e, da mesma maneira, é preciso a presença da psicoterapeuta, interessada na vida que se apresenta em seu espaço. Tal noção encontra-se em consonância com o que entendem Barata e Campos (2017, p. 60): "a clínica deve, sobretudo, ressaltar esse campo de um "fazer" mútuo, no qual o encontro com o outro produz perspectivas que jamais seriam alcançadas na ausência da relação".

Podemos compreender a atuação clínica, igualmente, como uma das maneiras da psicoterapeuta se engajar e se comprometer não apenas com a história singular, mas com a história social. Sendo as ações sempre políticas, as transformações numa história de vida devem repercutir sobre todas as outras, instituindo novas práxis, singulares e coletivas. Uma vez que o sujeito se reconhece como liberdade em situação, uma racionalidade que deve ser construída no espaço psicoterapêutico, ele deve reconhecer o outro também como liberdade, o que abre horizontes para novas formas de sociabilidade, que preveja a emancipação de muitos.

Apontamos para a importância da psicoterapeuta compreender sua biografia, seu projeto, suas questões existenciais, e ter reconhecido em si a historicidade e a dialética constitutiva. Sartre (1994b) entende que o intelectual ou os especialistas do saber prático, nascidos na burguesia, devem esforçar-se para superar o "universalismo de profissão" e o seu "particularismo de classe". Reconhecer em si os privilégios de sua classe, de seu gênero, de sua etnia e raça, de sua geração e contestar o particularismo é uma tarefa capital e permanente. Para Sartre (1994b, p. 35)

> a verdadeira pesquisa intelectual, se pretende livrar a verdade dos mitos que a obscurecem, implica uma passagem pela sin-

> gularidade do pesquisador. Este precisa se situar no universo social para capturar e destruir nele e fora dele os limites que a ideologia impõe ao saber. [...] o pensamento do intelectual deve se voltar todo o tempo para si mesmo, para se apoderar sempre como universalidade singular, quer dizer, singularizada secretamente pelos preconceitos de classe inculcados desde a infância, mesmo que acredite deles ter se desembaraçado e ter chegado ao universal.

As teorias interseccionais favorecem a construção desse olhar, já que trazem os debates contra hegemônicos, apresentam a pluralidade e alertam para o "perigo de uma história única" (Adichie, 2019), podendo ser importantes interlocutores para a prática clínica. Todavia, como alerta Sartre, "a ideologia é combatida no acontecimento, não abstratamente" (1994b, p. 35), deve-se fazer primeiro no concreto, depois no abstrato, ou seja, a psicoterapeuta em sua práxis, deve permitir-se atravessar pelo novo, estar atenta à interrogação, não ceder à categorização e à classificação, que servem à normatização e ao engessamento dos sujeitos e da história.

Finalizando a exposição aqui proposta, assinala-se que é compromisso do existencialismo apoiar-se numa ética que reconheça a liberdade como condição de e para para todas as pessoas e tomar como ponto de partida e de chegada de qualquer intervenção clínica sempre o sujeito, com sua liberdade, sua luta, sua história e seus desejos singulares. A ação mediadora da psicoterapia, portanto, deve salvaguardar modos de ser livres, no modo de lidar com a angústia da existência, de assumir a responsabilidade por ela e de engendrar a história.

Referências

ADICHIE, C. N. *O perigo de uma história única*. Companhia das Letras, 2019.

BARATA, A.; CAMPOS, C. Discutindo o lugar da reflexão e seus desdobramentos na psicanálise existencial Sartriana. In: SCHNEIDER, D.; BORIS, G.; CASTRO, F. J-P. *Sartre e os desafios à psicologia contemporânea*. RJ: Verita, 2017, p. 45-71.

BEAUVOIR S. *Por uma moral da ambiguidade*. Rio de Janeiro, RJ: Paz e Terra, 1970.

BORNHEIM, G. *Prefácio, por Gerd A. Bornheim*. In: PERDIGÃO, P. *Existência e liberdade*: uma introdução à filosofia de Sartre. Porto Alegre, RGS: L&PM Editores, 1995.

COHEN-SOLAL, A. *Sartre*: uma biografia. 2. ed. Porto Alegre: L&PM Editores, 2008.

CHAUI, M. Sartre (1905-). *Vida e obra*. São Paulo, SP: Abril Cultural, 1978. (Col. Os Pensadores).

DEZIN. N. *Interpretando a vida de pessoas comuns: Sartre, Heidegger e Faulkner*. Revista de Ciências Sociais, Rio de Janeiro, Vvol. 27, n. 1, 1984, p. 29-43.

FRANÇA, C. A psicologia com base fenomenológica. In: FRANÇA, Carlos. *Psicologia fenomenológica, uma das maneiras de se fazer*. Campinas, SP: Editora Unicamp, 1989, p. 21-34.

LAING. R. *O eu dividido*. Petrópolis (RJ). Vozes, 1987.

MAHEIRIE, K. *Constituição do sujeito, subjetividade e identidade*. Interações, vol. VII, n. 13, p. 32-44. Jan-Jun, 2002

MAHEIRIE, K., PRETTO, Z. O movimento progressivo-regressivo na dialética universal e singular. *Revista do Departamento de Psic*ologia, 19(2), 455-462, 2007.

PERDIGÃO, P. *Existência e liberdade: uma introdução à filosofia de Sartre*. Porto Alegre, RGS: L&PM Editores. 1995.

SARTRE, J.-P. *A transcendência do Ego: esboço de uma descrição fenomenológica*. Lisboa: Colibri, 1994a.

SARTRE, J.-P. *Em defesa dos intelectuais*. São Paulo, SP: Ática, 1994b.

SARTRE, J.-P. *O existencialismo é um humanismo*. São Paulo, SP: Abril Cultural, 1978a. p. 2-32. Col. Os Pensadores.

SARTRE, J.-P. *O que é a literatura?* São Paulo, SP: Ática, 1989.SARTRE, J.-P. *O Ser e o Nada*: ensaio de uma ontologia fenomenológica. Petrópolis, RJ: Vozes, 2001.

SARTRE, J.-P. *Questão de Método*. São Paulo, SP: Abril Cultural, 1978b. p. 109-191. Col. Os Pensadores.

SARTRE, J.-P. *Saint Genet*: ator e mártir. Petrópolis, RJ: Vozes, 2002.

SARTRE, J. P. *Uma ideia fundamental da fenomenologia de Husserl*: a intencionalidade. In: SARTRE, J. P. Situações I., 1968. p. 28-31.

SCHNEIDER, D. R. *Sartre e a Psicologia Clínica*. Florianópolis (SC), Ed. UFSC, 2011.

Os autores

Organizador

Valdemar Augusto Angerami

Professor de pós-graduação em Psicologia da Saúde na PUC-SP; professor convidado do programa de pós-graduação em Psicologia e Oncologia da Unicamp; professor de pós graduação em Psicologia da Saúde na UFRN. Autor com o maior número de livros publicados em Psicologia no país e adotados nas principais universidades do Brasil, América Latina, Portugal, Espanha e Canadá.

E-mail: angerami@angerami.com.br

Colaboradores

Adria de Lima Sousa

Adria de Lima Sousa - Psicóloga, Graduação em psicologia pelo Centro Universitário do Norte (2012), Mestre em Psicologia pela Universidade Federal do Amazonas (2015), especialista em psicologia clínica pelo Conselho Federal de Psicologia (2018) e especialista em psicologia existencialista sartriana pela Universidade do Sul de Santa Catarina (2019) . Possui experiência em psicologia clínica como psicoterapeuta e supervisora de psicólogos clínicos. Atuou como professora substituta e coordenadora de projetos de extensão na Universidade Federal do Amazonas e atuou como docente e supervisora de estágios curriculares no serviço de clínica-escola na Faculdade Metropolitana da Amazônia. Participante do grupo de pesquisas do Laboratório de Psicologia e Educação Ambiental no Instituto Nacional de Pesquisas da Amazônia. Atualmente é doutoranda em Psicologia na Universidade Federal de Santa Catarina e colaboradora do Núcleo de Pesquisa em clínica da Atenção Psicossocial (PSICLIN).

E-mail: adriapsique@gmail.com

Carolina Freire de Araújo Dhein

Doutora em Psicologia pela Universidade do Estado do Rio de Janeiro. Mestre em Psicologia pela mesma universidade. Pós-graduada em Psicologia Clínica pelo IFEN (Instituto de Psicologia Fenomenológica-Existencial do Rio de Janeiro). Graduada em Psicologia pela PUC-Rio. Atua como professora de Pós-graduação no Instituto de Psicologia Fenomenológica-Existencial do Rio de Janeiro (IFEN-RJ) e no Núcleo de Clínica Ampliada Fenomenológica- Existencial (NECAFE), ministrando disciplinas dedicadas ao pensamento de Jean-Paul Sartre em seus fundamentos filosóficos e sua articulação com a clínica psicológica. Organizadora e responsável por diversos grupos de estudos aprofundados no pensamento filosófico de Jean-Paul Sartre pelo IFEN-RJ. Autora do livro *A Clínica Psicológica em diálogo com Sartre.* (Edições Ifen). Pesquisadora. Psicoterapeuta. Supervisora clínica na perspectiva fenomenológica-existencial, com ênfase no pensamento de Jean-Paul Sartre.

E-mail: carolinadhein@hotmail.com

Carolina Mendes Campos

Doutora e mestre em psicologia clínica pela PUC Rio. Graduada em Psicologia também pela PUC Rio, atende na abordagem existencial desde 2001. É professora e coordenadora do curso de formação do IPA intitulado Psicologia Existencial Hoje. É supervisora clínica e autora de artigos e capítulos de livros ligados a clínica sartriana.

E-mail: carolinamendescampos@gmail.com

Charlene Fernanda Thurow

Psicóloga formada na Universidade Regional de Blumenau (2016), Mestre em Psicologia pela Universidade Federal de Santa Catarina

(2020), Doutoranda em Psicologia na Universidade Federal de Santa Catarina. Integrante do Núcleo de Pesquisas Clínica da Atenção Psicossocial (PSICLIN), participante do projeto de pesquisa "Estudos sobre Psicologia Existencialista e Psicopatologia Fenomenológica", assim como, de "Adaptação Cultural do instrumento de risco e proteção para a juventude visando a futura implementação do Sistema de Prevenção Comunidades que se Cuidam no Brasil". Tem experiência como psicoterapeuta existencialista. Possui curso de "Psicologia e Psicoterapia Existencialista" (2016/2017) pela Universidade Regional de Blumenau. Curso de "Introdução à Ciência da Prevenção" e "Intervenções de Prevenção com Base Familiar" (2018), pela Prevenção Universal para uso de substâncias (UPC), Estados Unidos.

E-mail: cfthurow@gmail.com

Daniela Ribeiro Schneider

Profª. Titular do Departamento de Psicologia da Universidade Federal de Santa Catarina (UFSC). Possui graduação em Psicologia, Mestrado em Educação, Doutorado em Psicologia Clínica, Pós-Doutorado em Ciência da Prevenção pela Universidad de Valencia - España (2012) e na University of Miami - USA (2019). Seus trabalhos se desenvolvem principalmente com ênfase em Tratamento e Prevenção Psicológica, voltando-se para estudos dos problemas relacionados ao uso de álcool e outras drogas, avaliação de sistemas e programas de prevenção e promoção da saúde, Rede de Atenção Psicossocial. É especialista na obra do filósofo Jean-Paul Sartre, com várias publicações sobre psicologia e clínica existencialista. Coordenadora do Grupo de Pesquisa do CNPQ "Clínica da Atenção Psicossocial e Uso de Álcool e Outras Drogas". Coordenadora do PSICLIN/UFSC.

E-mail: danischneiderpsi@gmail.com

Érica Eneas Rodrigues

Psicoterapeuta. Graduada em Psicologia pela Unip. Trabalha desde 2013 como psicóloga na Secretaria de Administração Penitenciária Paulista. Formação em Psicoterapia Fenomenológico-Existencial pelo Centro de Psicoterapia Existencial.

Email: erica.rodrigues.psi@hotmail.com

Isabella Leão

Graduada em Psicologia pela FUMEC, Especialista em Psicologia Hospitalar pela PUC - MINAS. Já atuou nos serviços de saúde mental, unidades básicas de saúde e hospitalar na rede SUS de Belo Horizonte. Atualmente, atua no serviço ambulatorial na rede de educação de Minas Gerais.

Email: psyisabella@gmail.com

Luiz José Veríssimo

Psicólogo clínico (PUC-RJ), mestre, doutor e pós-doutor em Filosofia (UERJ). Professor de Teorias e Psicoterapias Existenciais e Humanistas na Universidade Veiga de Almeida (UVA). Supervisor clínico nessa área na UVA. Professor do curso de Pós-Graduação-Especialização em Psicologia Fenomenológico-Existencial na UNIPAR; do Curso de Especialização em Psicologia Clínica Existencialista Sartriana – NUCAFE; do Curso de Pós-Graduação em Psicologia Junguiana, Arte e Imaginário na PUC-RJ; do Curso de Formação em Psicoterapia Vivencial. Membro do Grupo de Estudos *A Clínica em* Sartre, coordenado por Valdemar Augusto Angerami. Membro da SEAF (Associação de Estudos e Atividades Filosóficas). Publicou livros, capítulos e artigos nas áreas de Psicologia Fenomenológico-Existencial, Psicologia Junguiana, Amor e afetividade, Ética, Filosofia da Religião, Ecologia.

Email: verissimofilos@gmail.com

Marivania Cristina Bocca

Psicóloga Clínica. Doutora em Filosofia pelo Programa de Pós-Graduação de Filosofia da Universidade do Oeste do Paraná – UNIOESTE, de Toledo/PR com co-tutela na Universidade Federal de Santa Catarina – UFSC. Doutorado sanduíche na UBI – Universidade Beira Interior – Covilhã/Portugal. Mestre em Psicologia Social e da Personalidade pela PUC/RS. Especialista em Psicologia Fenomenológico-Existencial pela UNIPAR, de Umuarama/PR. Especialista em Psicologia Existencialista Sartriana pela UNISUL, de Florianópolis/SC.

Email: boccamc@gmail.com

Milene Strelow

Professora do Curso de Psicologia da Faculdade Unisociesc de Jaraguá do Sul - SC. Psicoterapeuta clínica existencialista. Orientadora em Metodologia da Psicoterapia NEXIS Blumenau-SC. Psicóloga formada pela Universidade Regional de Blumenau (2001), tem formação em psicologia clínica existencialista junto ao Núcleo Castor - NUCA (2000-2004), Mestre em Psicologia pela Universidade Federal de Santa Catarina (2016), Doutoranda em Psicologia na Universidade Federal de Santa Catarina. Integrante do Núcleo de Pesquisas em Clínica da Atenção Psicossocial (PSICLIN/UFSC), do Grupo de Pesquisa "Estudos sobre Psicologia Existencialista e Psicopatologia Fenomenológica". Participou também como membro da pesquisa "Avaliação da implantação de programas e sistemas de prevenção ao uso abusivo de drogas baseados em evidência na realidade brasileira".

E-mail: milene.strelow@gmail.com

Moisés Abdon Coppe

Psicólogo Clínico com ênfase Existencial. Psicodramatista. Teólogo. Professor universitário e professor de educação básica. Doutor e Mestre em Ciências da Religião. Membro da Liga de Escritores, Ilustradores e Autores de Juiz de Fora - LIGA JF. Membro do Conselho do Instituto Rubem Alves. Membro da ONG Koinonia - Presença ecumênica e serviço. Escritor e poeta.

Email: macoppe@gmail.com

Rodolfo Rodrigues de Souza

Psicólogo. Doutor e Mestre em Psicologia Social pela Universidade Estadual do Rio de Janeiro (PPGPS/UERJ). Especialista em Psicologia Clínica pelo Instituto de Psicologia Fenomenológico-existencial do Rio de Janeiro (IFEN). Professor da graduação de Psicologia no Centro Universitário Celso Lisboa (UCL) e de pós-graduação no IFEN e no Núcleo de Clínica Ampliada Fenomenológico-existencial (NUCAFE). Estuda a recepção do pensamento de Jean-Paul Sartre no Brasil e as relações entre o existencialismo deste pensador e a psicoterapia fenomenológico-existencial.

Email: rodolforsouza@gmail.com

Sueli Guerreiro

Psicóloga. Atua com pessoas em situação de rua desde 2005. Coautora dos livros Sobre o suicídio: A psicoterapia diante da autodestruição; Psicologia da saúde na prática. Teoria e Pratica; Atualidades em psicoterapia fenomenológico-existencial; Suicídio e suas interfaces: o ardiloso emaranhado da autodestruição e O Suicídio no cinema. Formação em psicoterapia fenomenológico-existencial pelo Centro De Psicoterapia existencial. Participante do Grupo de Estudos A Clínica em Sartre coordenado por Valdemar Augusto Angerami.

Email: sueli.mae@gmail.com

Sylvia Mara Pires de Freitas

Formação em Psicologia (CEUCEL/RJ). Especialista em Psicologia do Trabalho (CEUCEL/RJ). Formação em Psicologia Clínica na abordagem existencialista (NPV/RJ). Mestrado em Psicologia Social e da Personalidade (PUCRS). Doutorado em Psicologia (PPI/UEM/PR). Docente do curso de Graduação em Psicologia na Universidade Estadual de Maringá (UEM); do curso de Especialização em Residência Integrada Multiprofissional na Atenção à Urgência e Emergência (UEM); de cursos de Especialização direcionados à abordagem fenomenológico-existencial e do Programa de Pós-Graduação em Psicologia (mestrado/doutorado - PPI/DPI/UEM). Líder do grupo de pesquisa LIEPPFEX - Laboratório Interinstitucional de Estudos e Pesquisa em Psicologia, Fenomenologia e Existencialismo e coordenadora do Grupo de Estudos em Fenomenologia e Existencialismo (GEFEX), ambos do Departamento de Psicologia da UEM. Autora do livro Psicologia Existencialista de Grupos e da Mediação Grupal: contribuições do pensamento de Sartre, lançado em 2018 pela Editora Appris.

E-mail: sylviamara@gmail.com

Wellington de Souza Nisterac

Psicólogo clínico, mestrando em Psicologia, Subjetividade e Práticas Sociais na Contemporaneidade pela Universidade Estadual de Maringá (UEM); Bolsista CAPES. Integrante do grupo de pesquisa LIEPPFEX - Laboratório Interinstitucional de Estudos e Pesquisa

em Psicologia, Fenomenologia e Existencialismo e do Grupo de Estudos em Fenomenologia e Existencialismo (GEFEX), ambos do Departamento de Psicologia da UEM.
E-mail: wellingtonnisterac@outlook.com

Zuleica Pretto

Psicóloga. Doutora e Mestre em Psicologia pela Universidade Federal de Santa Catarina (UFSC). Professora de Psicologia em Cursos de Graduação, Pós-graduação *lato sensu* e de Espaços Formativos em Psicologia Existencialista Sartriana. Psicoterapeuta no Espaço Biografias - Atividades em Psicologia, Florianópolis/SC. Tem experiência na área de Psicologia, com ênfase em temas como: intervenção psicoterapêutica, famílias, infâncias, gerações, territorialidades, estudos de gênero. Autora do livro *As infâncias em um bairro em processo de urbanização: o ponto de vista das crianças,* publicado em 2021.
Email: zuleicapretto@gmail.com

Outros livros da Artesã de Valdemar Augusto Angerami

SOBRE O SUICÍDIO

A Psicoterapia Diante da Autodestruição

Ao se jogar uma pedra nas águas de um lago surge uma quantidade infinita de círculos que se multiplicam infinitamente. Impossível contar e até mesmo acompanhar seus desdobramentos. Da mesma forma ao se lançar pedaços de frutas na mata a diversidade da fauna que acorre em sua busca é incontável. Assim também com um livro lançado para ser referência maior na área da saúde na temática do suicídio. Sua reprodução na seara acadêmica certamente será algo inatingível pela razão, principalmente frente ao esmero e qualidade apresentados nessa obra.

ATUALIDADES EM PSICOTERAPIA

Fenomenológico-Existencial

Um livro que apresenta os principais avanços nas pesquisas e reflexões da Psicoterapia Fenomenológico-Existencial. Os principais nomes da área estão presentes aqui com conteúdos que vão à frente nesse segmento da prática da Psicoterapia. Capítulos instigantes e fascinantes, a desenrolar práticas e mostrar o modo como o pensamento fenomenológico-existencial se desenvolve nessa área na atualidade.

Obra indispensável a todos que, de alguma maneira, se interessam pelos caminhos atuais da Psicoterapia, em seus diferentes desdobramentos e nuances de abrangência com os temas da modernidade.

A Artesã Editora, mais uma vez, lança-se à frente na publicação de títulos de vanguarda no campo da Psicoterapia, trazendo uma obra que vem somar ao seu conjunto de publicações nessa área, a qual, com certeza, contribuirá para as reflexões acadêmicas e profissionais.

PSICOTERAPIA EXISTENCIAL

Noções Básicas

Esse livro é a obra introdutória à Psicoterapia Existencial mais completa e abrangente. E, por ser uma edição revisada, atualizada e ampliada, tornou-se referência primordial para todos os interessados nas diversas vertentes da prática da psicoterapia.

DEPRESSÃO

A Dor Maior da Alma

Esse livro representa a maior revolução dos últimos tempos na área da saúde mental. Uma obra que ousou questionar os tentáculos da Psicopatologia e da Psiquiatria tradicional e simplesmente desmoronou esses conceitos. Novas propostas de compreensão da depressão são apresentadas a mostrar a dinâmica da contemporaneidade sobre tema tão complexo e sensível. Depois desse livro, os conceitos tradicionais vigentes de abrangência sobre a depressão precisarão ser revistos diante da ótica vanguardista que ele apresenta. As diferentes manifestações da depressão e suas configurações são detalhadas e analisadas como nunca, e possivelmente depois. Obra indispensável a todos que queiram se manter atualizados sobre a vanguarda na compreensão da depressão e de suas intempéries na vida contemporânea.

PSICOTERAPIA FENOMENOLÓGICO - EXISTENCIAL

Essa nova edição, ampliada e revisada faz desse livro uma referência ainda maior na área de psicoterapia fenomenológico existencial. E se anteriormente já era considerado pelos especialistas como a principal referência bibliográfica da área, temos agora a superação desse parâmetro. Obra indispensável a todos que desejam se debruçar na compreensão dos meandros da alma humana e o desafio da psicoterapia nesse enfeixamento. Trabalhos de vanguarda são exibidos mostrando toda a amplitude que abrange a intervenção sobre a égide da proposta fenomenológico existencial.

CINEMA E SUBJETIVAÇÃO

Uma Análise Sensível de Percepção e Emoção

Livro em que a psicologia envolve o cinema conceitualmente discorrendo sobre percepção, emoção e subjetivação. Também é envolvida em enfeixamento em que as temáticas cinematográficas fazem parte da estrutura conceitual da compreensão psicológica. E como a emoção que se inicia quando as luzes se apagam e tem início o filme, esse livro será um toque de carícia a todos que queiram enveredar por mais uma das tantas facetas que a magia do cinema nos propicia. Uma matine perdida na memória.

Construindo ideias
e conectando mentes

Este livro foi composto com tipografia Bembo Std
e impresso em papel Pólen Soft 80g.
na Promove Artes Gráficas em março de 2022.